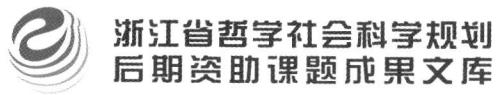
浙江省哲学社会科学规划
后期资助课题成果文库

中国近代大学研究院所的发展及其职能研究(1902-1945)

乔浩风 著

中国社会科学出版社

图书在版编目(CIP)数据

中国近代大学研究院所的发展及其职能研究：1902—1945 / 乔浩风著．—北京：中国社会科学出版社，2020.5

（浙江省哲学社会科学规划后期资助课题成果文库）

ISBN 978-7-5203-6269-6

Ⅰ.①中… Ⅱ.①乔… Ⅲ.①大学研究院—发展—研究—中国—1902—1945 ②大学研究院—职能—研究—中国—1902—1945 Ⅳ.①G644.6

中国版本图书馆CIP数据核字（2020）第059460号

出 版 人	赵剑英
责任编辑	宫京蕾
责任校对	秦　婵
责任印制	李寡寡

出　　版	中国社会科学出版社
社　　址	北京鼓楼西大街甲158号
邮　　编	100720
网　　址	http://www.csspw.cn
发 行 部	010-84083685
门 市 部	010-84029450
经　　销	新华书店及其他书店
印刷装订	北京君升印刷有限公司
版　　次	2020年5月第1版
印　　次	2020年5月第1次印刷
开　　本	710×1000　1/16
印　　张	14.5
插　　页	2
字　　数	245千字
定　　价	89.00元

凡购买中国社会科学出版社图书，如有质量问题请与本社营销中心联系调换
电话：010-84083683
版权所有　侵权必究

前　言

中国近代大学研究院所的设立并非由政府行为、长官意志决定的，它是在移植与模仿国外大学制度的基础上，逐步发展成为独具中国特色的大学研究机构，是中国高等教育发展规律的必然选择。中国近代大学研究院所的发展历程，也是其培养人才、发展科学与社会服务活动逐步展开与完善的过程，这些职能的开展促进了中国近代学制的完整与规范，加快了学术自主化进程，提升了人才培养水平，推进了科学技术近代化的转变。中国近代大学研究院所是中国高等教育的重要组成部分，系统梳理中国近代大学研究院所的发展历程，可以帮助我们更加全面地了解中国近代高等教育的发展情况。

中国近代大学研究院所的发展既受到政治、经济、文化等因素的影响，也有其自身的发展规律，综合分析其发展过程中的特点，本书将中国近代大学研究院所的发展历程（1902—1945）分为四个阶段：1902—1916年为萌芽阶段，1917—1924年为创设阶段，1925—1934年为快速发展阶段，1935—1945年为规范化发展阶段。本书以中国近代大学研究院所的发展历程为经线，以其职能的具体表现为纬线，在厘清大学研究院所发展脉络的基础上，分析其发展特点及培养人才、发展科学与社会服务情况。

1902—1904年，清政府模仿日本制定了"壬寅—癸卯"学制，其中关于"大学院"与"通儒院"的规定，在学制意义上标志着中国研究生教育的开始，客观上为中国引入现代学位制度铺了路。民国初年"壬子—癸丑"学制中对大学研究院的筹划，成为民国大学研究院所发展的蓝本，为中国的研究生教育开创了道路。限于当时的教育状况及条件，这些关于大学研究院所设立的构想只停留在文件中，在办学实践中并没有真正实施。

1917年蔡元培模仿德国大学研究所制度，在北京大学设立了文理法三科研究所，开创了中国近代大学设立研究所的先河。1922年，经过改组后的北京大学研究所正式成立，成为中国大学研究所发展的新纪元，对中国大学研究机构的设立和发展起到了引领作用。北大研究所通过"专事研究"进行人才培养，并积极探索科学研究方法，在国学研究和研究生培养方面取得了可喜的成绩。此时，北大研究所开始提供一些社会服务，标志着中国近代大学研究院所社会服务职能的发轫。

从1925年开始，大学研究所和研究生人数迅速增加，研究所的科类由单一走向多样，到20世纪30年代，大学研究院所的规模已经蔚然可观。但是，由于教育管理部门的放任，在"自由"发展状态下，产生了研究院所的命名方式无序、内部组织结构混乱、学生入学资格以及学制不一等问题。有鉴于此，国民政府教育部颁行了《大学研究院暂行组织规程》等系列规章制度，对大学研究院的发展进行规范。此时，各大学研究院所开始注意研究生培养的制度建设，建立了研究生招生制度、课程研修制度、毕业考核制度等，创新和完善了研究生培养机制，形成了本土化的研究生培养模式。随着研究院所在地域空间分布上的增多和科研队伍的壮大等，大学研究院所的科研体系初步形成，并产生了一批高水平的科研成果，有些成果在国际上产生了重要影响。20世纪20年代中期，在"科学救国""实业救国"思潮和社会需求的相互激荡下，大学研究院所开展了广泛的社会服务，确立了中国近代大学研究院所的社会服务职能。

1934年之后，大学研究院所开始迈入曲折发展阶段。在经过短暂的下降之后，大学研究院所数量和学部数量开始呈平稳上升趋势。抗战爆发初期，大学研究院所发展陷于停滞状态，在抗战建国的现实需求下，国民政府教育部通过资金补助、限制留学、提高大学研究院所的地位等方式，鼓励大学恢复研究所工作或设立新的研究所，研究所的数量和研究生人数迅速增长，且各学科发展趋于均衡。这一时期，在系统的人才质量保障体系监管之下，大学研究院所培养的研究生数量虽然偏少，却涌现出了一批高质量的人才。为了满足社会需要，大学研究院所在进行纯粹科学研究的同时，侧重于工农业生产及战争相关项目的研究，不仅为抗战建国、工农业发展、民众的健康、地方文化事业等方面作出巨大贡献，还取得了丰硕、高水准的研究成果。

鉴往知来，中国近代大学研究院所发展过程中的成功经验与产生的问题，政府与教育部门所施行政策的利弊得失，倘若这些历史经验为业界所重视，则不仅能为当下相关部门在制定政策时提供参考，为大学研究院所在处理相关问题时提供历史借鉴，而且对于中国高等教育的健康和可持续发展意义尤深。

乔浩风

2018 年 12 月 30 日

目 录

第一章 绪论 …………………………………………………………… (1)
  一 选题的意义及问题的提出 ……………………………………… (1)
  二 文献综述 ………………………………………………………… (3)
  三 研究的主要内容 ………………………………………………… (18)
  四 主要研究方法 …………………………………………………… (19)
  五 重要概念的界定 ………………………………………………… (20)

第二章 中国近代大学研究院所的萌芽（1902—1916年）……… (24)
  第一节 外国大学研究所的发展及其影响 ………………………… (24)
    一 大学研究所的产生 …………………………………………… (24)
    二 近代大学研究所的发展 ……………………………………… (26)
    三 近代德国大学研究所对国外高等教育的影响 …………… (27)
    四 外国近代大学研究所的职能演变 …………………………… (29)
  第二节 中国近代大学研究院所最初的构想 ……………………… (32)
    一 "壬寅—癸卯"学制对于大学研究机构的设想 …………… (33)
    二 "壬子—癸丑"学制对于大学研究院所的筹划 …………… (36)

第三章 中国近代大学研究院所的创设阶段（1917—1924年）…… (43)
  第一节 北京大学研究所的创设 …………………………………… (43)
    一 北大研究所的筹设 …………………………………………… (43)
    二 北大研究所的改革 …………………………………………… (47)
  第二节 "专事研究"的人才培养方式 ……………………………… (50)
    一 以"志愿"研究作为学生入所首要条件 …………………… (50)
    二 学术研究的主要方式 ………………………………………… (52)
    三 通过改革提高人才培养质量 ………………………………… (55)

　　　　四　通过开展实践调查活动提高学生的研究能力 ……… (57)
　第三节　科学研究的自主探索 ……………………………………… (60)
　　　　一　提出"兼容并包、思想自由"的学术研究理念 ……… (60)
　　　　二　效仿西方大学，筹措研究经费 ……………………… (61)
　　　　三　组织学术讲演会 ……………………………………… (63)
　　　　四　开展国际学术交流 …………………………………… (64)
　　　　五　创办学术刊物 ………………………………………… (64)
　第四节　社会服务职能的发轫 …………………………………… (67)

第四章　中国近代大学研究院所快速发展阶段（1925—1934年） …… (69)

　第一节　大学研究院所的快速发展及产生的问题 ……………… (69)
　　　　一　快速发展的具体表现 ………………………………… (69)
　　　　二　产生的问题 …………………………………………… (76)
　第二节　教育部对大学研究院所的整顿与规范 ………………… (86)
　　　　一　整顿与规范的内容 …………………………………… (86)
　　　　二　整顿的效果 …………………………………………… (90)
　第三节　人才培养机制的改进与创新 …………………………… (93)
　　　　一　人才培养机制的创新 ………………………………… (94)
　　　　二　存在的问题 …………………………………………… (97)
　　　　三　个案分析——以清华大学研究院为例 …………… (99)
　第四节　大学研究院所科研体系的形成与科研成果 ………… (107)
　　　　一　大学研究院所科研体系的形成 …………………… (107)
　　　　二　科学研究活动及成果 ……………………………… (112)
　第五节　大学研究院所社会服务职能的确立及实践 ………… (123)
　　　　一　大学研究院所社会服务职能的确立 ……………… (123)
　　　　二　社会服务概况 ……………………………………… (125)
　　　　三　个案研究——以南开大学应用化学研究所为例 … (128)

第五章　中国近代大学研究院所的曲折发展阶段（1935—1945年） …… (136)

　第一节　大学研究院所的曲折发展 …………………………… (136)
　　　　一　1935年至1937年抗战爆发前大学研究院所的发展状况 …… (136)
　　　　二　1937年至1945年大学研究院所的发展情况 ……… (140)

第二节 人才质量保障体系的建立与高素质人才的培养 …………（150）
    一　人才质量保障体系的建立 ……………………………（150）
    二　高素质的人才质量 ……………………………………（170）
第三节 基础研究与应用研究并重的科研取向及成果 …………（175）
    一　科研与工农业生产相结合 ……………………………（176）
    二　科研与抗战建国需要相结合 …………………………（177）
    三　注重中国固有文化的研究 ……………………………（178）
    四　基础研究与应用研究中的"协同合作" ……………（180）
    五　丰硕与高水准的研究成果 ……………………………（182）
第四节 大学研究院所社会服务概况 ……………………………（188）
    一　为农林业服务 …………………………………………（189）
    二　为民族工业服务 ………………………………………（190）
    三　为经济发展服务 ………………………………………（191）
    四　为民众的卫生健康服务 ………………………………（192）
    五　为教育文化事业服务 …………………………………（195）
    六　为战时的军事服务 ……………………………………（195）

第六章　结论 ……………………………………………………（198）
  一　中国近代大学研究院所的发展与职能开展情况
     简要回顾与总结 ………………………………………（198）
  二　几点启示 …………………………………………………（200）
  三　本书的创新点和不足之处 ………………………………（206）

参考文献 …………………………………………………………（208）
后　记 ……………………………………………………………（221）

第一章

绪　　论

一　选题的意义及问题的提出

孕育于社会急剧变化进程的中国近代大学教育，能够引起学者们研究兴奋点的内容太多，如国家的教育宗旨、教育政策、教育思潮、大学的设置、课程改革、大学发展的沿革、教育先贤的教育思想、学生运动等。在中国近代高等教育尤其是民国大学的研究成为"显学"的当下，研究成果纷呈，各种论点甚嚣尘上。但是，研究内容却是"冷热不均"，与上述研究热点相比，中国近代大学研究院所因与之相关的研究资料、档案文献十分分散，加之发展过程中各研究院所个体差异极大，每个研究院所的设立宗旨、学术研究的重点、培养人才的目标及服务社会的宗旨等各不相同，以致对研究院所的发展、人才培养、发展科学、社会服务等方面作系统研究者鲜，成为中国近代高等教育研究中的薄弱环节。但是中国近代大学研究院所的设立与发展，对于中国高等教育意义重大。中国近代大学研究院所是中国近代学术研究机构的重要组成部分，它对于完善中国近代高等教育学制、提高大学培养人才的层次、加快中国近代学术发展以及学术自主化进程、促进中国近代工农业发展发挥了重要作用。

中国近代大学是移植与模仿西方文化与学制的结果，中国近代大学研究院所的设立也不例外，它在经历了模仿日本的大学院、嫁接德国的研究所模式、移植美国研究生院的基础上，逐步发展成为独具中国特色的大学研究机构，是中国高等教育发展规律的必然选择。考察中国近代大学研究院所的发展历程，可以使我们更加清楚地了解中国近代学术的发展路径，认识到中国近代学术的自主化进程以及科学技术近代化的转变历程。

中国近代大学研究院所的设立，无论对国家、大学、教师还是学生都十分重要。对于国家而言，大学研究院所的多寡与学术水平的高低是衡量一个国家科技水平的重要标志，是国际竞争力的重要源泉。对于大学本身来说，可以提高其社会地位，增强其社会竞争力，为师生提供好的学术环境，促进其科研水平的提高，提高其教学质量和社会服务能力。对教师而言，可以促进其教学能力的提升与科研能力的增强，是提高教师素质与水平的重要途径。对于学生来说，大学研究院所为其提供了一个继续学习与研究的场所，提高其创新能力与学术水平，增强其择业竞争力，为其实现社会阶层流动提供了平台。北京大学地质系主任孙云铸在设立理科研究所地质学部申请书中曾说：[①]

"盖各大学研究所能真正研究工作，而后各部门始得有新发现或发明。集各部之新发现或发明，直接可使一国学术之进步，间接能促进与改良全国之工业与民生。不独此也，惟大学研究所真能使人研究，有志之士始能终日孜孜不倦，工作于研究室之中，其结果不仅在其个人新知新理与日俱进，以研究室为中心，更有下述二便利：（一）同道可藉之常相切磋，师生能赖之多所研讨。凡同道及师生之能保持常相接触，为学术与道义之勉励者亦实惟研究室是赖。所谓大学教育家庭化者其真谛约亦在此。（二）为真理之探求，研究之人虽融融乾乾朝夕工作于研究室只用而不自知，但其好学之风，学生耳濡目染，久将与之俱化。所谓感化教育，所谓示教以范者其功效之大亦莫过于此。"

孙云铸所说的内容，涉及大学研究所的三个职能，即培养人才、发展科学和服务社会。大学的职能问题是高等教育的基本理论问题，也是高等教育实践中的现实问题。改革开放以来，我国的政治、经济与文化发展日新月异，高等教育也获得了迅猛发展，随着高等教育在社会发展中作用的凸显，大学的职能成为学界广泛关注和深入探讨的话题，并取得了丰富的研究成果。

中国近代大学研究院所从初创、发展到普遍设立，不仅在培养人才方面功不可没，在发展科学、服务社会方面也是成绩斐然。但是让笔者感到困惑的是：好的学术成果需要有好的社会环境，然而近代的中国，外部侵略不断，国内战乱频仍，在烽火连天的岁月中却诞生了一朵娇艳之花——大学研究院所，并且还能灿烂地怒放、开花结果，何能如此？中国近代大学研究院所是如何设立的？大学研究院所职能演变的影响因素有哪些？国

[①] 孙云铸：《国立北京大学理科研究所地质学部说明》，引自北京大学等校编《国立西南联合大学史料3》（教学科研卷），云南教育出版社1998年版，第572页。

家教育管理部门对大学设立研究院所的态度怎样？其如何对大学研究院所进行管理的？大学研究院所内部采用何种管理方式？研究院所中教师与学生的实际生活与学习状态如何？……一系列的问题都值得我们去探讨。笔者认为，厘清中国近代大学研究院所的发展历程，以及其在发展过程中开展了哪些职能，具有以下几点意义。

（一）通过对相关文献资料的整理，梳理中国近现代大学科研机构的发展历程，追本溯源，厘清大学研究的发展及其职能的演变，可以拓宽中国近代高等教育的研究范围，便于我们更加深刻地理解大学职能的内涵，进而推动大学研究院所职能的相关理论研究。

（二）在整体把握中国近代大学研究院所发展的基础上，根据其发展的特有规律，将中国近代大学研究院所的发展划分成不同的时期，从而确立中国近代大学研究院所发展的历史分期。

（三）考察中国近代大学研究院所发展过程中成功经验与产生的问题，为当下大学研究院所在处理相关问题时提供历史经验和借鉴。

（四）通过文献整理，阐述中国近代大学研究院所的职能开展情况，便于我们全面了解中国近代大学研究院所培养人才的特点、发展科学的状况以及社会服务职能的确立及实践活动。

（五）分析国家教育主管部门在中国近代大学研究院所发展过程中采取的各项政策措施，以及这些政策措施对大学研究院所发展的利弊得失，为当下大学研究院所在制定决策时提供参考。

二　文献综述

在论文的选题、建构与写作过程中，围绕中国近代大学研究院所的发展、培养人才、发展科学与服务社会这一主题，笔者收集了大量的资料，这些资料有前人的研究成果，更多的是登载于中国近代大学校刊、杂志上的一手资料，以及与此相关的教育年鉴、教育法规选编、资料汇编、教育史、各类大学校史等，现将收集的文献资料作简要的综述。

（一）关于中国近代大学研究院所设立与发展方面的研究。大学研究院所设立与发展方面的研究成果近年来有所增多，有的议题与本研究相似，但是范围上不足以显示近代大学研究院所发展的全貌，内容上也未对大学研究院所的人才培养、发展科学以及社会服务职能在整体上展开研究，这类文献大致可以分成以下几个方面。

1. 有关近代大学研究院所的设立方面。这类文献有的是在论述中国近现代学术机构的建立或学制演变的著作中，对大学研究院所的设立作概要性介绍。如左玉河在《移植与转化：现代学术机构的建立》（大象出版社2008年版）一书中的第四章，对大学研究院所的创建到普遍设立作了简要回顾，认为20世纪30年代之前，大学研究院所除了具有培养研究生的功能之外，还兼有从事专门学术研究的功能。30年代后，大学研究院所以培养研究生为主，独立研究院所则主要从事专门学术研究。谢桂华主编的《20世纪的中国高等教育·学位制度与研究生教育卷》一书中，对研究院所的设立时间、研究生教育的渊源、创制与施行作了详细的考证，对北京大学与清华大学的研究生教育情况作了具体的介绍。[①] 美国学者费正清在《剑桥中华民国史1912—1949年（下卷）》（中国社会科学出版社1994年版）的第八章对北京大学国学研究所、南开大学经济研究所的设立、研究人员的组成、研究院所面临的困难等作了简要介绍，对研究工作的资金来源、各研究机构的出版物等作了统计，以点带面客观地展示了民国时期我国大学研究院所的实际情况。苏云峰在《从清华学堂到清华大学（1911—1929）》一书的前言中讲到，"研究学校教育史，就应该站在教育的观点，把研究之主要范围放在校园以内，也就是说我们所要观察者乃师生间、教师间及学生间，在校园内智德体群诸育的连续互动行为，对学生的直接影响，以及向外的辐射作用"。[②] 秉承这个原则，他在此书的第十章"清华国学研究院"一章中，对清华国学研究院设立的背景、筹备经过及制度特色、历届学生的招生入学和研究方向以及出身背景、研究院的课程设置与诸教授的活动、院生的校园生活及学术活动等方面作了翔实的叙述，真实地展现了清华国学院教师、学生以及师生之间实际生活、学习与研究工作情况。

探讨中国近代大学研究院所创设的学位论文和期刊论文主要有以下几篇。陈元的论文《民国时期我国大学研究院所创设的动因述论》（《高教探索》2012年第4期）认为，大学研究院所是在内外因共同作用下，中

---

① 谢桂华编著：《20世纪的中国高等教育·学位制度与研究生教育卷》，高等教育出版社2003年版。

② 苏云峰：《从清华学堂到清华大学（1911—1921）》，生活·读书·新知三联书店2001年版。

国学人呼吁移植西方大学制度、大学寻求学术独立发展以及学术研究方式转变的需要的情况下设立的。卢毅的博士学位论文《"整理国故运动"与中国现代学术转型》（北京师范大学博士学位论文，2003年）对北京大学研究所国学门的创建背景进行了阐述，对筹建过程中错综复杂的人事关系进行了分析，并对其创设缘由进行了剖析。该文还对清华国学研究院、厦门大学国学研究院、中山大学语言历史研究所、燕京大学国学研究所的设立及取得的成就作了介绍。王淑琴在《蔡元培与北大研究所、评议会的设立》（《兰台世界》2005年第5期）一文中，对创设北大研究所的目的、创设过程及蔡元培所作的贡献作了简要介绍。胡晓则在《蔡元培与北京大学研究所的创办》（《中国社会科学报》2015年2月4日，第B07版）一文中对蔡元培创办北京大学研究所的指导思想、研究所的制度建设、北大研究所的整合重组工作作了简述。杨国桢在《20世纪20年代的厦门大学国学研究院》[《厦门大学学报》（哲学社会科学版）2006年第5期]一文中认为，厦门大学设立国学研究院源于陈嘉庚的办学理念，而根本动力则是厦门大学学科建设的要求，其职能是"整理国故"和"养成国学之专门人才"，并对其取得的成绩作了介绍。

2. 关于中国近代大学研究院所的发展方面。代表性的文章有涂上飙的《近代中国大学研究院所的发展探究》（《高教发展与评估》第29卷第1期，2013年1月），该文中将中国近代大学研究院所的发展分为三个阶段，晚清末年的萌芽期、20世纪30年代以前的自主探索期、30年代以后的规范发展期，并简要分析了其人才培养和发展科学的功能。陈元在《民国时期大学研究院所发展规模研究》[《宁波大学学报》（教育科学版）2014年第3期]中将民国时期大学研究院所的发展分为三个阶段，1917年至1934年为自主发展阶段，1935年至1946年为规范发展阶段，1947年至1949年为改革发展阶段，并阐述了各阶段大学研究院所的设置情况及规模。吴靖在其硕士学位论文《民国时期大学理工农学科研究院所研究》（南京信息工程大学硕士学位论文，2015年6月）中将研究院所的发展分为肇始时期（1912—1929）、壮大时期（1929—1937）和曲折发展与战后恢复时期（1937—1949）三个时期。该文考察了理工农学科研究院所的人才培养和学术研究活动，分析了其科技教育地位与历史影响，总结其在发展过程中存在的问题。郭建荣的论文《北京大学研究所国学门的变迁（上、下）》（《文史知识》1999年第4、第5期）将北京大学研究国学门 34 年发展变迁历史划分为国文门研究所时期（1918—1921 年）、北京大学研究所国学门时期（1921—1932 年）、北京大学研究院文史部时期（1932—1934 年）、北京大学研究院文科研究所时期（1934—1952 年），并对各阶段所主要从事的科研工作和取得的成绩进行了阐述。

3. 关于中国近代大学研究院所的个案研究。代表性的作品有黄福庆的著作《近代中国高等教育研究：国立中山大学（1924—1937）》（中研院近史所，1977 年），该书第四章第二节对中山大学研究院与研究所的设立情况作了概要的叙述，并对研究院与研究所的教学、研究工作、出版期刊作了介绍；周叶中、涂上飙编著的《武汉大学研究生教育发展史》（武汉大学出版社 2006 年版）第一部分，介绍了武汉大学研究生教育的萌芽，20 世纪 30 年代研究生教育的招生和培养情况，详细回顾了 40 年代克服战时困难，加大研究生培养规模；易仲芳的博士学位论文《南开经济研究所"学术中国化"研究》（华中师范大学博士学位论文，2013 年 3 月）对南开大学经济研究所的社会调查的中国化特色、工业中国化的探索与抉择、农业中国化的体系改造与构建、教育中国化的模式改革与创新作了详尽的分析，对南开与社会各界的互动合作进行了考察，分析了南开学术中国化的利弊得失；史贵全在《抗日战争前的交通大学研究所》（《自然辩证法通讯》2002 年第 5 期）中对交通大学研究所的创办历史、科学研究、培养人才、社会服务等工作作了概要性介绍，并就该所对我国高校科学研究的体制化的影响进行了分析。

胡耿的硕士学位论文《为谋新教育的中国化——国立中山大学教育研究所研究（1927—1949）》（华南师范大学硕士学位论文，2003 年 5 月）考察了该研究所的发展沿革，论述了该所的经费来源和研究设备，对研究所的研究生招生和培养工作及取得的研究成果进行了介绍；刘小云的《中山大学语言历史学研究所与现代学术的转型》（《史学月刊》2009 年第 10 期）一文则从中山大学语言历史学研究所与北京大学研究所国学门、清华大学国学研究院以及厦门大学国学研究院、中央研究生院史语所等学术研究机构之间人脉关系、学术传承方面，探讨现代中国学术转型的路径；王传的论文《国立中山大学语言历史学研究所初探》（华东师范大学硕士学位论文，2009 年 5 月）对中山大学语史所的发展沿革与组织架构以及学术队伍建设、科学研究特点、研究所的工作实绩作了述论，并对该所对中国史学发展的贡献作了评价。他的《岭南大学西南社会经济研究所与中国西南研究》[《中山大学学报》(社会科学版) 2012 年第 4 期] 一文,则对西南社会经济研究所的创建、发展与研究工作、学术成就与影响作了介绍与总结。

(二) 关于中国近代大学研究院所培养人才方面的研究。中国近代大学研究院所培养人才方面的文献,主要集中于研究生招生、培养、学位制度方面。这类论著较多,尤其是研究民国时期大学研究生培养的文献所占比例最大。代表性的研究成果如下。周川的《我国研究生教育的发展、现状及其问题》(《高校教育管理》2007 年第 2 期) 认为,我国研究生教育的最早动议始于 1902 年,1912 年研究生教育开始萌芽,1917 年北京大学研究所开创了我国近代国立大学研究生教育的先河。1935 年由于《学位分级细则》和《学位授予法》相继颁行,中国近代研究生教育制度得以正式确立。刘腾的硕士学位论文《民国时期研究生教育的历史考察与思考》(曲阜师范大学硕士学位论文,2011 年 5 月) 将民国时期研究生教育分为起步阶段 (1912—1926 年)、逐步发展阶段 (1927—1937 年) 和衰落阶段 (1938—1949 年),简要分析了民国时期研究生教育的特点。孙杨的《中国早期的研究生教育 (1902—1935)》(苏州大学硕士学位论文,2008 年 4 月) 对中国早期的教会大学和本土大学研究生教育的发展及开展情况进行了系统的考察。吴芬的《中国早期研究生教育 (1902—1949)》(华南师范大学硕士学位论文,2002 年 6 月) 则从入学考试、培养方式、学位制度方面对中国早期的研究生教育进行述论。

岳爱武的《近代中国研究生招生考试制度的历史演变及其特征》(《高教探索》2009 年第 4 期) 从招生考试方面,考察了近代中国研究生招生考试制度的历史演变。葛苏放、邱新法的论文《中国近代研究生报考资格的历史考察及其述评》(《中国成人教育》2010 年第 10 期) 则从研究生报考资格的角度,探讨了我国近代研究生报考资格从无到有,从模糊到清晰化,最后逐步走向规范化阶段。朱文镇、岳武爱的论文《中国近代研究生培养的模式变迁——基于中西文化冲突与融合的视角》(《阅江学刊》2014 年第 4 期) 从文化冲突与融合的视角,论述了中国的研究生培养从模仿日本模式到嫁接德国模式最后移植美国模式的发展历程。陈元在论文《民国时期大学研究院所研究生教育特征及其成因与启示》(《江苏高教》2013 年第 5 期) 中认为,民国时期我国大学研究院所的研究生教育规模不适应社会发展需求,不同学科研究生教育不均衡,与公立大学相比，私立大学的研究生教育并不逊色。其论文《民国时期南开大学经济研究所研究生教育特征及其成因》(《重庆高教研究》2014年第6期) 一文则对南开大学经济研究所研究生的培养活动进行个案分析，详细考察了该所的研究生招生考试、课程安排、研究生的学位论文选题特色等。孙傲、郑永安的论文《民国时期研究生教育的特点分析》(《高教探索》2009年第2期) 在剖析民国时期研究生教育状况的基础上，总结出此时期的研究生教育的特点有三：其创建发展是在政府的主导下进行的，发展从虚到实，并深深烙下德国和美国研究生教育的印痕。涂上飙的《论民国时期武汉大学研究生教育的特点》[《武汉大学学报》(哲学社会科学版) 2008年第4期] 认为该校研究生教育的三个特点是：1. 招生规范、培养系统化和学位授予等制度化；2. 培养国家需要的应用型人才；3. 受到国外教育模式与教育思想的影响。郑刚的论文《抗战时期我国研究生教育的变迁及其特点》(《高等教育研究》2014年第12期) 介绍了我国战时研究生教育的政策及举措、研究生教育发展概况，对抗战时期研究生教育发展特色进行了探析，认为抗战时期研究生教育呈现制度化特点，采取专业式的培养模式，并能根据社会实际需要培养人才。王传的《民国时期史学专业研究生培养述评——以中山大学文科研究所为例》[《江西师范大学学报》(哲学社会科学版) 2010年第43卷第2期] 则着重分析了中山大学语言历史学研究所研究生的培养情况，以及该所对中国史学发展的贡献。

此外，关于以大学研究院所个案探讨研究生培养的论文还有周谷平、赵师红的《民国时期的农学研究生教育初探》(《学术探索》2009年第4期)；潜伟的《北洋大学在中国近代工程教育史的地位》[《哈尔滨工业大学学报》(哲学社会科学版) 第4卷第1期，2002年3月]；覃红霞等撰写的《中国早期研究生教育的实践——以厦门大学为例》[《厦门大学学报》(哲学社会科学版) 2016年第1期] 等。

(三) 关于中国近代大学研究院所发展科学方面的文献。发展科学是中国近代大学研究院所的一项主要职能。涉及中国近代大学研究院所从事科学研究活动的主要有下列文献：陈以爱的《中国现代学术研究机构的兴起——以北大研究所国学门为中心的探讨》(江西教育出版社2002年版)，主要探讨北大国学门整理国故活动及其组织结构特色，通过阐述北大国学门对现代学术发展的影响，观察现代学术运动的扩展；陈雅玲的《民国时期研究所的建立与现代学术的自主创新》(《现代大学教育》2009

年第 4 期）认为，民国时期大学研究所的设立及其开展广泛的学术研究活动，使学术群体的认知领域得到了拓展，学生的创造力和探究精神得到培养，解决了诸多生活和农工业生产中的复杂问题，促进了我国现代学术的自主化；郑善庆的《民国时期高校文科研究所的学术成绩述论》（《中国矿业大学学报》[（社会科学版）2014 年第 3 期］一文在分析高校文科研究所创设背景的基础上，着重对北京大学文科研究所、辅仁大学文科研究所、燕京大学文科研究所、东北大学文科研究所的设立及发展与学术成绩进行了简要的叙述与评论，同时对上述各研究所的研究生培养工作也进行了概要性的介绍；陈诗中在《抗战期间中国物理学家的工作及贡献》（国防科学技术大学硕士学位论文，2010 年）一文中对清华大学金属研究所、清华大学无线电研究所、浙江大学理科研究所物理学部、中央大学理科研究所物理学部教授们的科研工作作了概述。

罗云的论文《一种知识取向的大学观——对北大研究所国学门的个案研究》（北京大学硕士学位论文，2003 年）主要从学术场所与学术风气的形成的角度探讨北京大学国学门的活动，以及其学术风气对中国大学学术发展乃至社会产生的影响，认为国学门的创办开风气之先，拓展了学科知识范围，也带来了开放的学术风气；姚雅欣的论文《清华大学研究院的创建与科学研究刍议》（《科学技术与辩证法》2007 年第 1 期）通过考察清华大学研究院的创建与制度建设的探索，进而介绍了该院理科研究所抗战前研究生的培养与科学研究工作；陈家新在其论文《国立西南联合大学的物理人才培养及研究工作》（中国科学技术大学硕士学位论文，2008 年）中论及西南联大理科研究所物理学部以及无线电研究所和金属研究所的科学研究工作及贡献；申晓虎、计志宏的文章《抗战期间华西协合大学对西南民族语言的认识与研究——以〈中国文化研究所集刊〉为例》（《曲靖师范学院学报》2013 年第 2 期）介绍了华西协合大学中国文化研究所在西南少数民族语言的收集、研究方面的工作及成就；苍山的《抗战时期的北大文科研究所》[《云南大学学报》（社会科学版）2014 年第 6 期］对北大文科研究所的研究内容、学术活动、学术成绩和研究生教育作了简要介绍；陈家新、丁兆君等的论文《抗战时期的清华无线电研究所》[《哈尔滨工业大学学报》（社会科学版）2008 年第 6 期］，对清华大学无线电研究所的筹建、迁移和科研工作等情况进行了考察，总结了该所在科学研究和人才培养方面取得的成就；王杰、朱红春的《北洋大学的工程教育与科学研究》(《高等工程教育研究》2008年第3期)认为,北洋大学和黄河水利委员会、北洋工学院合作建立的"天津水工试验所"是我国近代建立最早的三个工程研究所之一,率先进行"教学和科学研究相结合"的尝试,突破了封闭的办学模式,科学研究直接为社会服务,研究生培养工作打通了高层次人才培养的空间,改变了大学的单一办学职能,兴起了学术研究之风。

(四)关于中国近代大学社会服务方面的研究。自大学从社会边缘走入社会中心,尤其是在科技发达时代大学成为社会发展的"发动机"之后,大学的社会服务职能就成为高等教育研究领域的一个热门话题,研究成果可谓汗牛充栋,不胜枚举。从目前发表的关于中国近代大学社会服务的文章来看,主要是对近代大学社会服务作整体的研究,分析其产生的思想渊源、发展历程、特点与成效以及存在的问题,如许衍琛的论文《近代中国大学社会服务研究》(南开大学博士学位论文,2014年5月)将近代中国大学社会服务的历程分为肇始阶段(1895—1912年)、兴起阶段(1912—1921年)、发展阶段(1921—1949年),分析了各发展阶段的特点,对近代中国大学社会服务的实践内容、形式和社会服务活动取得的成效进行了分析和总结,对社会服务存在的问题进行了客观的评价;郭晨虹在论文《近代社会服务在北京大学兴起的动因分析》(《江苏高教》2010年第4期)中认为,北京大学社会服务的动力不是受到内部和外部因素共同作用的,其动力主要来自大学自身,并且没有将大学社会服务提升到大学主要职能的高度;刘海涛的论文《运行机制与边界:我国近代大学社会服务的理念、实践与反思》(《现代教育管理》2015年第6期)认为,我国近代大学社会服务既受到中国传统经世致用理念的影响,也受到美国现代大学社会服务职能的影响,并认为,大学的社会服务须制定有效的运行机制,同时设定运行的边界,防止大学社会服务过度侵入社会对社会和大学造成伤害。

周谷平、孙秀玲在《近代中国大学社会服务探析》[《河北师范大学学报》(社会科学版)2007年第6期]一文中认为,近代中国大学社会服务既是时代的诉求,也是中国传统精神的延续,同时受到美国大学的影响。该作者的另一篇文章《挑战与应对:近代中国教会大学的社会服务》[《华东师范大学学报》(教育科学版)2007年第4期]通过探讨近代中国教会大学社会服务的原因,分析了教会大学的社会服务形式和特点,总结了其所取得的成效及其社会服务的局限性。孙秀玲、程金良在《近代中国教会大学走向社会服务的原因分析》[《江南大学学报》（教育科学版）2008年第3期]中，分析了教会大学在办学过程中的外部压力和内部困境，最终借鉴美国大学模式走向社会服务，并对近代中国的政治、经济、教育产生重要影响。陈明霞在《近代中国教会大学社会服务导向下的人才培养模式探究》[《福建师范大学学报》（哲学社会科学版）2015年第5期]中阐述了教会大学在服务社会的宗旨下进行培养人才目标的定位、系科的调整、课程设置、实践教学方法改革等，对教会大学人才培养的成效与不足进行了总结与评价。赵师红在《近代中国大学应用性学科"为社会服务"理念的践行——以农科为个案》（《高等农业教育》2012年第6期）一文中对中国近代大学"为社会服务"理念的导入、"为社会服务"理念的践行进行了综述，并对近代中国大学"为社会服务"理念的主要特征进行了分析。周国平、孙秀玲的《近代中国基督教大学的农业推广服务》（《高等教育研究》2009年第4期）探讨了基督教大学的农业推广活动的原因，介绍了农业推广服务的内容和形式及成效，就基督教大学农业推广服务的保障进行了分析。其他关于近代大学服务社会的文献还有李松丽的《我国近代大学社会服务职能的演变、实践及形式》（《学术探索》2012年6月）等。

从上述文献可以看出，关于中国近代大学社会服务的文献已有不少，有的文章对中国近代大学研究院所社会服务略有涉及，但是专文论述中国近代大学研究院所服务社会的文献却极少。

（五）近代学者关于大学研究院所的研究。这些研究主要涉及三个方面内容。1. 关于近代中国大学研究院所的设立。如蔡元培在《三十五年来中国之新文化》[1]一文中，对民国三十五年来科学的演进作了系统的阐述，对各种研究院所的设立的时间及研究院所的分类作了详细的介绍，并对研究院所从事的研究工作、取得的研究成果及对社会的贡献、出版的刊物等都作了翔实记述与客观的评论。在《论大学应设各科研究所之理由》一文中，蔡氏认为，大学设立研究院所可以解决以下三方面问题，"教员抄袭讲义不求进步之陋习，大学毕业生无深造之机会，未毕业之高级生无

---

[1] 商务印书馆编：《最近三十五年之中国教育》，上海书店1931年版。

自由研究之机会",① 故大学不可不设研究所。任鸿隽在《大学研究所与留学政策》中指出，一个没有毕业院的组织不能算是名副其实的大学，当时盛行的留学政策有碍于大学研究院的发展，解决的策略是聘请国外学者到中国的研究所引导国人作研究，从而达到提高大学研究程度之目的。② 针对此问题，姚薇元撰写了《大学研究院与学术独立》③一文，对任鸿隽的观点予以支持。《华年》杂志也发表了评论文章《设立大学研究所问题》④，认为当时大学研究所面临的困难不是教育经费问题，而是研究生的招生问题。文章同时认为，大学设立研究所，不但要有专门的学者作导师，还须有充实的设备供研究生研讨，因此，大学要设立研究所，当局要考察各校的实情，责令其专设一二科，以免研究所设置泛滥，导致名实不符。胡焕庸的《创设地理研究所之需要与计划》一文，对设立地理研究的目的与实际需要，设立的条件和设立后所从事的工作进行了阐述，作者认为设立地理研究所事关国家存亡，不可再缓，希望早日设立⑤。2. 关于中国近代大学研究院所发展状况的分析，如吴恩裕的《论国内大学的研究所》一文，把中国大学研究所的发展划分为抗战前与抗战后两个时期，认为这两个时期研究所的成绩与时间的进度相反。抗战前，大学的研究所取得的成绩与大学的物质条件、导师的渊博宏通、研究生自身积极向学有关，文章从研究所的设立、导师与学生三个方面讨论当时大学研究所在学科设置、导师的学识标准与研究生理论水平与研究能力方面存在的问题。⑥ 陈东原的文章《我国之大学研究院》，从大学研究院的沿革、制度、现状及贡献四个方面对中国大学研究院的发展历程作了概要性的论述。认为大学研究院的设立与发展，对于我国的学术独立、完成大学的最高使命（研究高深学术）贡献甚大。⑦ 叶佩华的《我国大学研究院所设施情形之检讨》一文，在对中国近代大学研究院所的发展进行概述之后，着重对当

---

① 蔡元培：《东方杂志》1935 年第 136 期。
② 任鸿隽：《大学研究所与留学政策》，《大公报》，1935 年 12 月 23 日。
③ 姚薇元：《大学研究院与学术独立》，《独立评论》1935 年第 136 期。
④ 《设立大学研究所问题》，《华年》1935 年第 4 卷第 1 期。
⑤ 胡焕庸：《创设地理研究所之需要与计划》，《科学》1936 年第 20 卷第 10 期。
⑥ 吴恩裕：《论国内大学的研究所》，《读书通讯》1946 年第 112 期。
⑦ 陈东原：《我国之大学研究院》，《学术之友》1942 年第 4 卷第 1 期。

时大学研究院所的设立情形进行分析,并提出改进的方法①。3. 大学研究院所的学术研究与人才培养问题。汪敬熙在《提倡科学研究最应注意的一件事:人材的培养》中提出,研究所的主要任务是根据国内的现状来培养人才:即如何处置现有的人才,如何在国内选择有希望的人才,如何在国外训练有希望的人才。② 这些文章客观地展现了当时大学研究院所的发展情况,为本研究提供了有力的证据。

综上所述,关于中国近代大学研究院所的设立与发展以及学术研究与研究生培养问题已经引起国内学术界的重视,目前已有不少学术价值较高的研究成果,近年来有增长的趋势,但这些研究成果主要是局部性研究,并呈现出以下特点。

第一,从目前可见的文献研究成果来看,短篇论文成果较多,学术专著较少。短篇论文大都就中国近代大学研究院所的发展或培养人才、学术研究某一方面进行讨论,这些研究成果受文章篇幅所限,很难对研究内容作深入的挖掘,往往只能作概要性介绍或作宏观上的讨论。

第二,从研究内容来看,受到目前中国大学研究生招生规模的扩大以及研究生教育存在的诸多问题的引发,探讨中国近代大学研究院所研究生培养的文献较多,研究的旨趣在于通过考察近代大学研究生教育的得失功过,以期对当下的研究生教育以启示和借鉴。关于中国近代大学研究院所发展的研究成果也不少,但是,这些研究成果对大学研究院所发展历程的阶段性划分各不相同,有的以中国的学制演变作为划分依据,有的则以政治史、学运史等作为其分期标准,观点纷呈。在中国近代大学研究院所的学术研究及其成绩方面,以某一大学研究院所作个案分析的较多,对某一类大学研究机构进行分析的文献,近年来也间有面世,对中国近代大学研究院所发展科学方面进行整体分析的较少,即使是作整体分析的文献,有的也是以当时几所重要的大学研究院所作案例进行分析。在社会服务方面,讨论中国近代大学社会服务的文献较多,探讨大学研究院所社会服务的文献则鲜见。

第三,从研究的时间范围看,受近年来民国研究热的影响,民国时期

---

① 叶佩华:《我国大学研究院所设施情形之检讨》,《高等教育季刊》1942年第2卷第4期。
② 汪敬熙:《提倡科学研究最应注意的一件事:人材的培养》,《独立评论》1932年第26期。

高等教育的研究成果迅猛增加，其中关于大学研究院所的相关成果，关注点主要集中在民国的北洋政府时期和抗战前的南京国民政府时期，对晚清时期中国大学研究院所的讨论较少，据笔者所能接触到的文献看，对我国大学研究院所的发展、人才培养、发展科学以及社会服务作整体的系统性的研究成果目前还没有。

　　基于以上分析，笔者拟通过分析中国近代大学研究院所自身的发展特点，对其发展历程进行历史分期。在考察中国近代大学研究院所发展历程的过程中，探讨其培养人才、发展科学、社会服务是如何展开的，以及其工作的具体内容和取得的成就。这项工作的开展，笔者在参考已有研究成果的基础上，主要通过收集、整理与中国近代大学研究院所有关的中国近代各大学的校刊、各种报纸杂志、各大学研究院所的章程、教育行政部门颁行的法规等一手资料，以及教育年鉴、各种文献资料汇编、名人传记、书信往来、年谱等，用文献研究与历史研究法，对当时大学研究院所的发展及职能的开展情况作客观的分析与评述，现将本研究涉及的校刊、杂志以及年鉴和资料汇编列举如下。

　　1. 近代各大学校刊、报纸杂志。作为中国近代大学的重要媒介，各大学校刊和报纸杂志（尤其是教育文化类）登载了大量关于大学研究院所设立、招生、考试、课程、论文等信息，通过这些信息，我们可以窥见中国近代大学研究院所发展及职能开展的部分实际情况。本研究主要涉及的校刊有：《北京大学日刊》《北大日刊》《国立北京大学廿周年纪念册》《北京大学研究所国学门周刊》《北京大学研究所国学门月刊》《清华周刊》《国学论丛》《清华校友通讯》《国立中央大学日刊》《南开大学经济研究所事务月报》《南开大学应用化学研究所报告书》《南洋旬刊》《厦大周刊》《燕大周刊》《燕大旬刊》《燕京大学校刊》《燕大友声》《燕京大学研究院同学会会刊》《燕京新闻》《国立中山大学语言历史学研究所周刊》《国立中山大学校报》《国立中山大学文史学研究所月刊》《国立中山大学日报》《国立中山大学研究院年报》《交通大学年报》《交通丛报》《交大唐院周刊》《南洋友声》《交大季刊》《交通大学日刊》《私立岭南大学校报》《师大月刊》《暨南校刊》《辅仁生活》《国立山东大学周刊》《齐鲁学报》《国立四川大学校刊》等；涉及的主要的报纸杂志有《科学》《环球》《东方杂志》《农学杂志》《新教育》《学生》《学生杂志》《史地学报》《晨报副刊》《中华教育界》《中华基督教教育季刊》《教育与职业》《教育杂志》《时事月报》《中国国民党指导下之政治成绩统计》《中南情报》《昆虫与植病》《科学》《图书展望》《年华》《独立评论》《教育研究通讯》《全国学术工作咨询处月刊》《统计月报》《图书季刊》《教育通讯》《高等教育季刊》等。

  2. 各大学校史。各校的校史、中国近代著名教育人物的传记、日记、书信往来集等也是本研究必不可少的辅助资料。校史中一些关于中国近代大学研究院所的记录，是一手资料的有益补充。从著名人物的传记、日记和书信中，我们可以了解这些教育先贤设立大学研究院所的理念、在研究院所发展过程中参与的实际工作及贡献。中国近代大学的校史、校刊、著名教育人物传记、教育家的书信日记及年谱等资料浩如烟海，笔者在有限的时间内，选取了一些与本研究相关度较大的资料。校史方面主要有：萧超然等编著的《北京大学校史（1898—1949）（增订本）》（北京大学出版社1988年版），王学珍、郭建荣主编的《北京大学史料 第三卷（1937—1946）》（北京大学出版社2000年版），王学珍等编的《北京大学纪事（1898—1997）（上册）》（北京大学出版社1988年版），清华大学校史编写组编著的《清华大学校史稿》（中华书局1981年版），北洋大学、天津大学校史编辑室编的《北洋大学—天津大学校史（第一卷）（1895—1949）》（天津大学出版社1990年版），朱斐主编的《东南大学史1902—1949（第一卷）》（东南大学出版社1991年版），王德滋主编的《南京大学百年史》（南京大学出版社2002年版），南京大学高教研究所编的《金陵大学史料集》（南京大学出版社1988年版），《南大百年实录》编辑组编的《南大百年实录·中央大学史料选（上卷）》（南京大学出版社2002年版），交通大学校史编写组的《交通大学校史1896—1949》（上海教育出版社1985年版），复旦大学校史编写组的《复旦大学志 第1卷（1905—1949）》（复旦大学出版社1985年版），梁山等编著的《中山大学校史1924—1949》（上海教育出版社1983年版），黄义祥主编的《中山大学史稿（1924—1949）》（中山大学出版社1999年版），吴定宇编著的《中山大学校史（1924—2004）》（中山大学出版社2006年版），王文俊等主编的《南开大学校史资料选（1919—1949）》（南开大学出版社1989年版），南开大学校史编写组的《南开大学校史（1919—1949）》（南开大学出版社1989年版），燕京大学校友校史编写委员会编的《燕京大学史稿（1919—1952）》（中国人民出版社1999年版），西南联大北京校友会编的《国立西南联合大学校史——1937 至 1946 年的北大、清华、南开》(北京大学出版社 1996 年版),北京大学等编的《国立西南联合大学史料 1(总览卷)》《国立西南联合大学史料 3(教学科研卷)》《国立西南联合大学史料 5(学生卷)》(云南教育出版社 1998 年版)。此外,陈明章主编的《学府纪闻》系列丛书,收录介绍了 20 所当时的主要大学,主要有《国立北京大学》《国立清华大学》《国立中央大学》《国立中山大学》《国立西南联合大学》《国立北洋大学》《国立交通大学》《国立武汉大学》《私立燕京大学》《私立金陵大学》《私立辅仁大学》《私立齐鲁大学》(台北南京出版有限公司 1982 年版)等。

3. 本研究涉及的人物传记、年谱类的著作主要如下。章开沅、余子侠主编的中国著名大学校长书系丛书第一辑,介绍了中国近代教育史上著名的 10 位大学校长,主要有金林祥的《思想自由、兼容并包——北京大学校长蔡元培》(山东教育出版社 2004 年版),吴洪成的《生斯长斯 吾爱吾庐——清华大学校长梅贻琦》(山东教育出版社 2004 年版),冒荣的《至平至善、鸿声东南——东南大学校长郭秉文》(山东教育出版社 2003 年版),梁吉生的《允公允能、日新月异——南开大学校长张伯苓》(山东教育出版社 2003 年版),张彬的《倡言求是、培育英才——浙江大学校长竺可桢》(山东教育出版社 2003 年版),孙邦华的《身等国宝、志存辅仁——辅仁大学校长陈垣》(山东教育出版社 2003 年版),王运来著的《诚真勤仁、光裕金陵——金陵大学校长陈裕光》(山东教育出版社 2003 年版),余子侠的《工科先驱、国学大师——南洋大学校长唐文治》(山东教育出版社 2004 年版),黄书光的《国家之光、人类之瑞——复旦公学校长马相伯》(山东教育出版社 2004 年版),程斯辉、孙海英著的《厚生务实、巾帼楷模——金陵女子大学校长吴贻芳》(山东教育出版社 2004 年版),这些著作对校长们的办学理念、治校方略、办学特色作了系统的介绍,并对他们的教育改革及取得的成绩作了中肯的评价。此外,研究中涉及人物传记的著作还有,孙常炜著的《蔡元培先生的生平及其教育思想》(台湾商务印书馆 1976 年版),梁柱的《蔡元培与北京大学》(北京大学出版社 1996 年版),杨翠华编写的《蒋梦麟与北京大学(1930—1937)》(中研院近史所集刊,1988 年),孙彦民编写的《张伯苓传》(台湾中华书局 1971 年版),梁吉生编著的《张伯苓与南开大学》(山西教育出版社 1995 年),左森、胡如光主编的《北洋大学人物志》(天津教育出版社

1990年版),侯仁之主编的《燕京大学人物志(第一辑)》(北京大学出版社2001年版)和《燕京大学人物志(第二辑)》(北京大学出版社2002年版)等。涉及的人物年谱与日记等文献主要有,高平叔主编的《蔡元培年谱》(中华书局1980年版),陶英惠主编的《蔡元培年谱(上)》("中研院"近史所专刊,1976年),民国丛书第二编83《胡适留学日记》(中华书局1947年版),曹伯言编的《胡适日记全编》(安徽教育出版社2001年版),耿志云、欧阳哲生编的《胡适书信集(上中下)》(北京大学出版社1996年版)等。

4. 年鉴、档案与资料汇编。年鉴、档案以及教育资料汇编是本研究不可或缺的文献,研究中涉及的有:教育部年鉴编纂委员会编的《第一次中国教育年鉴》(上海开明书店1934年版)和《第二次中国教育年鉴》(商务印书馆1948年版),潘懋元、刘海峰编写的《中国近代高等教育史资料汇编·高等教育》(上海教育出版社2007年版),宋恩荣、章咸主编的《中华民国教育法规选编(1912—1949)》(江苏教育出版社1990年版),中国第二历史档案馆编的《中华民国史档案资料汇编》(第三辑教育卷)(江苏古籍出版社1991年版)和《中华民国史档案资料汇编》[第五辑 第一编 教育(一)(二)](江苏古籍出版社1994年版),朱有瓛、戚名秀、钱曼倩编写的《中国近代教育史资料汇编·教育行政机构及教育团体》(上海教育出版社1993年版),璩鑫圭、唐良炎主编的《中国近代教育史资料汇编·学制演变》(上海教育出版社2007年版),朱有瓛主编的《中国近代学制史料 第一辑(上册)》(华东师范大学出版社1983年版)和《中国近代学制史料 第二辑(下册)》(华东师范大学出版社1989年版),中国国民党中央委员会党史史料编纂委员会编的《革命文献 第54辑 抗战前教育政策与改革》和《革命文献 第55辑 抗战前教育概况与检讨》(台湾"中央文物供应处"1971年版),舒新城编写的《中国近代教育史料》(上海中华书局1928年版)和《中国近代教育史资料》(人民教育出版社1985年版),陈宝泉著的《中国近代学制变迁史》(北京文化学社印行,1927年),王雪珍等主编的《北京高等教育文献资料选编 1861—1948》(首都师范大学出版社2004年版),吴惠龄、李壑编的《北京高等教育史料(第1集)近现代部分》(北京师范学院出版社1992年版)等。

5. 教育史著作。本研究所参考的教育史著作主要有:伍振鷟著的

《中国大学教育发展史》（三民书局1982年版），冯开文的《中国民国教育史》（人民出版社1994年版），李华兴的《民国教育史》（上海教育出版社1997年版），熊明安的《中华民国教育史》（重庆出版社1997年版），高奇的《中国高等教育思想史》（人民教育出版社1992年版），于述胜的《中国教育制度通史 第7卷 民国时期教育》（山东教育出版社2000年版），苏云峰的《中国新教育的萌芽与成长（1860—1928）》（北京大学出版社2007年版），谢桂华的《20世纪的中国高等教育·学位制度与研究生教育卷》（高等教育出版社2003年版），孙培青主编的《中国教育史》（华东师范大学出版社2000年版），许美德的《中国大学1895—1995》（教育科学出版社1999年版），杰西·格·卢茨的《中国教会大学史1850—1950》（浙江教育出版社1988年版），曲世培的《中国大学教育发展史》（山西教育出版社1993年版），余立、郑登云编著的《中国高等教育史》（华东师范大学出版社1994年版），董宝良等编的《中国近现代高等教育史》（华中科技大学出版社2007年版），金以林的《近代中国大学研究：1895—1949》（中央文献出版社2000年版），李石岑等著的《现代教育思潮批判》（上海商务印书馆1925年版），周予同的《中国现代教育史》（山海书店1933年版），陈翊林著的《最近三十年中国教育史》（上海太平洋书店1931年版），商务印书馆编的《最近三十五年之中国教育》（山海书店1931年版），丁致聘的《中国近七十年来教育记事》（上海书店1931年版），陈能治的《战前十年中国大学教育》（台湾商务印书馆1990年版）等。这些教育史著作中对中国近代大学的发展作了详尽的叙述，清晰地展现了近代大学的发展脉络，为本研究提供了有力的理论支撑。但是，这些著作对中国近代大学研究院所培养人才、发展科学及社会服务工作极少涉及。

三 研究的主要内容

本研究以大学研究院所的发展作为经线，以其职能的开展及其实践活动为纬线，借助大量一手资料及各大学校史、档案资料等，对中国近代大学研究院所的发展历程进行梳理，对大学研究院所的培养人才、发展科学及社会服务等工作的特征及取得的成绩等进行分析，讨论大学研究院所设立与发展的影响因素、职能演变过程中存在的问题，总结其历史经验与教训。具体研究内容如下。

第一章为绪论，主要阐述本研究的选题及意义、文献综述、研究方法及对重要的概念进行界定等。

第二章主要讨论中国近代大学研究院所的萌芽，对国外近代大学研究所发展及其影响进行简单的概述，对中国近代大学研究院所设立的构想进行剖析。

第三章的内容是讨论北京大学研究所的创设，并对其培养人才的方式及特点、在科学研究方面进行的探索以及社会服务的发轫进行分析。

第四章对中国近代大学研究院所快速发展阶段的状况进行描述，论述由于大学研究院所快速发展所产生的问题及教育部对其整顿与规范，分析大学研究院所培养人才机制的创新与完善、科研体系的形成及其取得的研究成果、社会服务职能的确立及其实践活动等。

第五章主要考察与分析中国近代大学研究院所的曲折发展、系统的人才培养质量保障体系的形成与高质量人才的培养、科学研究的特点及其成果和大学研究院所社会服务的转变。

第六章为结论，主要对中国近代大学研究院所的发展及其职能的开展情况作简要的回顾与总结，并在此基础上就大学研究院所的发展和职能开展过程中的特点作一些申论，以期能给当下的高等教育一点启示。

四　主要研究方法

高等教育研究本身并没有自己特有的研究方法，它主要借用了教育学的研究方法，而教育学研究则借用了一些社会科学和自然科学的研究方法。本研究主要运用了文献研究法和历史研究法。

（一）文献研究法

文献研究法是指通过收集、整理与鉴别文献，以文献作为研究对象，形成对事实科学认识的一种研究方法。由于选题原因，本研究运用文献法可以超越时间和空间的限制，能更方便、快捷地获得本研究所需要的文献。有关中国近代大学研究院所的资料多散见于各大学校史校刊、各类报纸杂志、档案、教育资料集刊、教育年鉴以及前人的日记、往来书信中。通过对此类文献资料的收集、整理、归类与分析，从中析出符合本研究所需的文献资料，并以此作为本研究的论据，由表及里，形成对中国近代大学研究院所发展及职能开展的事实判断，从而作出客观公正的历史评价。

（二）历史研究法

"教育科学的历史研究法就是通过搜集教育现象发生、发展和演变的历史事实，加以系统客观的分析研究，从而揭示其发展规律的一种研究方法。"① 中国近代大学研究院所是在中国特定的历史阶段产生的，它与中国高等教育的发展密切相关，同时也受到国外高等教育的影响。它从产生、发展到普遍设立，无不烙上社会变迁、国际教育思潮的印痕。因此，本研究运用历史研究法，可以如实地反映大学研究院所的发展历史进程，并用历史的眼光对之进行评判分析。

五 重要概念的界定

（一）本研究中的"近代"

"近代"是中国特有的历史研究概念，它涉及中国历史划分的上下限问题，一般情况下，中国的史学界将第一次鸦片战争（1840）作为中国近代的上限，将中华人民共和国的成立（1949）作为下限。关于教育史的分期问题，学界很多学者往往将史学界的历史分期作为教育史的历史分期。虽然教育的发展受到政治的影响极大，但是，教育史毕竟不是政治史，教育的发展有其特有的规律。李华兴认为，"教育史不能脱离政治史，但民国教育史毕竟不是民国政治史"，因而，他以民国教育自身的演变为依据，将民国教育史分为五个时期。② 台湾学者在进行教育史研究时，大多是按照教育自身发展变化确定教育史分期，如陈启天将中国近代教育分为萌芽时期（1842—1894）、建立时期（1894—1911）和改造时期（1912—1949）三个时期③。大陆学者也有类似的分期法，考虑到高等教育发展过程中其性质上的重大变化，董宝良以中华人民共和国的成立为分水岭，将1862年至1949年作为中国近代高等教育史部分，1949年至1999年作为中国现代高等教育史。④ 受此启发，本研究按照中国大学研究院所起承转合的发展变化，将"近代"的上限设定在1902年，下限为1949年。由于选题原因，本研究的撰述范围为1902年至1945年。

---

① 裴娣娜：《教育研究方法导论》，安徽教育出版社1995年版，第136页。

② 李华兴：《民国教育史》，上海教育出版社1997年版，第6—13页。五个时期分别为：由传统教育向近代教育转化（1862—1911）；民国教育的创始（1912—1915）；新文化运动与教育改革（1915—1927）；民国教育的发展与定型（1927—1937）；民国教育的演进与衰落（1937—1945）。

③ 陈启天：《中国近代教育史》，台湾中华书局1979年版。

④ 董宝良主编：《中国近现代高等教育史》，华中科技大学出版社2007年版，第4页。

（二）大学

本研究中所指的"大学"不是广义上的大学，而是特指当时各种法律法规中所明确界定的大学。1912年9月3日教育部公布的《学校系统令》规定，"大学本科三年或四年"，1912年10月24日教育部公布的《大学令》规定，"大学分为文科、理科、法科、商科、医科、农科、工科。大学以文理二科为主，须合于左款条列之一，方得名为大学。一、文理二科并设者；文科兼法商二科者；理科兼医农工三科或二科、一科者"。1917年9月17日教育部公布的《修正大学令》中对大学的规定更加宽泛，"设两科者，得称为大学，设一科者，称为某科大学"。1922年公布的《学校系统改革案》将大学称为大学校，规定："大学校设数科或一科均可，其单设一科者，称某科大学校。大学校修业年限四至六年，医科大学校及法科大学校修业年限至少五年，师范大学校修业年限四年。"从上述的法令中可以发现，教育部对大学设立的标准主要是其设立学科的类别及数量，并没有将大学与学院作区别。1929年颁布的《大学组织法》与《大学规程》中规定："大学分为文学院、理学院、法学院、教育学院、农学院、工学院、商学院、医学院，具备三院以上者，且必须包含理学院或农工医各学院之一者，始得称为大学，不合上述条件者，为独立学院"[1]，此规定一直延续到民国后期。本研究中所指的大学基本上是以上述法令或规程中的规定作为标准，因而，研究中所包含的对象包括公立大学中的国立大学和省立大学，私立大学中的教会大学和国人创办的私立大学。

（三）研究院所

本研究中的研究院所，特指"大学研究院所"，即中国近代大学中设立的研究院或研究所。其他的研究院所，如中央政府主办的国立中央研究院、国立北平研究院；各中央部委设立的研究院所，如教育部设立的物理、化学、药物等研究所，地质部设立的中央地质调查所，农业部设立的中央水产实验所等；地方政府设立的各类科研院所，如两广地质调查所、湖南省地质调查所等；民间设立的各类研究院所，如中国科学社生物研究所、中国西部科学院、静生生物调查所；各企业设立的研究院所，如上海

---

[1] 参见王雪珍等编《北京高等教育文献资料选编（1861—1948）》，首都师范大学出版社2004年版，第300、305、395、505、609页。

天厨味精厂创办的中华工业化学研究所、信宜药厂设立的化学药物研究所等，其他的还有各社会团体设立的研究所、各中小学及教育行政机构设立的研究院所等，它们要么是进行纯粹的学术研究、要么制定行业标准或纯粹为企业的生产服务，其职能与大学研究院所的职能不尽相同，因此均不在本研究的范围之内。

（四）职能、大学职能和大学研究院所职能

职能与大学职能。职能通常是指一个组织、团体或社会系统应有的作用和功能。大学的职能是指大学作为社会机构，对内对外所具有的职责和功能以及发挥这种职责和功能的总称。在已有的关于大学职能的讨论中，由于学者们的出发点不同，大学的职能被概括成多种多样，有人持三职能说，如1986年，潘懋元在《高等学校的社会职能》一文中提出，高等学校除了培养人才和发展知识外，还有直接为社会服务的职能。[①] 有学者认为大学有四种职能[②]，还有的持多职能说[③]。目前，主流的观点认为大学具有培养人才、发展科学、服务社会三大职能。为了避免研究过程的复杂化，本研究采用三职能观。

大学职能与大学研究院所职能。本研究认为，大学职能与大学研究院所的职能是整体与局部的关系，研究院所的职能是大学职能的重要组成部分。大学与研究院所在概念上是上下位关系，大学研究院所作为大学的基层学术组织之一，是大学的职能重要承担者，大学的职能要通过研究院所来体现。同样作为大学的下位概念，大学的"学院"或"系"等基层学术组织[④]，也是大学职能的重要承担者，但它们的职能与研究院所的职能有所区别。大学研究院所的本质特征是科学研究，其职能具有以下几种特质：培养具有研究能力的高级人才；承担大学发展科学的主要任务；运用科学研究成果为工业、农业、国防等社会各行业提供服务。相较而言，学院或系不具备这些特点。

---

① 潘懋元：《潘懋元高等教育文集》，新华教育出版社1991年版，第207页。

② 章仁彪：《守护与创新：现代大学理念与功能》，《高教发展论坛》2004年第3期。

③ 以徐辉的观点具有代表性，参见徐辉《试析现代高等学校的六项基本职能》，《高等教育研究》1993年第1期。

④ 中国近代大学的学术组织相对简单，主要的组织形式是"大学—学院—系"，而中国近代大学研究院所一般是与学院处于同一级别。有的研究所在大学组织机构中与学院同级别，有的研究所设学院之中，与系同级别。

大学研究院所的培养人才、发展科学与服务社会三项职能并不是截然分开的，而是一个有机的整体。周川指出，高等学校的"三项职能是相互联系，相互渗透的，培养人才是基本职能和中心任务，发展科学是重要职能，社会服务是合理延伸与实际应用"[①]。

---

① 周川：《简明高等教育学》，河海大学出版社2002年版，第70页。

第二章

中国近代大学研究院所的萌芽
（1902—1916年）

中国近代大学是个舶来品，中国近代大学研究院所也不例外。考察中国近代大学研究院所的设立与发展，首先须回顾欧洲"大学研究院所"是如何产生的、其发展过程中有哪些特点，以及其培养人才、发展科学与社会服务的开展情况等。目前学界对这些问题有着不同的表述且缺乏系统性，使我们对大学研究院所的认识模糊不清。因此，厘清西方大学研究院所的产生、发展及其职能的演变，并以此作为观照，对于我们考察中国大学研究院所的发展情况，认识和理解中国近代大学研究院所的设立及其职责和功能等，具有重要意义。

第一节 外国大学研究所的发展及其影响[①]

一 大学研究所的产生

对于大学"研究所"首先产生于何时何地，众说纷纭，国内外学界至今仍无定论。[②] 有的学者认为世界上第一个研究所是爱因斯坦于1876年

---

① 本小节的详细内容已整理成题为《试论近代外国大学研究院所的产生及其社会服务》一文，发表于《现代大学教育》2016年第2期。

② 英国学者安东尼·肯尼认为，亚里士多德创办的哲学学校吕克昂是世界上第一个研究所，作者认为，吕克昂学校存有大量的实验材料和珍贵的手稿资料，亚里士多德在那里采用研究的方法进行教育，并和一批学者及研究人员一起研究探索，整理文献，其是一个真正的研究机构。参见［英］安东尼·肯尼《牛津西方哲学史 第一卷 古代哲学》，王柯平等译，吉林出版集团责任有限公司2010年8月版，第105页。陆传骥认为，最早使用研究所这一概念是1795年成立的法兰西研究所。参见陆传骥、邢珍义主编《科技管理基础》，辽宁人民出版社1988年3月版，第403页。伯顿·克拉克教授在名著《探究的场所——现代大学的科研和研究生教育》中指（转下页）

第二章 中国近代大学研究院所的萌芽（1902—1916年）

建立的①，有的则认为世界上第一个研究所当推1888年巴黎的巴斯笃学院②。

任何新生事物的出现，都有一个萌芽、产生、发展与成熟的过程，研究所③也不例外。作为一种崭新的教学与科研机构，研究所的产生不可能一蹴而就，它是在吸收古代传统教学形式的基础上，在适宜的社会、科研、学术环境中才能萌芽，进而发展壮大。自中世纪大学产生以来，大学虽有"学术自由"与"大学自治"的权利，但是，由于常常受到教会和世俗统治者的干预，大学获得的学术自由通常是非常短暂的，尤其是中世纪后期，大学一直作为神学的"婢女"而存在着。十七八世纪，英国和法国的大学一直处于衰落状态，德国的大学却洋溢着时代精神，人们对于大学寄予厚望，希望它们在解决科学、哲学问题和民族兴亡大事上能提供动力。在法国和英国，学术研究工作根本未放在大学的肩上，从十七世纪起就被新建立的学术机构承担了，在法国是皇家学院，在英国则是皇家学会，因为这两个国家的大学并不足以作为国家学术的代表④。

1737年，格斯纳在哥廷根大学创办了哲学研究班，这个研究班是在大学中设立的第一个研究班。1763年，著名的古典语言学家海涅在哥廷

（接上页）出，德国化学家利比希于1826年组建的吉森实验室是"历史上第一个大规模的近代教学—科研实验室的方向和实践……成熟的研究所的形式主要是无计划的一系列小的革新行动的结果"。参见[美]伯顿·克拉克《探究的场所——现代大学的科研和研究生教育》，王承绪译，浙江教育出版社2001年12月版，第25页。

① 持此说法的学者很多，沈德辉等编著：《科学的力量》，湖南师范大学出版社2000年版，第106页；吕斌：《文化进化导论》，学林出版社1994年版，第122页；胡爱本编著：《科技意识论》，中国青年出版社1994年版，第96页；余翔林主编：《科学的未来》，科学出版社2004年版，第293页；顾吉环等编著：《钱学森文集 第二卷》，国防工业出版社2012年版，第125页。

② 陈孝禅编著：《心理教育问题引论》，湖南教育出版社1990年版，第134页。

③ 研究所只是一种广泛的说法。实际上，在伯顿·克拉克的《探究的场所——现代大学的科研和研究生教育》、包尔生的《德国大学与大学学习》及《德国教育史》、贺国庆的《德国和美国大学发达史》等诸多著作中，他们没有将研究所与研究班、研讨班、实验室等作明确区分，在大多情况下是混用的。如："与研究班，尤其是语言—历史方面的研究班并存的是大量的研究所、实验室和诊所，在这里主要是分学科进行自然科学和医学方面的教学。"同时，却又自相矛盾地说，"研究所始于19世纪前半期，当时只有为学生参加物理和化学实验与研究的小型实验室，这些小型实验室，到19世纪后半期时发展成为了大型的物理和化学研究所"（引自包尔生《德国大学与大学学习》，张弛等译，人民教育出版社2009年版，第217页）。

④ [德]包尔生：《德国教育史》，滕大春译，人民教育出版社1986年版，第84页。

根大学创办了语言学习明纳。随后，类似的语言学习明纳在魏丁堡（1771）、埃尔兰根（1777）、哈勒（1787）等大学先后建立起来。沃尔夫于1778年创办了著名的语言学研究班。早期的研究班的主要职能是教学，研究只是教学的一种辅助形式，主要的目的是通过讨论和答辩来培养学生独立思考的能力，从而形成良好的学术品质，以便成为合格的语言学教师。此时的研究班，其预备功能多于研究功能，医学与自然科学研究班很少，对当时的德国大学的学术影响有限，因此，严格来说，早期设立的研究班并非现代意义上的研究所，只能算是研究所的萌芽阶段。

1826年，李比希（Justus von Liebig）在吉森大学（University of Giessen）创立的吉森实验室，可以视为近代意义上的第一个研究所。伯顿·克拉克指出，吉森实验室是"历史上第一个大规模的近代教学—科研实验室的方向和实践"[1]。李比希在实验室里用自己发明的简易实验仪器激发学生对实验项目产生兴趣。他把实验引入教学，在大学里开设化学实验，扭转了当时欧洲大学教育中忽视实验的倾向。吉森实验室是近代大学实验教学的起点，对推动整个欧洲的实验教学和培养化学研究人员作出了巨大贡献。

二 近代大学研究所的发展

1810年，洪堡领导下的学术革命使柏林大学声名鹊起，成为德国科研和学术的代表。为了鼓励科学研究，培养学术人才，柏林大学设立了大量的研究班和实验室，实现了教学和科研的统一。19世纪20年代后，德国的研究所数量迅速增加，到1849年，柏林大学的研究所增加到了18个，德国统一前，研究所又增加了9个，其中医学6个，哲学3个。研究所在大学发展中日益起到了主导性作用，德国各大学纷纷仿效。到1870年，海德堡大学共建立了13个研究所和5个诊疗所，蒂宾根大学共创设了18个研究所。[2] 19世纪最后几十年，德国以"狂热的速度"发展研究所。普鲁士从1882年到1907年，9所大学共建立了77个研究所和研讨

---

[1] ［美］伯顿·克拉克：《探究的场所——现代大学的科研和研究生教育》，王承绪译，浙江教育出版社2001年版，第25页。

[2] Charles E. McClelland, state, Society, and University in Germany, p. 175.

班，86个医学实验室和诊所，9个法律研讨班和4个神学研讨班。①

三　近代德国大学研究所对国外高等教育的影响

19世纪德国大学的研究所制度使其在高等教育上获得巨大成功，并对英美法等国大学研究所的设立产生了深远的影响。

（一）对美国的影响

19世纪后半期，美国学生掀起了留德热潮，60年代约有300人，70年代增至1000人，90年代激增至2000多人，②到第一次世界大战前，约有一万名美国青年和学者到德国大学学习，仅柏林大学前后接纳的美国学生就超过5000人。③1870年，亨利·亚当斯第一次将研究所制度引进哈佛大学。创立于1876年的约翰·霍普金斯大学首任校长吉尔曼曾系统考察德国的高等教育，深受德国高等教育理念影响。为了把霍普金斯大学办成高水平的学术性大学，他引进了德国大学的研究所制度。通过移植德国的高等教育，霍普金斯大学成了设在美国的柏林大学，并成为美国大学研究生教育与发展的起点，④引领美国高等教育向高深的学术研究方向迈进。此后，研究所在美国高等教育中被普遍推广，成为美国研究生院最普遍的教学形式。

（二）对法国的影响

法国的科学研究具有悠久的历史，早在1529年就创办了法兰西学院，1635年法国科学院创立，1666年巴黎科学院成立，1793年法国国家自然历史博物馆建立，1887年创办了巴斯德研究所。这些研究机构为法国的科学研究作出了巨大的贡献。但这些建立于大学之外的研究机构将大学与

---

① ［美］伯顿·克拉克：《研究生教育的科学研究基础》，王承绪译，浙江教育出版社2001年版，第33页。
② 周洪宇：《学位与研究生教育史》，高等教育出版社2004年版，第40页。
③ 贺国庆等：《外国高等教育史》，人民教育出版社2003年版，第214页。
④ 这里是从严格意义上的专业性研究生教育角度而言的，实际上，1847年，耶鲁大学就已经开始为获得学士学位的学生提供高级人文科学与自然科学课程的教育；1858年，密歇根大学实施了向学士学位获得者提供文科硕士学位教育的计划；1860年，耶鲁大学确立了博士学位的授予条件，并于1861年首次向学生授予博士学位；1872年，哈佛大学创设了研究生院。总的来说，这些研究生教育还不是真正意义上的研究生教育，只是学士后课程教育，是一种高级学位教育，可以说是美国研究生教育的萌芽。参见李盛兵《研究生教育模式嬗变》，教育科学出版社1997年版，第73页。

科研机构的职能进行了分割：大学主要从事教学，研究机构进行科学研究。这种双轨制使大学在科学研究领域处于次要角色。

当德国大学声名鹊起并誉满全球之时，法国的大学由于过分注重实用与缺乏科学精神而逐渐落后于德国，这种情况引起法国各界的强烈不满。为了改变这种状况，1868 年，教育部部长杜卢伊主持创办了一批高等试验学院，这些学院仿效德国大学的研究所制度，开展教学与科学研究。

真正让法国警醒的是 1870 年的普法战争，法国的教育界一致将战败的原因归结于法国高等教育的缺失，开始认识到科学研究对大学及对国家的重要性，纷纷效仿德国大学的科研体系进行改革，一些留德归国学生将他们在德国受到的科研训练方法引入法国，在大学中设立研究所。法国大学进行改革后，研究所在法国得到广泛推广，科学研究在法国大学中获得了应有的地位，大学重新焕发出勃勃生机，到第一次世界大战前，法国大学尤其是巴黎大学再度成为世界知名的科学和知识中心，为法国大学和国家挽回了曾经失却的荣誉。

（三）对英国的影响

吉里斯派曾指出，1830 年以前，英国没有一个可以开展科学事业的机构。[1] 英国最古老的牛津大学和剑桥大学固守传统，继续从事培养牧师与世俗绅士工作，主要教授古典课程，拒绝新思想和自然学科进入大学课堂，在思想上和实践上与科研相对立，遑论研究机构的设立。

这一状态的改变始于 1845 年，德国化学家霍夫曼受聘英国皇家化学院首任院长，他将德国大学的习明纳教学法引入英国。19 世纪 60 年代，牛津林肯学院院长帕蒂森（Mark Pattison）公开发表论文，主张按照德国的大学模式对英国的大学进行改革。著名的科学家赫胥黎对德国大学推崇备至，他认为大学进行科学研究是进步的表现，"现代大学是进步的，它是生产新知识的工厂，它的教授处于进步潮流的最前列。研究和批判肯定是他们必不可少的东西，实验工作是学习科学的学生的主要职责，书本是他们的主要帮手"。[2] 在社会各界的激烈批评声中，英国政府开始为大学

---

[1] Willis Rudy. The University of Europe, 1100—1914: A history, Rutherford [M]. London: Associated University Presses, 1984, p. 130.

[2] ［英］托·亨·赫胥黎：《科学与教育》，单中惠等译，人民教育出版社 1990 年版，前言第 24 页。

提供经费，用于自然学科的研究与实验室的建设，牛津大学和剑桥大学也放弃固有的理念，开始增加自然科学课程，培养学生的研究精神。1855年到1860年，牛津大学建立了很多现代科学实验室。1871年，剑桥大学建立了享誉全球的卡文迪什实验室。卡文迪什实验室采用德国大学的研究所制度，培养出大批优秀人才。

（四）对中国的影响

德国的研究所制度除了对美国、法国和英国的高等教育产生深远影响外，还对日本、希腊、俄国、瑞典、丹麦等国高等教育的发展留下了深刻的烙印。特别需要提出的是，德国的研究所制度对我国的高等教育发展也曾经产生过重要的影响。20世纪20年代，蔡元培曾三次赴德国学习，在汉堡大学和莱比锡大学除了系统学习和研究西方国家的历史、文化、教育、心理学、教育学、哲学、美学外，他还系统考察了德国的大学教育，深为德国大学中施行的教学与研究相结合的理念所折服。在莱比锡大学留学期间，他还翻译了包尔生（当时译为巴留岑）的名著《德国大学与大学学习》（即《德意志大学》）一书的总论部分，并在《教育杂志》上发表，向国内介绍德国的高等教育。[①] 回国后，他极力推行德国的大学制度，主张教学与科研相结合，仿效德国大学的研究所制度，在北京大学创立了文、理、法三科研究所，开创了我国大学设置研究所的先河。香港著名学者金耀基在《蔡元培先生象征的学术世界》一文中指出，"同样的，德国大学的模型也给蔡先生很大的启发性。他以大学是'研究学理的机关'，并且在民元教育总长任内把通儒院改名为大学院，在大学中分设各科研究所，并仿德国大学制精神，规定大学高级生必须入研究所……蔡先生重视研究的功能，重视研究所、研究院的发展，都是因为他要纠正大学'专己守残'的学风，要长远地为中国学术建立自主性、独立性"。[②]

四　外国近代大学研究所的职能演变

外国大学研究所的职能演进可以分为三个阶段。19世纪之前，大学研究所的主要职能是培养人才，19世纪初至40年代，增加了科研职能，

[①] 蔡元培：《德意志大学之特色》，《教育杂志》1910年第11期。
[②] 金耀基：《蔡元培先生象征的学术世界——蔡元培先生新墓碑落成有感》，引自《大学之理念》，生活·读书·新知三联书店2000年版，第83页。

是培养人才和科学研究双职能阶段。19世纪40年代以后，大学研究所开始为社会各界提供广泛的服务，其职能演变为教学、科研和社会服务。

（一）首要和基本职能：教学

在研究所发展的早期阶段，其主要任务是保存和传授已有的传统文化，如哥廷根大学、哈勒大学的研究班，一般是由组织研讨的教授或专家向学生提出问题，或者鼓励学生自己提出问题，然后在其指导下，进行深入的探讨和研究，以培养学生解决问题的能力。此时，大学研究所的主要职能是通过教学培养人才，科学研究是教学的辅助形式。

（二）主要和关键职能：科学研究

19世纪初期，柏林大学的研究所实现了"教学与科研相统一"。洪堡的大学理念独特之处在于，大学的任务不仅仅是教学，还需设立各科研究所，把教学与科研密切地结合在一起，同时实现培养人才和发展科学，使发展科学与培养人才相辅相成。"人们开始把解决和探索一切真理问题的希望，寄托在自然科学，而不期之于思辨哲学了。在人文科学中，这种类似的精神也得到了优势地位。史学家尤其着手进行大规模的研究工作，调查原始资料，筛选档案记录，收集墓志铭，编著各种文献资料。"① 近代大学研究所的科学研究在大学中制度化过程，成为欧美高等教育现代化的一个重要标志，对高等教育发展产生了深远的影响。

（三）重要的现实职能：社会服务

19世纪40年代，随着大学科学研究工作的重要性日益显现，德国政府希望高等教育为推进政治、经济、文化发展服务。当时政府对于科研的见解与态度是："国家对于科学的责任，不是在自己去参加，而是在于供给学者以必要的设备和帮助，使他们得以进行研究，政府对研究者的工作绝对不加干涉，因为如此，仅足以引起障碍。政府相信他们的研究，在政府不加干涉条件之下，会得到更好的结果。"②

大学研究所为社会服务主要体现在以下几方面：利用实验室的仪器设备，进行物理化学研究，为农业和工矿企业提供技术支持；通过医学研究，改善公共卫生，减轻社会病痛；为工矿企业提供包括研究人员的培

---

① ［德］包尔生：《德国教育史》，滕大春译，人民教育出版社1986年版，第129页。
② 北平中德学会编：《五十年来的德国学术》（第三册），商务印书馆1937年版，第726页。

第二章 中国近代大学研究院所的萌芽（1902—1916年）

养、人力培训；提供法律援助、心理咨询；为国家的政治目的服务等。

1840年，化学家李比希首次发明了人造肥料，其很快就被用于农业生产。之后又发明了磷酸肥料、窒素肥料（氮肥）、加里肥料等，到1850年，制造窒素肥料所需的硝石，需从智利进口大约200万吨，足见此时人造肥料之繁盛。当时，德国农业产量低下，农产品匮乏，每年从国外购买农产品需花费十亿元。① 德国大学的农学研究反映了科学和农业之间必不可少的关系，化学肥料的发明与应用，大大提高了农业产量，有力地促进了农业发展。

第一次世界大战期间，德国化学工业界对大学化学研究所给予慷慨的资助。一方面给各大学化学实验室拨以巨款；另一方面资助化学系毕业生生活费，让他们充当助教，以便继续进行学习和科学研究。② 通过这种合作，大学研究所解决了战争造成的经费不足问题，能够得以继续进行研究活动；另外，解决了工业界的技术难题。英国白希教授在评价德国的化学研究与工业界的关系时说，"大学及化学工场，设立完备之研究机关，德国数十年前，已植此佳种，至今日工业界中，遂收雄冠世界之美果"。③

19世纪中叶，随着生理化学及实验生理学渐次进步，实验医学取得了飞速发展，针对本时期德国都市化迅速发展所带来的问题，德国政府大力资助大学建立公共卫生学、传染病、皮肤和性病、肺病、神经错乱研究所和法医学研究所，以及开办诊疗所和分科医院，教授和学生通过对大量病例的研究，达到科学研究的目的，同时对大学所在社区居民的卫生、健康提供直接服务。

哲学院和法学院设立的研究所也对德意志的社会和政治需要作出了贡献。法学院的犯罪学和安全保障等研究所的设立，得到了联邦政府的鼓励和资助，管理学、经济学、地理学、语言和文学研究所的设立，不仅是与欧洲其他国家竞争的需要，也是迎合德国海外扩张的需要。第一次世界大战前，德国已经成为政治、经济和军事强国，为了培养德意志帝国未来的"海外"官员，政府大力支持大学创办海洋学研究所、东欧研究所。神学也开始为满足德意志发展需要创办研究所，如哈勒大学1897年创办"传

---

① 陆规亮编译：《德国教育之实况》，中国图书公司和记1916年版，第131页。
② 北平中德学会编：《五十年来的德国学术》（第三册），商务印书馆1937年版，第733页。
③ 陆规亮编译：《德国教育之实况》，中国图书公司和记1916年版，第138页。

教学"研究所,就是为了进行海外文化侵略的需要。

第二节 中国近代大学研究院所最初的构想

在德、美、英、法等国大学中普遍设立研究所的时候,中国的高等教育则处于蹒跚起步阶段。但就高等教育研究机构而言,中国古已有之,且历史悠久。西周的成均、辟雍、泮宫,西汉开始创立的太学,南北朝的国子学,明清之国子监,均可视为古代中国之"大学"[1],在教学的同时兼具研究功能。宋代兴起的书院则是集藏书、教学、研究三位一体的学术机构,在教学过程中因材施教,并且将教学和研究相结合,对中国的政治文化产生重大影响。[2][3][4] 古代的"大学"和书院都是当时的最高教育与研究机构,对发展学术与培养专门人才起了重要的作用。当然,这里的"大学"和书院与现代意义上的大学以及大学研究机构有着本质的区别,但它

---

[1] 很多学者认为,古代的这些机构都可算作大学,如郑登云在《中国高等教育史》一书中列有专题"中国古代大学教育";伍振鷟指出,"故我国历代的学校教育,无论在形式上或实质上,莫不重在大学的教育,大学以外的教育,均不受重视",参见伍振鷟《中国大学教育发展史》,三民书局印行,第1页;蔡元培亦认为,汉代的太学及明清的国子监,相当于近代的大学:"进行高等教育的机构早在两千年前就出现了,那时称之为'太学'。"参见《中国现代大学观念及教育趋势》,中国蔡元培研究会编:《蔡元培全集》(第五卷),浙江教育出版社1997年版,第308页。

[2] 宋代的书院成为名儒大家的学术活动中心,早期的书院突破传统官学教育体制,名宿大儒博延生徒,聚书千卷,在讲学之余致力于研究著述,创立学派。在教学方面,教师鼓励学生提出问题,重视学生研究能力的培养。作为教学、研究和藏书机构,书院与近代大学的研究机构在教学、发展学术等职能上有异曲同工之处。柳诒徵《江苏书院志初稿》云:"原书院之性质,其卑者类义塾,其高者乃后之谓文科大学,或文学研究院……旧书院与新学校,名异而实非甚殊也。"参见刘少雪《书院改制与中国高等教育近代化》,转引自左玉河著《移植与转化:中国近代学术机构的建立》,大象出版社2008年版,第55页。

[3] 蔡元培曾说:"我们从前本来有一种专研国学的机关,就是书院。……但是最著名的,如直隶的莲池书院,四川的尊经书院,江苏的南菁书院,浙江的诂经精舍,广东的广雅等,都以考古学、文学为练习与研究的对象。"参见蔡元培《北京大学国学研究所一览序》,《北京大学日刊》1925年第173期。

[4] 胡适指出,"要知我国书院的程度,足可以比外国的大学研究院。譬如南菁书院,它所出版的书籍,等于外国博士所作的论文"。参见胡适《书院制史略》,姜义华主编:《胡适学术文集·教育》,中华书局1998年版,第273页。

第二章 中国近代大学研究院所的萌芽（1902—1916 年）

们在文化渊源、组织形式、教育功能等方面与中国近代大学研究机构存在一定的关联性，是我国近代大学研究机构赖以设立的重要基础。

中国近代大学研究院所的设立与中国教育近代化息息相关。清末以降，"西学东渐"促使中国移植了国外近代大学制度。第一次世界大战期间，西方列强忙于战事，无暇顾及东亚地区，中国民族资本得以发展，为高等教育的发展提供了经济支撑，也为研究工农业的高端人才带来了背景式的需求。清季以来，严复、任鸿隽等人提倡的科学教育，主张将科学研究的方法用于教育，科学教育的思潮对学术研究产生了显著的冲击作用。[①] 教育救国与学术独立的呼声更是为大学研究院所的设立奠定了思想基础，留学归国学生与国外大学研究所制度的导入对中国近代大学研究院所的设立起到了决定性作用。北洋政府时期，长期的军阀混战与内阁斗争，使政府和教育部门无暇顾及大学教育，为大学研究院所的设立提供了一个良好的契机。"1911 年后，中国政府长期软弱无能，为中国的教育革新者提供了一个难得的机会。他们是热情的爱国者，并且仍然是享有学者声誉的一个阶层，得以率先成立了现代社会所需要的学术机构。"[②]

一 "壬寅—癸卯"学制对于大学研究机构的设想

1902 年 8 月 15 日（光绪二十八年七月十二日），管学大臣张百熙"上溯古制，参考列邦"[③]，拟定章程六件：《京师大学堂章程》《考选入学章程》《高等学堂章程》《中学堂章程》《小学堂章程》和《蒙养学堂章程》，请求清廷颁行。清朝政府当日即准奏，以《钦定学堂章程》颁行，因这一年是我国农历"壬寅"年，因而历史上称之为"壬寅学制"。

壬寅学制是中国近代第一个由国家正式颁布的学制。在高等教育方面，《钦定京师大学堂章程》中将大学分为"大学院、大学专门分科、大学预备科"三级。大学院处于壬寅学制的最高阶段，相当于现在的研究生院。章程中对院生的学习年限、招生考试、入学条件、入学年龄、毕业要

[①] 朱庆葆等：《中华民国专题史 第十卷（教育的变革与发展）》，南京大学出版社 2015 年版，第 58—60 页。

[②] 费正清等编：《剑桥中华民国史 1912—1949 年》（下卷），刘敬坤等译，中国社会科学出版社 1993 年版，第 410 页。

[③]《光绪二十八年七月十二日张百熙奏遵拟学堂章程折》，参见王雪珍等编《北京高等教育文献资料选编 1861—1948》，首都师范大学出版社 2004 年版，第 106 页。

求等都没有具体的规定，只是笼统地规定"大学院为学问极则，主研究不主讲授，不立课程"①。章程对于大学院的规定虽然简单，但是对于中国高等教育来说却是一件大事，它是中国教育史上第一次通过章程形式对大学设立研究机构进行制度性规定，标志着中国近代大学研究机构的萌芽。

张百熙"因资望不足，且遭满族权贵猜忌，不能行其志"②，壬寅学制并没有实际施行。1903年6月27日，张百熙等上呈《奏请添派重臣会商学务折》，请求派湖广总督张之洞会同商办京师大学堂事宜，对《钦定学堂章程》重新厘定，修改条规。为了协调官僚集团的内部矛盾，使章程推行无弊，清政府以"京师大学堂为学术人心根本，关系重要"，派张之洞会同张百熙、荣庆共同商定大学堂章程。6个月后，1904年1月12日（光绪二十九年十一月二十五日）张百熙等将修订后的《初等小学堂章程》《高等小学堂章程》《中学堂章程》《高等学堂章程》《大学堂章程附通儒院章程》上奏清朝政府，次日，清廷颁布该章程。因该年为中国阴历的癸卯年，因此此学制又被称为"癸卯学制"。

"癸卯学制"的《通儒院章程》中，对设立通儒院的目的表述为"研究科学精深义蕴，以备著书制器"。与"壬寅学制"一样，通儒院学生"不上堂，不计时刻"，也就是说不需要上课，无课程要求，主要的工作是"但在斋舍研究，随时请业请益"。但是《通儒院章程》对生员的入学条件、入学后的研究指导、研究年限、毕业资格的审核都作了明确的规定，有了可供操作的依据。从内容上看，通儒院章程有如下几点特征。

1. 为了避免"大学院"与"大学堂"名称相混淆，因而将"大学院"改为"通儒院"。2. 对通儒院学生的入学条件进行了规定："凡某分科大学之毕业生欲入通儒院研究学术者，当具呈所欲考究之学艺，经该分科大学教员会议，呈由总监督核定。"如果不是大学毕业而希望入通儒院的，入学条件比本科毕业生要高，具体程序为"当经该分科大学教员会议选定，复由总监督考验，视其实能合格者，方准令其升入通儒院"。3. 通儒院学生虽然没有课程研习要求，不需要上课，但是章程指定了其所属学科的教员对其进行指导。如果学生的研究内容属于跨学科研究，必须兼习

---

① 《钦定学堂章程·钦定京师大学堂章程》，参见璩鑫圭、唐良炎主编《中国近代教育史资料汇编·学制演变》，上海教育出版社1991年版，第236页。

② 李华兴主编：《民国教育史》，上海教育出版社1997年版，第79页。

第二章 中国近代大学研究院所的萌芽（1902—1916 年）

其他学科，办法为"由本分科大学监督申请大学总监督，命令分科大学之某学科教员指导之"。4. 对学员的研究期限及毕业条件作了规定，研究时间"以五年为限"，毕业条件是"以能发明新理、著有成书、能制造新器、足资利用"。研究期限结束，学员需呈交论著，"由本分科大学监督交教员会议所审察，其审察合格者即作为毕业"。5. 学员学习研究期间有相应的考核，"每一年终，当将其研究情形及成绩，具呈本分科大学监督，复由本科大学监督交教员会议审察"，审察中如果发现学员"研究成绩不能显著、或品行不端者，经各教员会议，可禀请总监督饬其退学"。6. 经费资助方面，通儒院规定学员不需缴纳学费，如果研究过程中需要实地考察，经会议批准，可以酌量补助其部分旅费。7. 学员在通儒院研究两年以后，"如欲兼理他事务，或迁居学堂所在都会以外之地者，经本分科大学监督察其于研究学术无所妨碍，亦可准行"。8. 学员毕业后，章程没有按照国外大学的做法，颁给其相应的学位，而是由"总监督咨呈学务大臣会同奏明，将其论著之书籍图器进呈御览，请旨给以应得之奖励"。①

《通儒院章程》内容共十条，初具现代大学研究院所章程的条款形式，如若实际施行，也堪操控。但是，因癸卯学制太长，自初等学校入学至通儒院毕业，需要二十五年之久。加之朝廷需才孔急，学制颁行不久就遭到反对，1906 年，学部上奏清廷，请裁撤通儒院。② 实际上，无论"壬寅学制"还是"癸卯学制"，在构建大学研究机构时，虽然在形式上模仿与移植日本及欧美的学制，但实质上仍然含有大量科举制度的成分③，变

---

① 《奏定大学堂章程（附通儒院章程）》，参见璩鑫圭、唐良炎主编《中国近代教育史资料汇编·学制演变》，上海教育出版社 1991 年版，第 389—390 页。

② "奏定通儒院在大学之上，以大学分科毕业之生，入院研究，五年毕业，方能受职。现值朝廷需才孔急之时，未免河清人寿，请即裁撤，以免赘设，闻已奉旨允准矣。按前奏定学堂章程，自蒙学升至通儒院，须耗二十九年之久，即以八岁入学计，尚须三十七岁，始为成才，几如汉文之用长沙。未免徒劳其才耳，不重可惜哉。"参见《奏裁撤通儒院》，《教育杂志（天津）》1906 年第 22 期。

③ 1904 年 1 月 13 日，清政府发布《奏定各学堂奖励章程》，规定"通儒院毕业奖励，自应遵照奏定游学日本章程，大学院毕业者，予以翰林升阶。惟通儒院毕业，计自小学堂起，共须二十五年，学业已深，必须格外优奖，立时任用，方足以济时艰。其间应如何分别等差，或比照翰林升阶，分用较优京官外官，以便即时任用；抑或于奖励翰林升阶之后，并即破格任用之处，应俟届通儒院设立之时，再行体察情形，详核酌拟奏明请旨办理"。引自潘懋元、刘海峰编《中国近代教育史资料汇编·高等教育》，上海教育出版社 1993 年版，第 323 页。

成了现代学制与科举制度的"杂交物"。虽然它们在中国教育近代化过程中起了重要作用，但在无新式教育师资力量、无现代意义上大学情况下，学制系统中所构想的大学研究机构只能是美好的愿景，最终的结果只能是镜花水月，一直到清政府灭亡，也没有一名合格的大学毕业生入通儒院研习①。

虽然如此，"壬寅学制"和"癸卯学制"的制定对我国的高等教育仍然意义重大，其中就"大学院"和"通儒院所"作的规定，在学制意义上标示着中国大学研究机构培养高级专门人才的开始，客观上为中国引入现代学位制度铺了路。"壬寅—癸卯"学制并非中国教育理论与实践的产物，并且在实践中用分等奖励出身、授官职的办法代替学位授予，以致西方的学位制度被扭曲成中国科举制度的变名。但是，有两个观念清政府却是清楚的："一是在整个国家学校制度中，大学本科教育之后，还有一个更为高级的研究生院阶段存在；二是从教育行政管理角度看，学生从不同等秩的学阶毕业时，政府应分等授予相应的学术称号。"②

二 "壬子—癸丑"学制对于大学研究院所的筹划

1911年，孙中山领导的辛亥革命推翻了2000多年的封建帝制，为中国近代高等教育展开新的宏图奠定了基础。1912年，蔡元培出任首任中华民国教育总长。民国初立，百废待兴，教育工作条件艰卓③，蔡元培克

---

① 至1910年，各分科大学仍在筹设举办之中，尚无堪入通儒院之人。参见《学部官报》1910年第110期。

② 李华兴等主编：《民国教育史》，上海教育出版社1997年版，第545—546页。

③ 教育部刚成立时，只有蔡元培、蒋维乔、一名会计兼庶务，共三个人。1912年1月12日，蔡元培与蒋维乔自上海乘车赴南京。翌日谒临时大总统孙中山，问："教育部办公地点在何处？"中山云："此须汝自行寻觅，我不能管也。"蔡元培与蒋维乔因无办公地点，只好暂时住在在城内乐嘉宾馆。后蔡元培拜访江苏督府内务司司长马湘伯，借得碑亭巷内务司楼上房间三大间，是为民国初元教育部成立时之官署。参见璩鑫圭、唐良炎编《中国近代教育史资料汇编·学制演变》，上海教育出版社1991年版，第628—629页。教育部建设之初，总长以下，不满十人，诸事简陋，惟务实际，内鲜仆役，致以堂堂教育总长亲诣大总统府领印，白巾裹尺，裹一方寸物，乘人力车往返，见者骇为开国史之趣谈。……教育部仓卒不得其所，问之大总统，则曰："须由各部自觅"。问之国务员，则曰"原有衙署为军队占据，速自觅"。于是堂堂之教育总长，又如寻常百姓，踯躅里巷，觅一枝栖。不得已，商之外交部，假其楼屋十楹，籍以办公。衙之始，无事可为，发一暂行办法之通令，正校名，定校程，如是而已。三五群居，仙人是比，（转下页）

第二章　中国近代大学研究院所的萌芽（1902—1916 年）

服重重困难，锐意革新，将前清的学部改为教育部，参照西方学制，革新教育内容，制定新的教育制度，为民国教育的发展作出了巨大贡献，开辟了中国教育的新道路。

中华民国元年 9 月 3 日，南京临时政府教育部颁布了《学校系统令》。因 1912 年为壬子年，故称此学制为"壬子学制"。追后，由民国元年至二年，教育部又陆续颁布了各种学校令与规程。由于这些法令与规程中部分内容与"壬子学制"有所出入，教育部随即对"壬子学制"以及嗣后颁行的学校令、规程进行调整、修改，制定了一个新的学制系统，史称"壬子—癸丑"学制。"壬子—癸丑"学制中与高等教育有关的有《大学令》《专门学校令》《师范教育令》《大学教育规程》等，并在这个新学制系统的最高阶段设置了类似研究院性质的"大学院"。

《大学令》第六条规定，"大学为研究学术之蕴奥，设大学院"，同时规定，"大学院生入学之资格，为各科毕业生后经试验有同等学力者"。入大学院的学生修业年限不定。"大学院生在院研究，有新发明之学理或重要之著述，经大学评议会及该生所属某科之教授会认为合格者，得遵照学位令授以学位。"

在 1913 年公布的《大学规程》的第四章，对于大学院的规定更加详细，兹摘录如下。[①]

　　第二十一条　大学院为大学教授与学生极深研究之所。大学院之区分，为哲学院、史学院、植物学院等，各以其所研究之专门学名之。

　　第二十二条　大学院以本门主任教授为院长，由院长延其他教授或绩学之士为导师。

　　第二十三条　大学院不设讲座，由导师分任各类，于每学期之始提出条目，令学生分条研究，定期讲演讨论。

（接上页）奉给不得，无鱼是嗟。……未几，南北统一，政府北迁，教育部从之入都。旧学部人员充塞署内，一代案卷，集如山丘，不知历几许周折，几多困难，适接袭居旧署。撤两字之学部匾额，易以三字之教育部匾额，公署景象，于是成立。参见庄俞《元年教育之回顾》，舒新城编《中国近代教育史料》（第四册），上海中华书局 1928 年版，第 173 页。

[①] 《教育部公布大学规程》，引自舒新城编《中国近代教育史资料》，人民教育出版社 1981 年版，第 658—659 页。

第二十四条　大学院之讲演讨论，应记录保存之。

第二十五条　大学院生经院长许可，得在大学内出席担任讲授或实验。

第二十六条　大学院生自认研究完毕，欲受学位者，得就其研究事项提出论文，请求院长及导师审定，由教授会议决，遵照学位令授以学位。

第二十七条　大学院生如有新发明之学理，或重要之著述，得由大学评议会议决，遵照学位令授以学位。

按照常规想象，朝代更迭，民国初立，在短时间内制定出的学制应该稍显粗略。在制定学制过程中，高凤谦也曾撰文指出，"至于学校制度，吾以为不必求全责备，但宜粗定大纲，使办学者有游刃之余地，然后人人兴起，而教育始有发达之可望，此立法者不可不注意也"。① 但《大学令》及《大学规程》对大学院的规定还是较为详细的。为何不是"粗定大纲"，反而是"求全责备"呢？推论起来，大概的原因之一在于，民国初创，高等教育研究事业全无根基，对于迫切需要建立新的学校教育制度的教育部来说，移植借鉴他国的经验与制度是快速而有效的方式。亲身经历草拟学制系统的蒋维乔说："对于专门大学规程，缺乏经验，不过将日本学制，整个抄袭，草草了事，虽经公布，而后来之办理专门及大学者，并未依照实行。"②

蒋维乔所说的"整个抄袭"，也体现在大学研究机构的构想方面。在初拟学制系统的第二稿中，与会人员经讨论认为，日本学制中大学校以上有大学院，清制有所谓通儒院，欧洲各国学制多无之。盖大学校中本有各种专科之讲习院，为教员及生徒研究之所，大学生毕业后尚欲极深研究者，仍可肄业其中。如有新发明之学理或重要之著述，即可由博士会承认而推为博士，初不必别设机关也。今仿其例。③ 也就是说，在大学中设立

---

① 高凤谦：《敬告教育部》，引自璩鑫圭、唐良炎编《中国近代教育史资料汇编·学制演变》，上海教育出版社1991年版，第617页。

② 蒋维乔：《民元以来学制之改革》，参见陈学恂主编《中国近代教育史教学参考资料》（中册），人民教育出版社1986年版，第164页。

③ 《教育部拟议学校系统草案》，引自璩鑫圭、唐良炎编《中国近代教育史资料汇编·学制演变》，上海教育出版社1991年版，第635页。

研究院性质的"大学院",也是模仿日本学制的。但是,我们从《大学规程》的第二十一条"大学院之区分,为哲学院、史学院、植物学院等,各以其所研究之专门学名之"可以看出,这里所谓的"大学院"实际上相当于研究所,它和后来的大学研究院所是有所区别的。

特别值得关注的是,《大学令》第二十一条规定,"私人或私法人亦得设立大学,除本令第六条、第十一条、第十七条第三款第四款外,均适用之"。① 查阅《大学令》,第六条的内容为"大学为研究学术之所,设大学院",第十一条为"大学院生在院研究,有新发明之学理或重要之著述,经大学评议会及该生所属某科之教授会认为合格者,得遵照学位令授以学位",第十七条第三款第四款分别是,评议会审议事项为"三、大学内部规则;四、审查大学院生成绩及请授学位者之合格与否"。将这几条内容综合起来看,也就是说,私人或私法人可以办私立大学,但是,私立大学却不可以设大学院。为何有如此规定,在现有的文献中找不到相应的解释条文,也没发现与此规定相关的评论文章或记述,具体缘由不得而知。但根据当时的教育情形推论,可能的原因是,教育当局考虑到私立大学的软硬件都与公立大学有较大差距,不宜设立"大学院"。因为通过比较《大学规程》与《私立大学规程》可以看出,教育部对于私立大学的设置要求明显低于公立大学。从1913年北洋政府教育部发布的关于取缔私立大学的布告中,亦可想象出当时私立大学的实际情况。布告中说,"自布告颁行以来,京外各私立大学未另行报部者仍复不少,其中即有一二报部之学校,批阅其表册,或仅设预科、别科,或仅设专门部;其余如学生资格非常冒滥,学校基金毫无之款,种种敷衍不可胜言"。② 敢于报部立案的学校都如此糟糕,那些没有申请立案私立大学的教育设施及师资力量更是不可想象,如此"纯骛虚声,徒淆观听,贻误青年"的私立大学,连正常的教学都谈不上了,更何况设立"大学院"。

1917年1月27日,在国立高等学校校务讨论会上,蔡元培在其提出的关于大学改制议案中指出,欧洲各国高等教育编制,以德国最善。而现

---

① 潘懋元、刘海峰编:《中国近代教育史资料汇编·高等教育》,上海教育出版社1993年版,第367—369页。

② 《教育部取缔私立大学之布告》,引自璩鑫圭、唐良炎编《中国近代教育史资料汇编·学制演变》,上海教育出版社1991年版,第731页。

行的高等教育学制仿效日本，在设立各科大学的同时又设立诸科高等专门学校，此两种学校同时并立，义近骈赘，认为治学者可谓之"大学"，治术者可谓之为"高等专门学校"，"在大学，则必择其终身研究学问者为之师，而希望学生于研究学问以外，别无何等之目的"，因而认为须参合现行之大学及高等专门学校制度改编大学学制，建议将大学分为三级："一、预科一年。二、本科三年。三、研究科二年。"① 2月23日教育部召开会议，出席会议的有教育部总次长、参事、专门司司长、北洋大学校长等人，会上有人认为，"研究科之名不必设"，于是此提案再付校务讨论会复议。3月5日校务讨论会在教育部开会议决，"大学分为二级，预科二年，本科四年，凡六年"。② 也就是说，大学设立研究科的提议被否决了。虽然提案已经议决，但是北大并未遵令执行，在本年年底仍按原定计划在本科之上设立了文、理、法三科研究所。

1917年9月27日，北洋政府教育部公布了《修正大学令》，与1912年的《大学令》相比，修订后的大学令对"大学院"的设立条件及"大学院"学生的入学资格没有变。由于"壬子—癸丑"学制中提出的"学位令"一直没有颁行，所以在《修正大学令》中干脆将大学院学生的修业年限、毕业条件、学位授予等条款删除了。《修正大学令》中同样规定私立大学不得设立"大学院"。

"壬子—癸丑"学制系统中规定私立大学不得设立"大学院"，却要求专门学校和高等师范学校设立研究科。《专门学校令》③ 第八条规定，"专门学校得设预科及研究科"。《高等师范学校规程》④ 第一条规定，"高等师范学校分预科、本科、研究科"。研究科的学生名额没有限制，招生之人数由校长酌定并呈请教育总长认同即可。研究科的授业时间由校长订定呈报教育总长，修业年限为一年或两年。研究科目"就本科各部择二、三科目研究之"。研究科的学生分为公费生与自费生两类，公费生由

---

① 蔡元培：《读周春岳君〈大学改制之商榷〉》，引自璩鑫圭、唐良炎编《中国近代教育史资料汇编·学制演变》，上海教育出版社1991年版，第822页。

② 蔡元培：《大学改制之事实及理由》，引自璩鑫圭、唐良炎编《中国近代教育史资料汇编·学制演变》，上海教育出版社1991年版，第818页。

③ 王雪珍等编：《北京高等教育文献资料选编1861—1948》，首都师范大学出版社2004年版，第304页。

④ 同上书，第321页。

校长在本科及专修科毕业生中选取。在本国或外国专门学校毕业及从事教育有相当之学识、经验者，经校长认可，得以自费生入学。

民国初年，教育部除旧布新，制定了较为完备的学制系统，并颁布了高等教育的一系列法令法规，但由于时局动荡、经济落后，这些法令法规根本无法实施。由于高等教育基础薄弱，在大学中设立"大学院"构想只能说具有超前的眼光。据民国五年统计，当时我国的人口约4亿人，专门以上学校84所，学生2万人，每万人口中专门以上学校学生人数不到一人[1]，高等教育的薄弱程度由此可见一斑。而当年全国公立大学仅有国立北京大学、北洋大学和山西大学3所，私立大学只有私立中国大学、私立朝阳大学、私立复旦公学、吴淞中国公学、武昌中华大学、北京协和医科大学、私立大同学院7所。全国专科以上学校教职员共计402人，在校生为3609人，其中本科1446人，预科2163人。毕业生人数共计898人，其中本科344人，预科554人。[2] 这就是民国初年中国大学教育的实际情况，因而我们也不难理解，在"壬子—癸丑"学制中规定大学在本科教育之上须设立"大学院"，但是在师资力量、生源质量都无法保证的情况下，这个规定最后只能是一纸空文，不了了之。

总的说来，民国初年的教育改革措施是进步的，它摒弃了清末的枝节式教育，认真借鉴与吸取西方国家的经验，广纳海内外教育家意见，包举无遗，谋求学务的全部改善，制定了较为完备的现代教育体系，为民国后期的教育发展奠定了基础。高等教育方面，在《大学令》和《大学规程》等文件中，除了规定大学须设立大学院外，还出现了关于授予毕业学生学士、硕士、博士学位的构想，为研究生教育开创了道路，在完善我国的学制系统方面迈进了一大步。1912年颁布的《教育部拟议学校系统草案》中规定：凡大学毕业后在大学院继续研究者，"如有新发明之学理或重要之著述，即可由博士会承认而推为博士"。[3] 同年10月，教育部颁布的《大学令》第十一条规定："大学院生在院研究，有发明之学理或重要之

---

[1] 教育部年鉴编纂委员会：《第一次中国教育年鉴》（丁编 教育统计），上海开明书店1934年版，第9页。

[2] 教育部年鉴编纂委员会：《第一次中国教育年鉴》（丙编 教育概况），上海开明书店1934年版，第14—15页。

[3] 《教育部拟议学校系统草案》，引自璩鑫圭、唐良炎主编《中国近代教育史资料汇编·学制演变》，上海教育出版社1991年版，第635页。

著述，经大学评议会及该生所属某科之教授会认为合格者，得遵照学位令授以学位。"此外，1915年发布的《特定教育纲要》中规定："学位除国立大学毕业，应按照所习科目给予学士、硕士、技士外，另行组织博士会，作为审授博士学位之机关，由部定博士会及审授学位章程暂行试办。"[①] 限于当时的教育状况及条件，这些规定也都只停留在文件中，在实际的办学实践中并没有真正实施。但是，民国初年对于大学研究院所的筹划及研究生教育的种种规定，"厘清了中国现代学位制的基本思路和主体框架"[②]，高等教育的层次变得更为清楚，体系更加完善，成为民国大学研究机构发展的蓝本，是中国高等教育走向近代化的关键，从这个意义上来讲，它的进步性是显而易见的。

---

① 袁世凯：《特定教育纲要》，璩鑫圭、唐良炎主编：《中国近代教育史资料汇编·学制演变》，上海教育出版社1991年版，第757页。

② 李华兴主编：《民国教育史》，上海教育出版社1997年版，第549页。

第三章

中国近代大学研究院所的创设阶段（1917—1924年）

第一节 北京大学研究所的创设

蔡元培对于在大学中设立研究机构的构想，始于其民国初年任教育总长时，而对大学研究院的制度设计则体现在他主持制定的《大学令》与《大学规程》中。他在文章中曾说：[①]

"清季的学制，于大学上，有一通儒院，为大学毕业生研究之所。我于大学令中改名为大学院，即在大学中，分设各种研究所。并规定大学高级生必须入所研究，俟所研究的问题解决后，始能毕业（此仿德国大学制）。但是各大学未能实行。"

虽然此时各大学并未遵令设立"大学院"，在大学中设立研究院所的梦想暂未实现，但是蔡元培并未就此罢休，仍在继续努力，寻找机会。

一 北大研究所的筹设

1916年12月，蔡元培就任北京大学校长。为了将北大改造成为研究高深学问的学府，改变学生读书作官的传统观念，1917年1月9日，蔡元培在就职讲演中明确表示："今人肄业专门学校，学成任事，此固势所必然；而在大学则不然，大学者，研究高深学问者也。"[②] 蔡元培理念中的大学是师生共同研究高深学问的场所，是学问相长，共同探讨科学的场

[①] 蔡元培：《我在教育界的经验》，引自高平叔编《蔡元培全集》（第七卷），中华书局1989年版，第198页。

[②] 蔡元培：《就任北京大学校长之演说》，引自高平叔编《蔡元培全集》（第三卷），中华书局1984年版，第5页。

所。"所谓大学者，非仅为多数学生按时授课，造成一个毕业生资格而已也，实以是为共同研究学术之机关。"① 他进而指出，"大学为研究学理的机关，要偏重文理两科"②，并且主张按照德国大学学制设立研究所，"文理两科，必须设各种的研究所"。③ 因而就职伊始，蔡元培便以德国研究型大学为蓝本对北京大学进行改造，开始筹设北京大学研究所。蔡元培认为，大学中设立研究所，可以起到三种作用。其一，可以避免"教员易陷于抄发讲义、不求进步之陋习。"其二，可破解"大学毕业生除留学外国外，无更求深造之机会"问题。其三，可解决"未毕业之高级生，无自由研究之机会"。④

在蔡元培的大力倡导下，1917年11月，北京大学着手筹设各科研究所。为了确保研究所工作的顺利进行，蔡元培与文科学长陈独秀、理科学长夏元瑮、法科学长王建祖等人反复磋商，并充分发挥教授会、评议会对校务的重要决策作用，制定了《北京大学研究所简章》《北京大学研究所总章》《北京大学研究所通信研究规则》《研究所通则》等规章制度。按照《北京大学研究所总章》第一条"各科之各专门学术俱得设研究所"规定⑤，北京大学文、理、法三科各成立了三个研究所，文科三个研究所分别为国文门研究所、英文门研究所、哲学门研究所，理科三个研究所为物理门研究所、数学门研究所、化学门研究所，法科为法律门研究所、政治门研究所、经济门研究所。各科研究所成立后，研究所主任按照《北京大学研究所简章》等相关规章，即刻着手研究所的各项事务，拟订各研究所管理办法，次第制定了《文科研究所办法》《文科研究所办事细则》《理科研究所通信研究规则》《理科研究所杂志室规则》《理科研究所事务

---

① 蔡元培：《〈北京大学月刊〉发刊词》，引自高平叔编《蔡元培全集》（第三卷），中华书局1984年版，第210页。
② 蔡元培：《我在教育界的经验》，引自高平叔编《蔡元培全集》（第七卷），中华书局1989年版，第198页。
③ 蔡元培：《我在北京大学的经历》，引自高平叔编《蔡元培全集》（第六卷），中华书局1988年版，第352页。
④ 蔡元培：《论大学应设各种研究所之理由》，引自高平叔编《蔡元培全集》（第六卷），中华书局1988年版，第475页。
⑤ 参见潘懋元、刘海峰主编《中国近代教育史资料汇编·高等教育》，上海教育出版社1993年版，第389页。

员任务规则》《法科研究所办事细则》《法科研究所办事手续》等。

表 3-1　　　　　　　　　研究所主任一览①

科别	文科研究所			理科研究所			法科研究所		
门类别	哲学门	国文门	英文门	数学门	物理门	化学门	法律门	政治门	经济门
主任姓名	胡适	沈尹默	黄振声	秦汾	张大椿	俞同奎	黄右昌	陈启修	马寅初

研究所成立后，招生、聘请导师等工作也陆续展开，各科研究所相继在《北京大学日刊》上发布延聘导师、招收研究生启事，如1917年12月28日《北京大学日刊》刊登了法科研究所招收学生的启事②。此时，招聘导师的启事在北大日刊上几乎每天都有，现抄录1917年12月11日法科学长王建祖发布的延聘研究所导师启事③：

敬启者：本校为宏奖高深学术起见，创设研究所，业已草定章程，分科办理，法科研究所亦正从事组织。诸生已陆续报名入所研究。惟是质问疑难端赖师资，不得不延聘通儒以当是任。素仰先生鸿通博学，乐育英才，如有学术中独得之秘，愿赐指示诸生，即函鄙人，俾便转请校长奉聘至研究所。教员待遇已拟定办法，专任教员兼任研究事者，可按事之繁简稍减专任钟点。兼任教员更兼研究事者，亦可按事之繁简变更待遇，此系大略，详见专章。

按照法科研究所的聘任标准，受聘教师主要条件有三：在学术水平上须为"通儒"，要求"鸿通博学"，学术研究有"独得之秘"，除此之外，受聘导师还需"乐育英才"。

姑且不论是否为"通儒"以及"乐育英才"，北大教授们对设立研究所报以极大的热情，纷纷受聘为导师，并按照规定提出自己的研究科目。据《北京大学二十周年纪念册》记载，到1917年底，文、理、法三科九

---

① 《北京大学廿周年纪念册》，1917年。
② 报载内容为：本校法律政治经济三研究所系本校毕业生及与本校毕业生有同等之程度者而设，特此通告。参见《北京大学日刊》，1917年12月28日，第1页。
③ 王建祖：《法科学长致本科各教员函》，《北京大学日刊》1917年第22期。

个研究所共聘导师近60余人①。文科三个研究所中，哲学门导师有陶孟和、马夷初、刘少珊、陈伯弢、陈子存、张行严、胡适、陈伯年、梁漱溟、张克诚等。设立了社会哲学史、二程学说、老庄哲学、儒家玄学、易哲学、逻辑学史、中国名学、近世心理学、佛教哲学、佛学研究等研究科目。国文门研究所导师有钱玄同、陈汉章、黄侃、刘半农、刘师培、伦哲如、马夷初、朱希祖、吴梅、刘叔雅、周启明、胡适、刘伯农等，设立了音韵、训诂、文、诗、形体、文字、文学史、词、曲、小说等研究科目。英文门研究所的导师有辜鸿铭、威尔逊、陈长乐、胡适等，设立了诗、戏曲、十九世纪散文、高等修辞学等研究科目。

理科三个研究所中，数学门研究所的导师有秦汾、冯祖荀、王仁辅、叶志、胡濬济、罗慧侨、金涛等，开设的研究科目有近世代数、高等解析、近世几何、数学教学法、应用数学等。物理门研究所的导师有张大椿、何育杰、张善扬、李祖鸿等，开设的研究科目有热学、电学、电学原理、光学等。化学门研究所的导师有俞同奎、陈世璋、王兼善、郭世绾、丁绪贤、巴台尔等，开设了物理化学、无机化学、理论化学、分析化学、卫生化学、应用化学、有机化学等。

法科三个研究所中，法律门研究所的导师有王宠惠、罗文干、张嘉森、周家彦、康宝忠、左德敏、陈长乐等，设立了比较法律、刑法、国际法、行政法、中国法制史、保险法等研究科目。政治门研究所的导师有张耀曾、王景岐等，设立了政治学、中国国际关系及各种修约等研究科目。经济门研究所的导师有马寅初、胡钧、陈兆焜、徐崇钦、张武等，设立了银行货币学、财政学、经济学、最近发明之科学的商业及工业管理法、农业政策、欧战后世界经济之变迁等研究科目。②

此时北大设立的文、理、法三科研究所，基本是按照各学门建立起来的。"物之初生，其形必丑"，虽然制定了一系列的规章制度，聘了导师，招收了学生，但北大研究所的图书资料缺乏、仪器设备简陋，也没有制定出学生的研习课程体系，甚至连学生的研习年限都没作具体规定，离现代

---

① 当时北大的教员分为教授和讲师两类，据统计，1919年，北京大学教员总数仅200余人。静观：《国立北京大学之内容》，参见潘懋元、刘海峰主编《中国近代教育史资料汇编·高等教育》，上海教育出版社1993年版，第396页。

② 《各研究所研究科目及担任教员一览表》，《国立北京大学二十周年纪念册》，第214—216页。

意义上的研究所还有很大的距离。但它是当时国内高等学校最早成立的研究所，开创了中国大学设立研究所的先河，标志中国近代大学研究所的真正诞生。

二 北大研究所的改革

1919 年，蔡元培在对北大行政管理体制和学科设置①进行改革之后，对研究所也进行了改革。1920 年 7 月 30 日，北京大学发布《研究所简章》，仿照德、美两国大学的习明纳（Seminar）办法，将原有的 9 个研究所整合重组为国学、外国文学、社会科学、自然科学 4 个研究所。国学门研究所主要研究中国文学、历史、哲学某一专门知识。外国文学门研究所的研究内容为德国、法国、英国、俄国及其他国家的文学。社会科学门研究所的主要研究内容为法律、政治、经济、外国历史、外国哲学。自然科学门研究物理、化学、数学、地质等科目的内容。研究所不设主任，所有的研究课程均列入各系内。②为何将原来的研究所进行重新整合，蔡元培曾作这样的解释："本校所办的研究所，本为已毕业与将毕业诸生专精研究起见；但是各系分设，觉得散漫一点，所以有几系竟一点没有成绩。现在改组为四大部，集中人才，加添设备，当能有点进步。"③

1921 年底，蔡元培自欧美等国考察归国，根据考察所得决定对北大研究所再次进行改组。1921 年 11 月 28 日，蔡元培在北京大学评议会第二次会议上的《国立北京大学研究所组织大纲》④ 提案中指出，"为预备将来设立大学院起见，设立研究所，为毕业生继续研究专门学术之所"，提出将原来的国学研究所、外国文学研究所、社会科学研究所、自然科学研究所改为国学门、外国文学门、社会科学门和自然科学门，统一称为北京大学研究所。在组织机构上，研究所"设所长一人，由大学校长兼

---

① 此次改革废除了文、理、法科的名称，改门为系。全校共设十四个系，即数学系、物理系、化学系、地质学系、哲学系、中文系、英文系、法文系、德文系、俄文系、史学系、经济系、政治系、法律系。参见萧超然等编《北京大学校史（1898—1949）》（增订本），北京大学出版社 1988 年版，第 62 页。

② 《北京大学日刊》，1920 年 7 月 30 日。

③ 蔡元培：《北大第二十三年开学日演说词》，参见高平叔编《蔡元培全集》（第三卷），中华书局 1984 年版，第 443 页。

④ 此提案于 1921 年 12 月 14 日第三次评议会通过。

任"。研究所内"各门设主任一人,由校长于本校教授中指任之,任期两年。此外,设助教及书记若干人,由所长指任,受本门主任之指挥,助理一切事务"。研究所招收"本校毕业生有专门研究之志愿及能力者",但是"未毕业之学生,曾作特别研究已有成绩者,经所长及各该教授会之特许,得入所学习"。①

北京大学研究所原定设立国学门、外国文学门、自然科学门、社会科学门四门,但是实际上开办的只有国学门。蔡元培曾以"国学门较为重要",因而"特先设立"。蔡元培所说情况属实,但也并非如此简单。

20世纪20年代,北洋政府疲于战事,屡次将教育经费挪作军费,全国接连发生教师讨薪、学生请愿等运动,更有北京八校校长呈文辞职之发生。依赖政府拨款的北京大学此时经费掣肘,以致仪器图书缺乏、人才难聘。蔡元培在《跋〈海外中国大学末议〉》一文中曾说:②

"我国现正在输入欧化时代,而各学校之设备既简陋,环境尤不适宜。例如北京大学,恒有人以'最高学府'目之,而图书、标本、仪器之缺乏,非特毕业生留校研究,无深造之希望,即未毕业诸生,所资以参考若实验者,亦多未备。其重要讲座,悬格以求相当之教员而累年末得者,尚多有之。盖内容若是其简陋也。而一言环境,则自旧籍较多之京师图书馆而外,并无阅借新书之所。其他若美术馆、博物院、专门学会、特别研究所等,凡是为研究学术之助者,无一焉。"

在北京大学二十二年开学典礼的致辞中蔡氏也说过,"且认定大学是研究学理的机关,对于纯粹学理的文理科,自当先作完全的建设。我们因文理科尚有许多门类,为经费与地位所限,不能一时并设"。③这些文字表明,尽管北大规划设立的研究所有自然科学、社会科学、外国文学、国学四门,但是由于经费不足,新书仪器缺乏,自然学科的教员难以延聘,只好首先创办所需经费较少的国学门了。

此外,国学门的开办与当时的"整理国故"运动有关。"整理国故"

---

① 蔡元培:《北大研究所组织大纲提案》,参见高平叔编《蔡元培全集·第四卷(1921—1924)》,中华书局1984年版,第134页。

② 蔡元培:《跋〈海外中国大学末议〉》,参见高平叔编《蔡元培全集》(第三卷),中华书局1984年版,第366页。

③ 蔡元培:《北大第二十二年开学式演说词》,参见高平叔编《蔡元培全集》(第三卷),中华书局1984年版,第344页。

可以在保存中国优秀传统文化的同时，向西方国家介绍中国文化，在世界学术界争取一席之地。当时的北大国学师资雄厚，中国文学方面有马幼渔、沈兼士、钱玄同等教授，哲学方面有胡适、梁漱溟、陈汉章等教授，史学方面有崔适、康宝忠、叶瀚等教授。基于上述两方面的因素，北大决定首先设立国学门。

1922年1月，北京大学研究所国学门正式成立。[①] 按照《国立北京大学研究所组织大纲》规定，校长蔡元培兼任研究所国学门委员会委员长，沈兼士担任主任。导师聘请了校内文史等系的顾孟余、沈兼士、李大钊、马裕藻、朱希祖、胡适、钱玄同、周作人等教授，还延聘了校外的王国维、陈垣、陈寅恪、罗振玉等一批著名学者。首次招收的研究生有魏建功、容庚、董作宾、郑天挺、张煦等数十人，研究科目分为哲学、文字学、文学、史学、考古学五大类，后来在此基础上成立了五个研究室。

北京大学研究所国学门的设立，其组织结构更加完善，规章制度更加健全，图书资料丰富，师资力量强大，具备了现代大学研究所的所有特征。北京大学研究所的设立，对其他大学设立研究机构起到了引领作用，

[①] 众多已刊的大学史及各类文献中，大多将北京大学研究所的创设时间界定为1918年或1922年，原因大概在于照抄蔡元培先生的一段文字，"民国元年，教育部所定的大学规程，本有研究所一项，而各大学没有举行的。国立北京大学于七年间曾拟设各门研究所，因建设费无从筹出，不能成立。十年议决，归并为自然科学、社会科学、国学、外国文学四门。而国学门即于十一年成立"。参见《十五年来我国大学教育之进步》，高平叔编《蔡元培全集》（第五卷），中华书局1984年版，第91页。实际上，1917年12月8日的《申报》具体报道了北大文科研究所第一次开展活动的情况："北京大学设立各科研究所，顷已次第成立。文科研究所于昨日在校长室开第一次研究会。"而《北京大学二十周年纪念册》上"沿革一览"及"规程一览"部分，均有关于研究所的介绍，"在校同学录部分"，收录了文、理、法各门研究所同学的姓名、别号、毕业学校、研究科目及通信处，也可证明北大研究所于1917年成立。《北京大学日刊》1917年第12期、第17期、第33期等，刊载了理科物理研究所报告、文科国学门研究所报告、哲学门研究所的导师姓名及其担任的指导科目和研究员的姓名及其研究科目，证明研究所不仅在1917年设立了，而且还进行了实际的研究工作。那么为何蔡氏说"国立北京大学于七年间曾拟设各门研究所"，真的如其所说"因建设经费无从筹出，不能成立"吗？实际情况并非如此。1923年，为纪念北大创立二十五周年而编撰出版的《国立北京大学概略》中有曰："（民国）七年，各种研究所均成立，月增经费四千五百元。"问题在于，给了经费，却难以为继，招了学生，很快就风流云散，这种流于"纸面文章"的工作，蔡校长不敢以此为依据，因而谨慎地称之为"拟设"，而将1922年1月北京大学研究所国学门成立时间作为北京大学研究所正式成立时间。参见陈平原《北大传统：另一种阐释——以蔡元培与研究所国学门的关系为中心》，《文史知识》1998年第3期。

如清华大学设立了国学研究院,厦门大学设立了国学研究所,等等。蔡元培苦心创办的北京大学研究所在中国近代高等教育发展中的作用不言而喻。可是,即便在蔡元培去世时,在众多悼念文章中,只有顾颉刚的《悼蔡元培先生》和王云五的《蔡元培先生的贡献》两文略有提及。此后,大量有关蔡元培先生的著述,多喜欢从政治史、思想史的高度论述,极少涉及此"区区小事"①。70多年来,世事沧桑,在世人对清华国学研究院"四大导师"津津乐道之时,相形之下,"北大研究所"却很少被人提起,想来不禁令人遗憾。

第二节 "专事研究"的人才培养方式

培养人才是北京大学研究所设立的主旨之一。北京大学研究所组织大纲的第一条明确规定,"设立研究所,为毕业生继续研究专门学术之所"。② 如何培养人才呢?受德国大学研究所培养人才方式的影响,蔡元培一再强调大学是"共同研究学术之机关",主张通过师生的共同研究达到培养人才的目的。作为筹设北大研究所的干将,胡适也主张通过研究进行人才培养。他非常推崇弗莱克斯纳的观点,"大学就是一个小小的学术研究中心",并高度认可其创办普林斯顿高等研究院的做法,"没有课程表,没有上课时间,只有一些有天才又有学问的第一流人才在那儿独立思想、自由研究、自由论辩,把他们的全副精神用在纯学术的思考上"。③ 北京大学研究所在正式设立之后,正是通过专门的科学研究训练进行人才培养的。

一 以"志愿"研究作为学生入所首要条件

1917年,北京大学研究所刚成立时,其研究生④入所研究的条件较为

---

① 陈平原:《北大传统:另一种阐释——以蔡元培与研究所国学门的关系为中心》,《文史知识》1998年第3期。
② 《北京大学研究所国学门重要纪事》,参见王雪珍等编《北京高等教育文献资料选编(1861—1948)》,首都师范大学出版社2004年版,第499页。
③ 胡适:《胡适全集》(第20卷),安徽教育出版社2003年版,第337页。
④ 在《北京大学研究所简章》中,此时的研究所学生被称为"研究员"。

宽松，主要的条件就是"志愿"研究。按照《研究所简章》①规定，以下四类学生均可申请入所研究。1. 本校毕业生。"本校毕业生，俱得以自由、志愿入研究所"，也就是说，本校毕业生，只要个人愿意申请入研究所学习，对有无研究成果、年龄大小、工作经历如何等②，均不作要求。招生人数也没有限制，开门办学，来者不拒，蔡元培"学术自由"的理念在此也得到了淋漓尽致的体现。2. 本校高年级学生③。他们申请入所研究，只需"主任教员认为合格者得入研究所"，至于合格的标准如何，主任教员如何评判，简章中及其他规章中都没有详细的规定。3. 本校以外毕业生。这类学生的入学条件是"与本校毕业生有同等之程度而志愿入研究所者，经校长之认可亦可得入研究所"。从实际入学情况来看，这类学生所占的比例很大。4. 通信研究员，是指"本国及外国学者志愿共同研究而不能到所者"。④

招生条件如此宽泛，学生报名踊跃，至1918年初，北京大学各研究所共招收研究员148人，其中已经大学毕业的有80人，仍在本校各科就读的有68人。另有通信研究人员32人，其中文科14人，法科14人，理科仅有4人。在所有研究员中，文科人数最多，有71人，理科最少，18人，法科为59人⑤。范文澜、冯友兰、傅斯年、俞平伯等，都是这个时期进入研究所从事学术研究的，叶圣陶为文科研究所国学门通信研究员。

为了尽量使更多本校毕业生和高年级学生有进研究所学习研究的机会，研究所规定，"各科之各专门学术，俱得设研究所"。蔡元培说，"故其所设研究所之门类，愈多愈善，凡大学各院中主要科目，以能完全成立

---

① 潘懋元、刘海峰主编：《中国近代教育史资料汇编·高等教育》，上海教育出版社1993年版，第392页。

② 在《国立北京大学二十周年纪念册》中发现，法科的经济、政治、法律三门研究所中，录取本校毕业生中年龄最大的为严彭龄和季手文，时年37岁，最小的为25岁的朱宝铭。

③ 一般是指三年级或四年级学生，后来有的研究所招生条件开始变得宽泛，二年级学生亦可申请入所研究。如1918年10月28日《北京大学日刊》的物理研究所启事："本所自下月起照常集会，凡本校物理门毕业及二三年级学生志愿入所研究者，请于十一月三日以前来所报名。"1918年11月7日，《北京大学日刊》理科研究所发布通告称："凡本校理科毕业暨理本二三年级学生愿为本所研究员者，请于本日（本月一日）始至本所报名。"

④ 《北京大学研究所简章》，《国立北京大学廿周年纪念册·规程一览》，1917年，第17页。

⑤ 所有统计数字见《各研究所学生数目一览表》，《北京大学廿周年纪念册》，1917年。

为最善，庶不至使一部分之教员与学生失望"。①

1922年，《研究所国学门研究规则》对研究员的入所条件有所提高，但是其仍旧强调学生的"志愿"研究，并且规定，本校教员只需事先向研究所委员会提出申请，经委员会允许后，即可提出研究问题，召集学生入所研究。本校教员只要愿意，可以随时入所研究。

二　学术研究的主要方式

北大研究所是通过何种方式进行人才培养的？《北京大学研究所总章》②规定，"各研究所研究办法，分研究科、特别研究与教员共同研究三项"。

（一）研究科的研究办法主要为，"研究所教员得就各门之需要设研究科，由教员指导研究员搜集材料，轮次报告"。也就是说，研究科的教员提出所任研究科目，每学年之始，各研究员须在教员所指定的研究科目中择定愿意研究的内容，教员为其指定参考书籍，研究员自行研究。③ 研究科目的指定以本门教员为主，其他学门的教员也可根据自己意愿提出研究科目，如胡适是哲学门主任，同时也在国学门开设小说研究，召集研究员研究。每项研究科目，每月集会一至四次，由本学科教员讲解其研究心得，研究员参与讨论，质疑问难。如果每个科目担任的教员有两人以上的，或由教员将研究科目分细目分别讲演，或分周、分学期轮流讲演④。开会期间，由主持会议的教员指定一名研究员作为书记，将开会的经过记录在特备的记录簿上，会后由教员整理成报告，送本科学长审核后交《北

---

① 蔡元培：《论大学应设各科研究所之理由》，《东方杂志》第32卷第1号。

② 潘懋元、刘海峰主编：《中国近代教育史资料汇编·高等教育》，上海教育出版社1993年版，第390页。

③ 例如，1917年11月29日《北京大学日刊》上刊登了文科哲学门研究所教员提出的研究科目与研究员认定的研究科目。教员提出的研究科目有：希腊哲学、欧美最近哲学之趋势、逻辑学史、中国名学钩沉、伦理学史、近世心理学史、儒家玄学、二程学说、心理学（身心之关系）、社会哲学史、唯心论11个科目，研究员有15人，其中毕业生4人，哲学门三年级学生9人，跨学科学生2人，分别为国门的范文澜与法科学生刘光颐。研究员选定的研究科目最少的为范文澜，只选了章士钊的"逻辑学史"，有的研究员选择了多个研究科目，如张松年选择了"希腊哲学""欧美最近哲学之趋势""逻辑学史""中国名学钩沉"和"社会哲学史"，冯友兰选择的研究科目为"欧美最近哲学之趋势""逻辑学史"和"中国名学钩沉"3个。

④ 《文科研究所办事细则》，《北京大学日刊》第13期，1917年11月30日。

京大学日刊》登载。

研究科是各所最主要的研究形式,但是各研究所对其开会研究的叫法却并不统一,有的研究所称之为课程时间①,有的称之为研究时间②。虽然叫法各异,实际运行方法和德国大学中的"习明纳"相似:担任指导任务的教员就所任科目为学生介绍自己的研究心得、研究发现或研究成果。学生在教师的指导下就某问题深入研究,以培养学生发现问题和解决问题的能力。

(二)特别研究。特别研究科选择研究内容有两种方法,"研究员得自择特别研究之论题请教员审定,或由各教员拟定若干题听研究员选择之"。研究题目选定后,研究员开始自行研究,研究期间可以随时向本学门教员请教研究所需参考书籍,商量研究方法等。在一年之内,研究员须以研究所得的结果作一篇论文。论文完成后,交本学门各教员共同审阅,通过与否由本学门全体教员开会议定。如果论文通过审核,由学校发给研究所成绩证书,并将提交的论文交由学校图书馆保存,并摘选其概要在报刊上发表,未通过评审的论文则由评审教员指出其应修改之处,交由研究员修正。

(三)教员共同研究。这种研究主要是指教员的协作研究,"本门教员皆得提出别问题,邀集同志教员共同研究"。虽说是教员的研究项目,本校的毕业生经研究所主任许可,也可以参加项目的研究。教员共同研究的主要内容为文献整理、审定术语、词典编纂、译述名著、方言研究等。

除了以上三种研究方法外,北京大学研究所还规定,各门研究所每月须举行一次所有教员与研究员均参加的集会,集会的内容可以举行报告会,由一至二名研究员报告其共同研究与特别研究的进展情况,报告结束后,由教员和研究员自由讨论,提出意见。也可邀请所外学者作学术讲座,如1917年12月3日,哲学门研究所第一次月会上,邀请蔡元培作了题为《哲学与科学之关系》的讲演。

北大研究所通过"专事研究"培养人才的方法,显然是受到德国大学研究所制度的影响。蔡元培在德国留学时,曾进入莱比锡大学的文明史与世界史研究所、中国文史研究所学习和研究,并对这两个研究所的科研

---

① 《英文门研究所课程时间表》,《北京大学日刊》,1918年1月13日。
② 《法科研究所研究时间》,《北京大学日刊》,1917年1月22日。

方法作了详细记载:"学生在三四年级时被允许进研究所者,那时约400人。我以外国学生,不拘年级亦允入所并在兰氏所指导的一门中练习。他的练习法,是每一个学期中,提出有系统的问题一组,每一问题,指定甲、乙二生为主任,每两星期集会一次,导师主席;甲为说明的,乙为反驳的或补充的,其他丙、丁等为乙以后的补充者。最后由导师作结论。进所诸生,除参加此类练习班外,或自由研究,或预备博士论文,都随便。"①

此时,北大研究所的设备极不完善,尤其是理科②,研究的内容基本上是理论教学而已。同时,教员在提出研究科目时大都率性而为,并无集体讨论与审核标准,内容过于宽泛。实际上,研究所的研究范围不能太广,也不能太窄,难易程度要以学生掌握的知识程度为标准,如果范围太宽或太窄,都不利于人才的培养。为解决此问题,各科研究所主任于1918年5月27日在校长室开会,议决:"研究科当限于范围甚狭之专门学科",主要指"本科所无"和"本科所有而未能详尽",并且"研究所现有学科"以此标准全行改组。法科研究所改定研究科目为比较法、刑法、国际法、银行货币、财政、经济学。文科研究所哲学门改定的研究科目为,中国古代哲学史料问题、逻辑学史、儿童心理学,国文学门改定的研究科目为清代考订学、文字孳乳之研究、文学史编纂法,英文学门改定的研究科目为诗、近代名剧。共同研究改定的研究科目,哲学门为审定译名,国文学门为字典编纂法、语典编纂法、今韵之研究、方言之研究③。

北京大学研究所创设以后,各研究所积极开展活动,改变了北大的学术气氛。但是,由于研究所处于草创阶段,制度不够健全,其设立的研究科目、招生形式、研究内容、学生的研究计划等都太过于"自由",再加上招收学生人数太多,开设的研究科目多,经费有限,所以弊端频现,如各研究所开会时教员与研究员迟到或不到的现象屡屡发生,④ 学生在外兼

---

① 高平叔编:《蔡元培全集》(第七卷),中华书局1989年版,第300页。
② "现理科一切设备极不完全,众意此时尚不能作新理之研究,所可为者不过使毕业学生得一读书之机会而已。"参见夏元瑮《理科研究所第一次报告》,《北京大学日刊》第2期,1917年11月17日。
③ 《研究所主任会议纪事》,《北京大学日刊》,1918年5月12日。
④ 《理科学长致理科研究所教员研究员公函》,《北京大学日刊》,1917年12月14日。

职而不能专心研究，或因其他事情干脆不再到校研究[①]，有的研究员虽已报名，但是未提出研究题目者亦大有人在，如此等等，不一而足。此阶段培养的研究生不乏后来成为学术领袖人物，但是从整体上看，研究生的培养质量不是很高，蔡元培也意识到研究所存在的问题，从而决定对研究所进行改革。

三　通过改革提高人才培养质量

（一）删繁就简，专研"国学"

为提高人才培养质量，1922年，北京大学研究所经重组后，成立了研究所国学门。"国学"的概念一直存在分歧，含义不明确。当时，国学门研究以文、史、哲三系为基本，但不限于文、史、哲三系[②]，因而，国学门的研究对象几乎涉及文、史、哲、语言、考古等各方面。研究范围有语言文字学类，如"清代小学家数目提要及其治学方法""音义起源考"等；哲学类，如"老子校注""论语之研究"等；文学类，如"楚辞研究""宋玉研究"等；地理学类，如"黄河变迁考""中日交涉地理"等；民族交际史类，如"西北民族对于中国之关系""中俄交涉史"等；名人年表类，如"清代文学家年表""历代名人生卒年表"等；学术史类，如"中国伦理学史""先秦教育思想史"等；政法制度史类，如"中国刑法之沿革""井田之研究"等；风俗学类，如"云南风俗志"等；史志类，如"隋唐五代史""元代史"等[③]。从上述内容可以看出，研究所国学门的研究范围相当广泛。这一时期导师提出的研究题目，如伊凤阁的"西夏国之历史文案和古迹""西夏国之地位与东方文化之关系"，王国维

[①] 《浙籍研究生兼事者停给津贴》，《北京大学日刊》，1918年4月12日。

[②] 国学门研究所曾发启事称："本学门之设立，其研究以文字为范围而不以学科者，盖吾国学术界，向来缺乏分科观念，在未经整理以前，不易遂行分科而治，故本学门设立宗旨，即在整理旧学，为将来分科之预备，非事守残，以为可与他种科学分驰也。组织时虽以文学、哲学、史学三系为基本，不过以此三系关涉国学较多于他系。至于他系之关涉国学者，虽数量有多寡，而其急待于取资，则故无殊。以此之故，本学门极欢迎本校之为自然科学及社会科学者，到所提出题目，分别研究，俾古代制度学术之未经科学家搜求考证者，或虽经科学家搜求考证，而其量犹不充分者，至此各得表暴其真价值，而占有科学史上之当确位置云云。"参见《北大国学研究所之发展》，《学生》1922年第9卷第4期。

[③] 《北京大学国学门研究生之统计》，《北京大学研究所国学门周刊》1925年第1卷第7期。

的"古字母之研究""诗书中的成语研究",陈寅恪的"长庆唐蕃会盟碑藏文之研究""鸠摩罗什之研究""中国古代天文星历诸问题之研究"等,也可窥见此时研究所研究的"国学"内容之广。

北大研究所根据实际情况,果断对研究所的科类重新进行裁撤组合,集中人力、财力和物力专办国学研究一门,提高了人才培养质量。据报载,到1926年,北京大学研究所国学门共招收32名研究生,其中已经提交研究成果的有8人,成果12项,分别为:罗庸的《尹文子校释》,段颐的《黄河变迁考》,容庚的《金文编》,商承祚的《殷墟甲骨文字类编》,蒋善国的《三百篇演论》,冯淑兰的《楚辞研究》,方勇的《说文读若考》,李正奋的《隋代艺文志》和《魏书源流考》,有的学生一人提交多项研究成果,如张煦除提交了《公孙龙子注》外,还有《老子校注》[①]。

(二)提高学生入所研究标准

学生的研究能力与其入学后的研究成绩有直接的关系。1922年3月4日,北京大学评议会通过的《研究所国学门研究规则》[②]中,对申请入所研究的学生提高了要求,规定"本校毕业生有专门研究之志愿及能力者,未毕业生及校外学者曾作特别研究已有成绩者,皆可随时到本学门登录室报名,填写研究项目,有著作者并呈送著作,一并由本学门委员会审查"。在之前"志愿"入所研究的基础上,对本校毕业生增加了须具有研究能力的要求,校外学者与本校未毕业学生,须有研究经验且有研究成绩,方可申请。

为规范对申请者的资格审查,控制入所研究人数,提高研究成绩,北大研究所成立了研究所国学门委员会,第一届委员由蔡元培、顾孟馀、沈兼士、李大钊、马裕藻、朱希祖、胡适、钱玄同、周作人等组成,[③]委员会的主要工作是:"审查研究生入所之资格""审查研究生研究所得之论文,或由本委员会委托相关各学系之教员审查之。"在实际工作中,委员

---

① 《北大研究所国学门之成绩》,《中华教育界》1926年第16卷第2期。
② 王雪珍等编:《北京高等教育文献资料汇编·高等教育》,首都师范大学出版社2004年版,第499页。
③ 《北京大学研究所国学门重要纪事》,参见王雪珍等编《北京高等教育文献资料选编》,首都师范大学出版社2004年版,第499页。

会对申请入所学生的审查极为严格,招收学生宁缺毋滥。[1]

值得注意的是,最初拟定的《北京大学研究所组织大纲》规定,招收的研究生以本校学生为限。在研究所国学门委员会第一次会议时,沈兼士提出招收研究生不应限于北大一校之毕业生,蔡元培也认为,如果"实在程度相当,亦不能拒绝,应有规则限制。可照本校未毕业生办法,限于曾作研究,已有成绩者"。后经胡适提议,研究生招收对象包括"校外学者"。[2] 这样,北大研究所成了面向校内外的研究机构。

(三) 设立助学金与奖学金制度,鼓励学生进行学术研究

为了帮助家境贫苦而无职业的学生能进入研究所继续学习研究,奖励研究生在学术上作出贡献,北大研究所国学门委员会经过讨论,制定了助学金及奖学金条例,经评议会通过后,建立助学金及奖学金制度。

助学金额每名每年国币200元,奖学金每年每名500元,分四次发放。奖学金名额若干,用以奖励有特别成绩的研究生。奖学金的评定"以成绩为标准,不限于经济之状况",由研究所国学门委员会进行表决,若四分之三以上委员同意则通过。奖学金不分学科,但是,如果为了鼓励某种学科研究,研究所委员会可以指定一部分金额作为某种学科的奖学金。1926年,获得奖学金的学生共2人,分别为张煦和罗庸。获得助学金的学生2人,分别为李正奋和韦奋鹰。

四 通过开展实践调查活动提高学生的研究能力

北大研究所国学门除了通过研究工作培养人才外,还辅之以广泛的实践性调查研究,以提高学生的实践研究能力。

(一) 古迹古物调查和考古发掘

1922年,研究所国学门曾设立考古学研究室及陈列室,因为经费有限,无法添置设备进行考古探险及发掘,于是决定组织成立古迹古物调查

---

[1] 据报道,"该所对于报名各研究生,审查极为严格,计前后数十人中,经审查结果,认为合格揭示校刊者只有三人:段颐,北大英文系毕业,认定的研究题目为《黄河变迁史》。罗庸,北大国文学系毕业,认定的研究题目为《清代小学家数目提要及其治学方法》。楼巍,北大国文学系毕业,认定的研究题目为《唐诗源流》"。参见《北大国学研究所之发展:昌明国学之一线曙光》,《新教育》1922年第4卷第5期。

[2] 蔡元培:《在北大研究所国学门委员会第一次会议发言》,参见高平叔编《蔡元培全集》(第四卷),中华书局1984年版,第156页。

会，用考古学的方法调查研究中国古代的遗迹与遗物，其调查范围主要分为三类。第一类为古迹，主要包括城市、宫室、关隘、营垒、坛庙、坟陵以及其他各种建筑物。第二类为古器物，主要包括礼器、乐器、兵器、钱币、符印、简牍、碑刻以及其他各种服用等器物。第三类为美术品，如图画、雕刻、摹塑等。资料的收集工作主要有普通调查、探险与发掘等，资料的处置主要为照相、摹拓、画图、记录、修理、保护、鉴别、类集、陈列、辑目等。国学门进行的考古调查和发掘工作主要有，河南新郑、孟津两县出土周代铜器调查，甘肃敦煌古迹调查，大宫山明代古迹调查、洛阳北邙山出土文物调查等活动。国学门进行的古迹古物调查活动，锻炼了学生的田野考察能力，同时对于宣传和保护我国的文化遗产起到了积极作用，培养了中国首批考古学家。

（二）征集歌谣

1918年2月1日，蔡元培在《北京大学日刊》上刊登《征集全国近世歌谣启事》："本校现拟征集全国近世歌谣，除将简章登载《日刊》，敬请诸君帮同搜集材料外，所有内地各处报馆、学会及杂志社等，亦祈各就所知，将其名目、地址函交文科刘复君，以便邮寄简章，请其登载。"同时还附有《北大征集全国近世歌谣简章》。1920年10月10日，歌谣研究会成立，1922年北大研究所国学门成立后，歌谣研究会并入国学门，作为民间文学的歌谣，正式成为北大研究所的一个重要研究项目。歌谣研究会在1922年12月17日创办了《歌谣周刊》，作为歌谣发表与研究讨论园地，不仅沈兼士、钱玄同、胡适、周作人、朱自清、顾颉刚等教员在上面发表文章，讨论歌谣的价值以及采集、整理与研究的意义，北大研究所国学门的研究生在教员的引领与指导下，也常在上面发表文章[1]，为他们以后的学术研究打下了厚实的基础。到1926年，歌谣研究会共收集了13900多首歌谣，经汇集成册并出版的有顾颉刚编辑的《吴歌集录》、常惠编辑的《京兆歌谣之一零一》、白启明编的《豫皖民众艺术丛录》，此外还有《河北歌谣》《南阳歌谣》《昆明歌谣》等。

（三）方言调查与研究

因整理歌谣的需要，北大研究所决定成立方言调查会，1924年1月

---

[1] 例如，后成为著名语言学家的魏建功，在1924年第41期发表《歌谣表现法之最要紧者：重奏复沓》；后成为著名的甲骨学家、古史学家的董作宾在1923年第32期发表《歌谣与方言问题》。

26日，北京大学研究所国学门方言调查会成立。方言调查对于研究文化史、地理学以及民俗学都有极大的关系，同时也是制定标准语（普通话）的基础。为了提高学生方言调查的理论水平，方言调查会主席林玉堂（即林语堂）于1924年春学期开设了"比较发音学"，此课程为研究科性质，运用发音学的方法研究方言，开创了用实验语音学方法研究方言的途径。参与方言调查的学生须在教员指导下，在实地调查的基础上作一篇关于方言的论文，这种理论与实践相融合的方法，对提高学生的研究能力有极大的帮助。

（四）风俗调查

1923年5月24日，北大研究所国学门风俗调查会成立。风俗调查会的目的是调查各地的风俗习惯，通过实地调查，收集各地关于风俗的服饰、器用物，以及记载的材料等，对全国的风俗进行编目、分类，并作系统的研究。为了加强风俗调查会成员的实践能力，调查会主席张竞生开设了《风俗学》课程，为使学生真正掌握调查方法，他每星期一下午在教员休息室还与学生调查员进行专题讨论，答疑问难，极大地提高了学生的研究兴趣。在风俗调查的具体实践中，国学门研究所培养了一批杰出的风俗调查员，为日后中国民俗学的发展奠定了基础。

北京大学研究所国学门进行的一系列实践性调查研究活动，引导学生走出校门，有利于学生了解社会，将理论与实践相联系，开拓了学生的学术视野，提高了他们的研究能力。通过实践性调查研究活动，北京大学研究所为中国的学术界培养了一批研究国学的人才。1926年10月，蔡元培在《十五年来我国大学教育之进步》一文中回顾了国学门所取得的成绩，"五年以来，其中编辑室、考古学研究室，明清史料整理会、风俗调查会、歌谣研究室、方言调查会等，已著有不少的成绩。所著录研究生三十二人，也已有十二人贡献心得的著作"。[1] 当然，这些实践性调查研究活动，由于经费缺乏[2]，还不够广泛和深入，研究的成果主要是收集和整理资料方面。

---

[1] 高平叔编：《蔡元培全集》（第五卷），中华书局1988年版，第90页。

[2] 国学门主任沈尹默在恳亲会的发言中讲道，"不过照现在每月只有很少的经费之研究所国学门看来，纵使有许多计划，也恐只是徒然。这一年来同人因张罗经费和房屋等种种庶务杂事，以致未能专力多作整理学术的事业"。参见魏建功《国立北京大学研究所国学门恳亲会记事》，《晨报副刊》，1923年11月17日。

第三节 科学研究的自主探索

20世纪20年代,中国科学技术严重落后于西方发达国家,蔡元培对当时中西科学发展的现状有着清晰的认识:[①]

"我族哲学思想,良不后人,而对于科学,则不能不自认为落伍者。……且不但物质科学而已,即精神科学,如心理学、美学等,社会科学,如社会学、经济学等,在西人已全用科学的方法,而我族则犹囿于内省及悬想之旧习,科学幼稚,无可讳言。"

研究学术,发展科学,是中国赶上西方发达国家、摆脱积弱积贫的根本途径。但是研究学术,并不是纯粹的学习与模仿,"研究者也,非徒输入欧化,而必于欧化之中为更进之发明"[②]。大学研究所如何进行科学研究,国内无前例可循,国外的研究所制度如果照搬,亦与国情不符。为了发展科学,北京大学研究所在蔡元培的领导下,实施了如下措施,探索符合本国国情的科学研究范式。

一 提出"兼容并包、思想自由"的学术研究理念

纵观国外大学发展史发现,学术自由是发展科学的必由之路,亦是兴学育才的首要条件。蔡元培在北大提出"兼容并包、思想自由"的主张,为发展科学创造了有利的学术环境。他说:"我对于各家学说,依各国大学通例,循思想自由原则,兼容并包。无论何种学派,苟其言之成理,持之有故,尚不达自然淘汰之运命,即使彼此相反,也听他们自由发展。"[③]在聘任教师时,"以学诣为主",教师的言论完全自由,"其在校外的言论,悉听自由,学校从不过问,亦不能代负其责任。例如复辟主义,民国所排斥也,本校教育中有拖长辫而持复辟论者,以其所授英国文学,与政治无涉,则听之。筹安会之发起人,清议所指为罪人者也,本校教员中有其人,以其所授古代文学,与政治无涉,则听之"。[④]在创办北京大学研

[①] 高平叔编:《蔡元培全集》(第五卷),中华书局1989年版,第194页。
[②] 高平叔编:《蔡元培全集》(第三卷),中华书局1984年版,第210页。
[③] 高平叔编《蔡元培选集》,中华书局1959年版,第334页。
[④] 蔡元培:《致〈公言报〉函并答林琴南函》,参见高平叔编《蔡元培全集》(第三卷),中华书局1984年版,第267页。

究所时,"学术自由"理念也得到了充分体现,如 1917 年,北京大学研究所刚成立时,文科研究所延聘的教员里面,筹安会的发起人古文学派刘师培,拖着长辫持复辟论的辜鸿铭,提倡白话文的年轻教授胡适,以及从未上过大学的梁漱溟等能得以奇妙地组合在一起。在法科研究所里,既有英美法系的王宠惠,也有东洋法系的张耀曾。在英文门中,既有中国人陈长乐,也有外国人威尔逊。在理科研究所中更是聘请了一批学有专长的留学归国的学者。蔡元培网罗众家,广收人才,并且不求全责备,不论资排辈,只问学问才能,不问思想派别,为北大研究所发展科学组建了一支高水平的师资队伍。

蔡元培在北大营造的"学术自由"风气受到北大学生和教师的高度评价,曾在北大研究所学习的许德珩回忆道:"我还记得,先生当时带到北大去的一个口号,是'学术研究自由'。在这种自由研究的旗帜之下,尊孔的老牌学者、拖辫子的辜鸿铭先生,小学家、词章家的刘申叔先生、黄季刚先生,与那'专打孔家店'的新派学者陈独秀、胡适之、钱玄同先生,以及社会主义者的李大钊先生,可以一炉而冶。"[①]

二 效仿西方大学,筹措研究经费

开展科学研究,除了师资外,必须要有充足的图书、资料、实验设备等作为保证,否则一切都是空谈。蔡元培在创办北大研究所时,多次谈到书籍、实验设备在科学研究中的重要作用,他说:[②]

"为研究学问计,最重要的是实验室。在这经济最困难的时候,我们勉强腾出几万元,增设物理、化学、地质各系的标本,并修理实验室、陈列室,现在第二院已有与以前不同之状。在实验室,师生一起共同研究科学,不断发展科学,不断发明新理,以取得较好的科研成果。"

蔡氏认为,国外大学之所以科研水平高,很大程度上归功于图书、仪器,"查德国大学,图书、仪器之设备费为百分之五十,其余各费百分之五十,故其大学富于发明学理之机会",因而他认为,我国大学图书、仪器等设备费,至少须占全校经费百分之四十。[③]

---

① 中国蔡元培研究会编:《蔡元培纪念集》,浙江教育出版社 1998 年版,第 119 页。
② 高平叔编:《蔡元培全集》(第四卷),中华书局 1984 年版,第 264 页。
③ 同上书,第 315 页。

北大研究所创办初期，一直为经费所困，政府对于北大创办研究所又毫无款项拨发，研究所国学门经费困难到难以想象的程度，有时竟到无钱买纸的地步[①]，为了筹措经费，研究所国学门曾将所内考古学陈列室所藏金石的拓片明码标价[②]，对公众出售，以缓解研究所的经济压力。为了保证研究所的正常运行，蔡元培设法筹集专款用于研究所的建设，当时，研究所的运行经费为每月4500元，除了少量用于日常的杂项开支，其余几乎全部用作购置图书和仪器设备。以文科研究所为例，该所每月经费为1500元，其中300元为杂项开支，1200元用于购置书报。[③] 为了节约开支，研究所只设少量专任教员[④]，其他由本科和预科教授兼任，且兼任教员不另行支付薪金，如果教员担任的科目较多，可酌情考虑减少本科专业的课时量。为了使研究所能够运行下去，蔡元培尽力在全校经费中腾挪出一点经费，同时效仿西方大学办学方式，设法在国内外筹集研究经费。

1918年，蔡元培倡议社会各界共同活动，要求英、法、意、德、俄、比等国退还庚子赔款，用于发展中国的教育事业。他指出，"吾人日日望专门以上学校分配之适当，设备之完全，教员及毕业生有分科研究之机关"，然而限于经费，无法实现，要求在各国退还的款项中专门划出一部分用于"最高研究学术机关之基金"。[⑤] 1920年7月19日，为了募集扩充北大图书仪器款项目，在第一接待室邀集各行政委员长、总务委员，商讨进行募捐办法。[⑥]

蔡元培的呼吁引起社会各界的关注，社会各界热心科学研究人士及社会团体纷纷向北大研究所赠送书籍。北大教员如胡适、周作人、陈援庵（陈垣）、马叔平（马衡）等，多次将珍藏的图书及碑帖拓片等捐赠给研

---

① "研究所国学门周刊因无钱买纸，第十二期无法按期印刷。"参见《研究所国学门周刊启事》，《北京大学日刊》，1926年1月16日。

② 《北京大学日刊》，1924年1月28日。

③ 《文科研究所办事细则》，《北京大学日刊》，1917年11月30日。

④ 当时研究所聘任教员共58人，其中只有王宠惠、张武、张耀曾等五个专任教员，其他53人均为兼职教员。从历年北大教员比较图上可见，1917年北大教员共为133人，有58人被聘为研究所导师，可见北大教师对于研究所的态度还是比较积极的。见《本年教员数目一览表》，《北京大学廿周年纪念册》，1917年。

⑤ 蔡元培：《请各国退还庚款供推广教育意见书》，高平叔编：《蔡元培全集》（第三卷），中华书局1984年版，第227页。

⑥ 蔡元培：《商讨募捐扩充北大图书仪器启事》，《北京大学日刊》，1920年7月19日。

究所。时在北大研究所国学门学习的容庚、常惠等，也积极向研究所捐赠图书。校外人士如于右任、吴新吾、张中孚等热心教育事业的人士，也积极向研究所捐赠图书资料。据《北大日刊》登载，商务印书馆编译所曾一次赠送北大研究所近50册珍贵图书，① 古斋曾一次向研究所赠送"蔡君奕张氏墓志铭"等唐代、宋代以及明清等历代珍贵拓片近百份。②

三 组织学术讲演会

1917年12月，蔡元培等人鉴于"民俗日偷，士风日敝"，为了"挽救士风，振兴学术"，实现"传布科学、引起研究兴趣"之目的，决定"联合同志，敦聘名流"，在北京组织成立了学术演讲会，并拟定了《学术讲演会章程》十条，规定了学术讲演会的宗旨、成员组成、组织方式、演讲会地点、讲演时间和讲演方式等。③

组织学术演讲会得到北大研究所教员师生的积极响应，演讲会成立后，研究所的教员举行了一系列的演讲活动，如1919年3月，梁漱溟应清华哲学社邀请作了题为《佛学之研究》的讲演；1920年3月，陈独秀在江苏省教育会上作了题为《教育缺点》的讲演；1921年10月，胡适在中国大学作了题为《好政府主义》讲演；1922年3月，胡适在南开大学作了题为《国语文学史》的讲演；1922年9月，马寅初在南开大学作了《关税问题》的演讲；等等。

1922年11月和12月，为了迎接爱因斯坦到北大演讲，北大"特选择关系于相对论各题，分别定期公开讲演"。演讲共分九次，分别由研究所自然科学门的丁巽甫讲演"爱斯坦以前之力学"，何吟苢（何育杰）讲演"相对各论"，夏元瑮讲演"爱因斯坦之生平及其学说"，王士枢讲演"非欧几里特的几何"，文范村讲演"相对通论"，国学门的张竞生讲演"相对论与哲学"，研究所还邀请了校外的高叔钦（高鲁）讲演"旧观念之时间及空间"。④ 七场演讲之后，又邀请北大研究所自然科学门教员秦

---

① 《北京大学日刊》，1925年7月18日。
② 《北京大学日刊》，1925年11月20日。
③ 高平叔编：《蔡元培全集》（第三卷），中华书局1984年版，第116—117页。
④ 1918年4月26日，北大评议会议决《选派教员留学外国暂行规程》八条。为了使教员能安心留学，规程规定，除发给治装费及往返川资费及每年学费外，每月还可领取在校原来薪金的一半。《北京大学日刊》，1922年11月20日。

汾讲演"天文学与牛顿力学";夏元瑮教授又补充讲了"爱斯坦生平及其学说"。

四 开展国际学术交流

近代中国不学习西方进步科学技术,不足以救亡图存,同时,若要使中华民族文化屹立于世界文化之林,也需要不断去陈布新,融合中西,才能发展和创造出中国自己的科学文化。北大研究所为进行学术研究,发展科学,在大量延聘国外留学生之外,还开展了广泛的国际学术交流活动。

为了提高研究所教师的学术水平,开拓他们的学术视野,北京大学研究所尽力选派教员赴欧美等国学习先进的科学技术,以提高研究水平。1919 年夏,理科研究所教员夏元瑮在北大任职满六年,按照规定[①]被派往德国考察,并以访问学者的身份入柏林大学学习,跟随爱因斯坦学习相对论。1921 年夏,夏元瑮学成归国,继续在北京大学任教。他在教学之余,仅用几个月时间,译完了爱因斯坦名著《相对论浅释》(今译为《狭义与广义相对论浅说》)。该书于 1922 年由商务印书馆出版。这是中国第一本有关相对论的译著,20 世纪上半叶在我国的学术界颇具影响。

1920 年 2 月,文科研究所英文门派宋春舫教授赴欧留学,派卜思教授赴美留学。1921 年秋,研究所国学门教员陈大齐被派赴德国柏林大学研究西洋哲学,翌年冬天回到北大,任哲学系系主任。陈大齐曾在北大文科研究所哲学门教授心理学和心理实验等课程,从德国回到北大后,主讲过哲学概论、伦理学(逻辑学)等课程。在教授与引进西方实验心理学的同时,他联系我国实际,开创了心理学的调查研究方法。

研究所还派刘半农留学法国,派朱家骅留学德国并得以完成博士学位,派袁同礼、汪敬熙等留学美国。北京大学通过选派教师到国外访学,为北大研究所培养了一大批学术造诣高深的教师。

五 创办学术刊物

为了能及时发布学校的规章制度、交流全校教学情况,刊登教员与学生的学术性文章,北大决定创办《北京大学日刊》,1917 年 11 月 16 日《北京大学日刊》第一号正式出版。该刊创办之后,虽然刊载了一些研究

---

① 《北京大学日刊》,1918 年 4 月 29 日。

第三章　中国近代大学研究院所的创设阶段（1917—1924 年）

所师生的学术文章，但是由于"篇幅无多，且半为本校通告所占"，所以登载的长篇学术性文章很少。

有鉴于此，1919 年 1 月北京大学创办了《北京大学月刊》。《北京大学月刊》开始由各研究所轮流编辑，并于 1922 年 3 月由冯祖苟、丁经林、王星拱、李四光、谭熙鸿、胡适、沈兼士、朱希祖、向孟相、顾孟余、王世杰、陈启修、朱经农等组成编辑部。

在发刊词上，蔡元培详细阐述了创办《北京大学月刊》的目的，其一，月刊可以对学术研究有所贡献。"研究者也，非徒输入欧化，而必于欧化之中为更进之发明；非徒保存国粹，而必以科学之方法，揭国粹之真相。"校内同人从事研究，必有新的发现，若无月刊以发表之，则将少许之贡献于我国学术。其二，创办《月刊》可以破学生专己守残之陋见，网罗各方面学说，"对于同校的教员及学生，皆有交换知识之机会，而不至于隔阂矣"。其三，"《月刊》可以释校外学者之怀疑"。蔡元培指出，我国承数千年学士专制之积习，常好以见闻所及，持一孔之见。校外有学者"闻吾校之伦理学用欧、美学说，则以为废弃国粹，而不知哲学门中，于周、秦诸子，宋、元道学，固亦为专精之研究也"。《月刊》的创办，可以刊发各种学术文章，校外读者，能够了解北大"兼容并收之主义，而不至一道同风之旧见现绳"。①

随着研究所的发展，师生的研究成果日益增多，《北京大学月刊》亦不敷使用，1922 年 8 月 1 日，蔡元培建议创办发行自然科学、社会科学、国学和文艺四种季刊。各季刊的编辑在全校教授、讲师中延聘。从当时各刊物的编辑人员看，大多为研究所的教员，如自然科学组编辑中有冯祖苟、秦汾、李书华、王星拱等，社会科学编辑人员有陶孟和、胡适、朱经农、张竞生、朱希祖、顾孟余、马寅初、陈大齐、陈垣等，国学组编辑人员有胡适、沈兼士、马裕藻、钱玄同、蔡元培、顾孟余、刘叔雅、朱希祖、周作人等，文艺组编辑人员中有蔡元培、沈尹默、沈兼士、胡适、顾孟余、宋春舫、陈师曾、钱稻孙等。

1925 年 5 月 11 日北京大学研究所国学门开会决议，暑期后将《歌谣》周刊扩张为《北京大学研究所国学门周刊》。至于改刊原因，《国学

---

① 蔡元培：《〈北京大学月刊〉发刊词》，参见高平叔编《蔡元培全集》（第三卷），中华书局 1984 年版，第 210 页。

门周刊·缘起》一文中有详细的说明:①

"国学门原有一种《歌谣》周刊,发表关于歌谣的材料。去年风俗调查会成立,也就借它的余幅来记载一点消息。后来浸至一期之中,尽载风俗,歌谣反付缺如,顾此失彼,名与实乖。兼之国学门成立以来研究生之成绩,及各学会搜集得来整理就绪之材料,日积月累,亦复不少,也苦于没有机会发表。于是同仁遂有扩张《歌谣》周刊另行改组之举。"

《北京大学研究所国学门周刊》刊发国学门编辑室、歌谣研究会、方言研究会、风俗调查会、考古学会、明清史料整理会所有的调查资料、论文及研究报告,其目的在于将收集或整理的材料编成系统的报告,以供学者之讨论,借以引起同人之兴趣及社会之注意。

通过上述各种措施,北京大学研究所在短时间内就取得了丰硕的成果。据统计,截至1919年初,北大研究所教员出版的著作,已有陈大齐的《心理学大纲》,梁漱溟的《印度哲学概论》,杨昌济的《西洋伦理学史》,崔适的《论语足征记》,黄节的《诗学》,钱玄同的《文字学音论》,周作人的《欧洲文学史》,陈怀的《清史要略》,黄右昌的《罗马法》,周家彦的《公司条例》数十种书。② 另据《北京大学日刊》载,自民国十一年国学门开办至民国十五年,国学门研究所学生共完成《尹文子校注》等研究论文13篇。各学会及各编辑室共编译《古满洲民族考》《国学季刊》《国学周刊》等共计约378册,还有未装订成册的《文选李善注引用书》《郦道元水经注引用书》《刘孝标世说新语注引用书》等。歌谣研究室共出版《歌谣周刊》合订本、《孟姜女故事的歌曲甲集》等7册,编辑未出版的《直隶歌谣》《山东歌谣》等41册。③

北京大学研究所积极探索科学研究方法,在国学研究方面取得了可喜的成绩。但是,由于北京大学自然科学的基础比较薄弱,理工科研究所几无研究成果可言,主要成绩集中在国学研究方面,发展科学没能文理兼顾,是为一大憾事。

---

① 《北京大学研究所国学门周刊》,1925年10月14日。
② 高平叔:《北京大学的蔡元培时代》,《北京大学学报》(哲学社会科学版) 1998年第2期。
③ 《本校廿七周年纪念研究所国学门展览目录》,《北京大学日刊》,1925年12月26日。

第四节　社会服务职能的发轫

　　蔡元培、胡适等人在欧美留学时，亲身感受到大学的社会服务在国家发展中所发挥的重要作用，蔡元培曾多次强调大学的研究工作需和实践相结合，为社会提供服务。1919年9月22日，他在《北京大学第二十二年开学式演说词》中强调："倘没有养成博爱人类的心情，服务社会的习惯，不但印证的材料不完全，就是研究的结果也是虚无。"① 1922年7月3日，蔡元培在中华教育改进社第一次年会上提出，"省立或区立大学所设之高等学术机关，设地质学、生物学研究所，以考求本地原料。设地理学、化学研究所，以促进本地工艺。设心理学、社会学研究所，以指导本地教育家"。② 他还主张，省立或区立大学除了办好上述各研究所外，得应本地之需要与能力而设特种研究所，以促进地方经济文化发展。

　　在蔡元培等人的倡导下，北大研究所的师生也参与开展了一些社会服务活动，这些活动主要是在社会教育领域，如以"增进平民智识，唤起平民之自觉心为宗旨"③组建的平民教育讲演团中，北大研究所中的俞平伯、杨真江、常惠、许德衍等都是讲演团的成员。

　　在走出校园为社会服务的同时，北大研究所还开放学校资源，为社会提供服务，如北京大学画法研究所④"以发达美术己任"，决定招收校外会员。校外会员的报名资格为"品行端正""曾受中等以上教育或有同等学历者"且"习画二年以上确有成绩有志进取者"。⑤ 1920年，画法研究所为便于有志于研究绘画但路远及有职务不能到所学习的学员学习绘画，特设立了函授部。⑥ 除了招收函授生外，还招收夜班生。⑦

---

①　高平叔编：《蔡元培全集》（第三卷），中华书局1984年版，第701页。
②　高平叔编：《蔡元培全集》（第四卷），中华书局1984年版，第681页。
③　《北京大学日刊》，1919年10月11日。
④　该研究所1918年2月成立时名为"北京大学画法研究会"，1920年更名为画法研究所，蔡元培亲任所长。画法研究所制定了组织章程、简章以及研究所规则，聘请校内外导师14人，校内有贝寿同、冯祖荀、钱稻孙等，校外有陈师曾、徐悲鸿、汤定之等名家。
⑤　《北京大学日刊》，1918年5月9日。
⑥　《绘学杂志》1920年第1期。
⑦　《北京大学画法研究所招夜班生》，《北京大学日刊》，1920年4月9日。

除了上述几方面外，北大研究所的师生还参与北京大学平民夜校、校役班、学生银行、消费公社等工作，积极开展服务社会活动。蔡元培对北大研究所学生参与的这些活动给予了高度的评价：①

"学生界除了对于政治的表示以外，对于社会也有根本的觉悟。他们知道政治问题的后面，还有较重要的社会问题，所以他们努力实行社会服务，如平民学校、平民讲演，都一天比一天发达。这些事业，实在是救济中国的一种要着。况且他们从事这种事业，可以时时不忘作表率的责任，因此求学更要勉力。他们和平民社会直接接触，更是增进阅历的一个好机会。"

但是，对照欧美等国大学社会服务职能的特征进行分析可以发现，北京大学研究所开展的这些活动，并不能表明中国近代大学研究所服务社会职能的确立，只能说是中国近代大学研究院所社会服务职能的发轫。主要原因为：北京大学研究所的社会服务工作并非其主要工作之一，也就是说，主动为社会提供服务并非研究所工作的主旨之一。蔡元培设立北京大学研究所的主要目的是培养人才和发展科学，服务社会只是学生学有余力的副产品。蔡元培强调服务社会要以研究学问为基础，离开研究学问，服务社会就是无源之水，他曾说②，"现在学生方面最要紧的是专心研究学问。试问现在一切政治社会的大问题，没有学问，怎样解决？有了学问，还恐怕解决不了吗？所以我希望自这周年纪念日起，前程远大的学生，要彻底觉悟……专心增进学识，修养道德，锻炼身体。如有余暇，可以服务社会"。

北京大学研究所提供和参与的社会服务，是师生课余的自发行为，这些活动在开化民智、提高民主意识等方面起到了一定作用。但是在内乱频仍、国力贫弱、科学极度落后的情况下，北大研究所发展科学工作缓慢，尤其是自然科学研究工作几乎一片空白，更谈不上为工矿企业提供科技服务。可是，北大研究所师生意识到要用知识解决社会问题，把研究学问和社会需求结合起来，为中国近代大学研究院所服务社会指明了方向。

---

① 蔡元培研究会编：《蔡元培全集》（第四卷），浙江教育出版社1997年版，第139页。
② 同上书，第189页。

第四章

中国近代大学研究院所快速发展阶段（1925—1934年）

第一节 大学研究院所的快速发展及产生的问题

一 快速发展的具体表现

（一）设立研究院所的大学快速增加

1924年，受"整理国故"运动的影响，加之北京大学研究所国学门的示范作用，清华学校决定在改办大学的同时设立国学研究院。设立研究院的目的，研究院主任吴宓在《清华学校研究院缘起》一文中作了详细说明：①

"近岁北京大学亦设研究所，本校成立十有余年，今年既新设大学部，复以地处京师西郊，有交通之便，而无嚣尘之烦，故拟同时设立研究院。良以中国经籍，自汉迄今，注释略备，然因材料之未备与方法之未密，不能不有待于后人之补正。又近世所出古代史料，至为夥颐，亦尚待会通细密之研究。"

清华大学研究院为何只开办国学一科，1925年9月18日吴宓在研究院开学演说词中曾对此作了解释，"原拟规模甚大，兼办各科，（如自然科学、社会科学等）以经费所限，只能先办国学一科，且以国学之在今日，尤为重要"。②清华设立国学研究院，胡适也起到了一定作用。清华学校在设立大学部之前，曾聘请胡适担任筹备顾问。鉴于北大研究所国学门在开办过程中经费紧张，研究成果不尽如人意，胡适利用筹备顾问的身

---

① 《清华学校研究院缘起》，《清华周刊》1925年第339期。
② 吴宓：《清华开办研究院之旨趣及经过》，《清华周刊》1925年第24卷第2期。

份，希望借清华的"庚款"为"整理国故"再设一个据点，因此他极力向清华师生宣传"中国办大学，国学是最主要的"①，创办研究院，应首先办好国学一门。为此他四处奔走，极力推荐国学大家王国维担任清华国学研究院导师。此外，清华又聘请了梁启超和刚从国外学成归来的陈寅恪、赵元任等。随着王、梁、陈、赵"四大导师"接受聘任，清华国学研究院正式开办。

在清华创办研究院之时，复旦大学亦着手创办研究院，并制定了研究院章程，发布了招生公告。② 接着东南大学在1926年8月颁布的《国立东南大学组织大纲修正稿》中，也决定创办研究院。③ 1926年10月10日，厦门大学国学研究院正式成立。同年，燕京大学国学研究院亦创办成立，并开始招收研究生。④ 本年，南洋大学工业研究所也正式创办。1927年，中山大学创办了解剖学研究所、生理学研究所、细菌学研究所和病理学研究所。1928年初，由傅斯年主持的语言历史学研究所在中山大学成立，同年，中山大学还成立了教育学研究所、心理学研究所与化学工业研究所。

1929年7月26日，南京国民政府公布了《大学组织法》，其中第八条规定："大学得设研究院。"⑤ 据此全国各大学纷纷增设研究所，筹设大学研究院，如清华大学、中山大学、燕京大学、辅仁大学等。1931年，国联教育考察团调查中国大学教育现状后，同样强调设置大学研究院的迫

---

① 清华大学校史编写组：《清华大学校史稿》，中华书局1981年版，第50页。

② 复旦大学研究院分哲学系、经济学系、史学系、社会学系、政治学系、教育学系、法律学系和化学系，为大学毕业后专系研究而设，至少一年毕业。入院研究者须大学毕业。参见《全国专门以上学校投考指南》1926年第3期。另外，复旦大学研究院1925年招生情况不详。1926年大概为8人，据1927年《复旦大学章程》（附录《复旦大学十六年秋季分科分级统计表》）记载，1927年复旦大学在读研究生共8人，其中文科3人，商科3人，社会科学科2人。

③《国立东南大学组织大纲修正稿》第五条规定："本大学为研究高深学术起见，得增设研究院。"同年11月18日东南大学公布《国立东南大学研究院简章》，东南大学据此简章正式开始筹办研究院。参见中国第二历史档案馆编《中华民国史档案资料汇编》（第三辑 教育），江苏古籍出版社1991年版，第252—257页。

④ 燕京大学国学研究院招收研究生和专修生。本季录取马日昌、肖炳宝2人为研究生，录取张铭慈、曾焕枢2人为专修生。参见《燕大周刊》，1926年，第36—37页。

⑤ 中国第二历史档案馆编：《中华民国史档案资料汇编》[第五辑 第一编 教育（一）]，江苏古籍出版社1994年版，第172页。

切性，认为创设大学研究院"实为居教育中心之大学所不可少者"，"教授对于其所教之科目，若不与时俱进，则其授给学生之知识，必不免陈书而机械。研究所使教学有生气，而教授又使研究增加兴味，二者有相互助长之妙"，主张"应于现有大学中择出数校，作为研究院之用"①。因此，国内各界对设立大学研究院所更加重视，设立研究院所的大学也逐年增加。至1934年5月19日教育部颁发《大学研究院暂行组织规程》前，全国设立研究院或研究所的大学共有北京大学、清华大学、厦门大学、交通大学、中山大学、燕京大学、金陵大学、齐鲁大学、北平女子师范学院、北平师范大学、辅仁大学等。任鸿隽曾说，②"国内的大学，近来已如雨后春笋，遍地皆是。除了那些徒有其名的姑且不论外，其余比较有历史有成绩的少数学校，也渐渐感受了世界的潮流，大家觉得研究工作的必要。因此虽在学校经费的极端困难中间，也未尝没有对于研究所的预备"。

（二）研究所的数量迅速增加

1925年，全国大学研究所只有北京大学研究所国学门、清华大学国学研究院和复旦大学研究院③。1926年，随着厦门大学、南洋大学与燕京大学相继设立研究所，大学研究所的数量增加到6个。1927年，中山大学和南开大学设立研究所之后，全国的研究所数量增加到11个。1928年，中山大学设立了语言历史研究所等4个研究所，1929年中山大学增设了农林植物研究所和药学研究所，清华大学设立了物理研究所和外国语文研究所，研究所的数量达到了16个。

1930年是大学研究所数量增加最多的一年，共增加了12个，其中有金陵大学中国文化研究所、齐鲁大学国学研究所、北平女子师范大学研究所、交通大学研究所（由交通大学工业研究所改组）、清华大学的中国文学研究所与哲学研究所、历史研究所、化学研究所、生物研究所、算学研究所、政治学研究所以及经济学研究所。

---

① 国联教育考察团：《中国教育之改进》，国立编译馆1932年版，第189—191页。
② 任鸿隽：《科学研究——如何才能使他实现》，转引自樊洪业等编《科学救国之梦——任鸿隽文存》，上海科技教育出版社2002年版，第387页。
③ 清华大学国学研究院只开设国学一科，实际上相当于一个研究所。而复旦大学情况如上文所述，至1927年，只有文科、商科与社会科学科招收了研究生，其情形只相当于研究部，故本文将复旦大学研究院视作一个研究所。

从 1931 年开始，大学研究所增加的速度开始趋缓，但是数量仍亦可观。1932 年金陵大学增设了化学研究所，南开大学设立了化学应用研究所，清华大学设立了心理学研究所。1933 年清华大学设立了社会学研究所和地理学研究所，北洋工学院设立了矿冶工程研究所和工程材料研究所。1934 年，中山大学设立了社会学研究所，中央大学设立了理科研究所、农科研究所和教育实验研究所，辅仁大学设立了文科研究所和理科研究所。至此，全国的大学研究所数量达到了 41 个，具体情况见表 4-1。朱自清曾撰文指出：[1]

"战前的十年来，我们的学术确在长足的进步。中央研究院和一些大学的研究院的工作都渐渐有了分量。于是没有研究院的大学都纷纷设立研究院，一些独立的研究机构也或多或少在外国人资助之下办起来了。"

表 4-1　　1925—1934 年全国设立研究所的大学及研究所名称

年度	学校名称	研究所名称
1925	北京大学	北京大学研究所国学门
	清华大学	清华大学国学研究院
	复旦大学	复旦大学研究院
1926	南洋大学	南洋大学工业研究所
	厦门大学	厦门大学国学研究院
	燕京大学	燕京大学研究院
1927	中山大学	解剖学研究所　生理学研究所　细菌学研究所　病理学研究所
	南开大学	南开大学社会经济委员会[1]
1928	燕京大学	哈佛燕京国学研究所
	中山大学	语言历史学研究所[2]　教育学研究所 心理学研究所　化学工业研究所
1929	清华大学	物理研究所　外国语言研究所
	中山大学	农林植物研究所　药学研究所

---

[1] 朱自清：《论学术的空气》，参见朱乔森主编《朱自清全集》(第四卷)，江苏教育出版社 1993 年版，第 491 页。

第四章　中国近代大学研究院所快速发展阶段（1925—1934年）

续表

年度	学校名称	研究所名称
1930	金陵大学	金陵大学中国文化研究所
	齐鲁大学	齐鲁大学国学研究所
	北平大学女子师范学院	北平大学女子师范学院研究所
	交通大学	交通大学研究所
	清华大学	中国文学研究所　哲学研究所　历史研究所　化学研究所 生物研究所　算学研究所　政治研究所　经济学研究所
	东吴大学	法律研究院
1931	北平师范大学	北平师范大学研究院③
	岭南大学	社会研究所
1932	金陵大学	金陵大学化学研究所
	南开大学	南开大学应用化学研究所
	北京大学	北京大学研究院
	清华大学	清华大学心理学研究所
1933	清华大学	社会学研究所　地理学研究所
	北洋工学院	矿业工程研究所　工程材料研究所
1934	清华大学	农业研究所
	中央大学	理科研究所　农科研究所　教育实验研究所
	中山大学	社会学研究所
	辅仁大学	文科研究所　理科研究所
	武汉大学	法科研究所　工科研究所

注：①1935年改称为南开大学经济研究所；

②1931年更名为中山大学文史研究所，1935年更名为中山大学研究院文科研究所；

③1932年9月后改为北平师范大学研究所。

（三）研究所的科类由单一走向多样化

1925年以前，大学设立的主要是国学研究所，学科单一。① 从1926年南洋大学设立工业研究所，我国的大学研究所开始从单一向多样化转变，呈现出百花齐放的良好趋势。到1934年，哲学、文学、法学、历史、教育、理学、工学、农学、经济、医学等研究所都已经设立，学科种类已

---

① 虽然1917年北京大学曾设立了文科、理科与法科研究所，实际上到1922年只开办了国学一门，理、法等科研究所并无实质性成绩。

较为齐全了。虽然此时的文科与法科研究所的数量仍占有较大的比重，但是，自然科学与应用科学研究所的增速开始加快。

大学研究院所学科结构的变化与政府的引导有关，也是当时社会经济发展的现实反映。1930年，南京国民政府教育部要求，"大学及专门教育，必须注重实用科学，充实内容，养成专门知识技能，并切实陶融为国家社会服务之健全品格"①。1932年12月，国民政府颁布的《改革大学文法等科设置办法》中明确规定："嗣后遇有请设文法等科者，除边远省份为养成法官及教师，准设文法等科外，一律勒令暂不设立。又在大学中，有停止文法等科者，其节余之费，应移作扩充或改设理、农、工、医药等科之用。"② 从上述内容可以看出，国民政府教育部在抑制文科的同时，开始引导实用科学与自然科学的发展。

自然科学与应用科学研究所的增加，除了执政当局的引导之外，主要原因与当时社会经济发展密切相关。1927年北伐战争结束以后，社会趋于稳定，经济发展增速，特别是1932年后，工商业发展加快，对各类高级专门人才需求激增。时任中央大学校长的罗家伦在1934年1月的一次演讲中曾指出："这一二年来，有一个可注意的现象，就是大学农、工、理三科的毕业生，出路较好，而政治、经济、法律等系的毕业生，则特别感到就业的困难。因此这几年来，青年升学的趋向也有改变，投考理、工、农三科的人比考文、法的人多。北方的大学有此现象，南方的大学也有此现象。"③

从整体上看，本阶段全国大学研究院所设置从传统文史学科向自然学科转变，从个体上看，各大学设立研究所大多数也符合这个转变趋势。北京大学首先设立国学研究所，之后开始设立文学、历史学、数学、物理学和化学等。1929年北大复校后，研究院国学门研究所恢复招生，到1931年6月，北大研究所国学门招收研究生21名。主要研究科目有：马裕藻的古声韵，马衡的金石学，沈兼士的文字学，刘复的语音学、方言研究，

---

① 《教育部成立二年来的工作概况》。参见中国第二历史档案馆编《中华民国史档案资料汇编》［第五辑 第一编 教育（一）］，江苏古籍出版社1994年版，第126页。
② 《改革大学文法等科设置办法》，教育部第10335号训令，1932年12月9日。参见教育部参事处编《教育法令汇编》（第一辑），中正书局1936年版，第142页。
③ 罗家伦：《中国大学教育之危机》，1934年1月15日。参见罗家伦先生文存编委会《罗家伦先生文存》（第五册），中国国民党党史委员会、国史馆1988年版，第374页。

朱希祖的明清史，陈垣的中国基督教史研究，徐炳昶的中国古代哲学史，黄节的魏汉六朝诗，周作人的中国歌谣，钱玄同的音韵沿革研究，沈尹默的唐诗研究，许元衡的词典研究等。1932年6月，依据《国立北京大学组织大纲》，北大研究院改组完成，研究院分三部分，原来研究所国学门改为研究院文史部，另增设自然科学部和社会科学部。10月，研究院文史部招收新生12名，自然科学部录取3名，社会科学部录取10名。①

清华大学也首先在国学领域设置研究所，随后在诸多领域进行大力拓展，涉及文学、哲学、史学、物理学、化学、数学、生物学、政治学、经济学等，领域相对广泛，学科门类相对齐全。

中山大学的情况稍微与众不同，他们最早成立的研究所是医学科的生理学、微菌学（即细菌学）、病理学、解剖学，这四个研究所分别由德国教授巴斯勒、古底克、道尔曼斯、安德莱荪主持。但这些研究所并未招收研究生，只作为高年级学生实验实习及医学院教师研究之用，因而其设立虽早，但并未培养研究生。1927年秋，著名心理学家汪敬熙在中山大学创办了心理学研究所。同年8月间，中山大学又分别设立了教育学研究所和语言历史学研究所。教育学研究所由著名教育学家庄泽宣教授创办，于1928年2月正式成立，是国内最早成立的教育研究所，该所在未正式成立之前的1927年11月就招收了6名研究生（其中1名未到校）。语言历史学研究所由傅斯年负责筹设，筹备期间即设置各研究组，招收研究生。② 1929年，中山大学设立了农林植物研究所和药学研究所。所以，这样看来，其发展依旧是先设立文史学科后设立自然学科研究所。

国立大学设立研究院所的科类主要始于人文学科。而教会大学由于其特殊身份，其本科生教育通常以医科等应用学科为主，但是在研究院所的设立及专业设置上面，就整体而言与国立大学一样，同样是始于人文社会科学领域，而后再延伸到自然科学领域。如燕京大学于1925年之前即设立历史、哲学、国文等文科类研究部，随着办学力量的增强，从1927年开始，又陆续成立了物理、化学、生物等理科类研究部。金陵大学于1930年设立中国文化研究所，1932年设理科研究所化学部。东吴大学的

---

① 萧超然等：《北京大学校史（1898—1949）》（增订本），北京大学出版社1988年版，第304—305页。

② 黄义祥：《中山大学史稿（1924—1949）》，中山大学出版社1999年版，第141页。

研究生教育虽始于化学、生物学等学科，但是其首先设立的却是法律研究所，并以法律教育与研究闻名于国内。辅仁大学的情况也一样，《大学研究院暂行组织规程》颁布前，辅仁大学就设立了中国语言研究所。1934年5月后，辅仁大学根据师资及设备情况，决定先设置文、理两科研究所，并拟具《文理两科研究所组织规程》及担任研究科目的教授名单，呈报教育部审核，文科研究所设史学部（主任为陈垣）、人类学部（主任为雷冕）、经济学部（主任为赵锡禹），理科研究所设物理学部（主任为欧思德）、化学部（主任为卡乐天）和生物学部（主任为张汉民）。①

二　产生的问题

北洋政府时期，由于军阀连年混战，无暇顾及教育，处于"自由"状态下的高等教育因而获得快速发展。1922年新学制规定，单设一科的可称为某科大学，专门学校纷纷升格为大学，如当时北京的工业、医学、农业、法政专门学校，先后于1922年、1923年改为大学。从1921年至1926年，全国公私立大学由13所增至51所，5年之间增加了近3倍，其中公立大学由5所增至37所，私立大学由8所增至14所。②

为了提高大学的身份，使其在招生上更具竞争力，各大学加快了设立研究院所的步伐。对此，北洋政府教育部未作任何的规范与管理，任由其自由设立。南京国民政府成立初期，为了加强自身统治的需要，在采取放任政策的同时，鼓励大学设立研究所。1928年，南京国民政府召开第一次全国教育会议，提出要"提倡科学实验，奖励研究……各大学设科学讲座，奖励科学的研究与发明"③，对于大学师资设备上有特长者，由大学院给予岁费，设立特种研究所，以奖励高深的学术研究④。当时教育界人士曾指出："国民政府成立后的二三年间，实为我国大学教育史上最活动、最复杂的一个短时期，比前清光绪二十八年和民国十二年两次的大学

---

① 辅仁大学校友会编：《辅仁大学校友统计表（1927—1952）》，《辅仁校友通讯》第5期，1986年1月。
② 李华兴：《民国教育史》，上海教育出版社1997年版，第601页。
③ 孟真（傅斯年）：《大学研究院设置之讨论》，《独立评论》1934年第106期。
④ 教育部年鉴编纂委员会：《第一次中国教育年鉴》（丙编 教育概况），上海开明书店1934年版，第4页。

第四章　中国近代大学研究院所快速发展阶段（1925—1934年）

运动还要热闹。"① 在毫无规范的情况下②，大学研究院所在快速发展的同时，也会产生以下几方面问题。

（一）大学研究院所的命名杂乱无序

由于没有统一的规制，当时大学研究院所的命名大多率意而为。单从名称看，人们往往以为研究院的规模、师资队伍、设备及研究水平等高于研究所，但实际情况是，被称为研究院的，大多名不副实，如清华大学国学研究院、复旦大学研究院、厦门大学国学研究院、燕京大学研究院、东吴大学法律研究院、北平师范大学研究院等，这些所谓的研究院实际上都只开办了一科，充其量相当于一个研究所。如清华国学研究院只开办国学一科，其内容约为中国语言、历史、文学、哲学等。东吴大学法律学院研究院只开办法律一科。1931年7月，国立北平大学女子师范学院与北平师范大学合组，成立国立北平师范大学，同时将国立北平大学女子师范学院研究所改称为研究院，但是只设立了历史科学门与教育科学门。③

研究院名称的组成亦无统一的规范。有的直接称某某大学研究院，如复旦大学研究院、北平师范大学研究院、燕京大学研究院等；有的以学校名贯首，再加上研究科目名称，如清华大学国学研究院、厦门大学国学研究院等；有的是以学校名贯首，后加以学院名，再加上研究科目，如东吴大学法学院法律研究院，如此等等，不一而足。

当时大学研究所的命名也是率意而为，无统一的命名规则。有的以校名加研究所，被称为"某某大学研究所"，如交通大学研究所；有的以校

---

① 何炳松：《三十五年来中国之大学教育》，参见商务印书馆编《最近三十五年至中国教育》，上海书店1931年版，第122页。

② 实际上，此阶段大学设立研究院所，须将研究院所的组织章程等呈送教育部备案。但是这种备案只是形式上的例行手续，教育部并没有对研究院所的设置有所规制。如1933年，国立北洋工学院呈请教育部设立工科研究所，教育部在8月14日对北洋工学院下一八七三号指令道："呈件均悉，准予备案，仍仰斟酌该院经费情形办理。"从部令的内容看，北京工学院在经济紧张的情况下办理研究所，教育部仍旧准予其设立。参见国立北洋工学院教务处编《国立北洋工学院工科研究所概况》，1937年，第3页。

③ 黎锦熙：《研究所史略》，《师大月刊》1932年第1期。另外，1932年6月北师大学潮后，教育部饬令北师大停止招生，整顿校务，并表示师大"应改研究院为教育研究所，其功用有二：（1）培养有关教育学术之专家；（2）为其他大学毕业有志教育事业者设特别班。师大各院各系毕业生一律称教育学士，而研究所得按其上课之时间，研究之性质与分量，给予教育硕士及教育博士学位"。见《研究所史略》，《师大月刊》1932年第1期。

名贯首，后加以研究的学科名，如清华大学物理研究所、国立中山大学教育学研究所、南洋大学工业研究所等；有的则以学校名贯首，后面缀以专业名，如金陵大学化学研究所、南开大学应用化学研究所、北洋工学院工程材料研究所等；有的研究所则将几个研究方向置于一起，如中山大学农林植物研究所、中山大学语言历史学研究所；有的研究所命名更加细化，命名方法为学校名贯首，后面加上研究方向，如中山大学细菌学研究所等，诸如此类，不胜枚举。

（二）大学研究院所内部组织结构无统一规则

除了命名混乱之外，大学研究院所的内部组织构架亦形式多样，经过整理，大致可分为以下六种类型。

第一种以北大研究所为代表，研究所下设各学"门"，"门"下设研究室。其组织结构见图4-1。

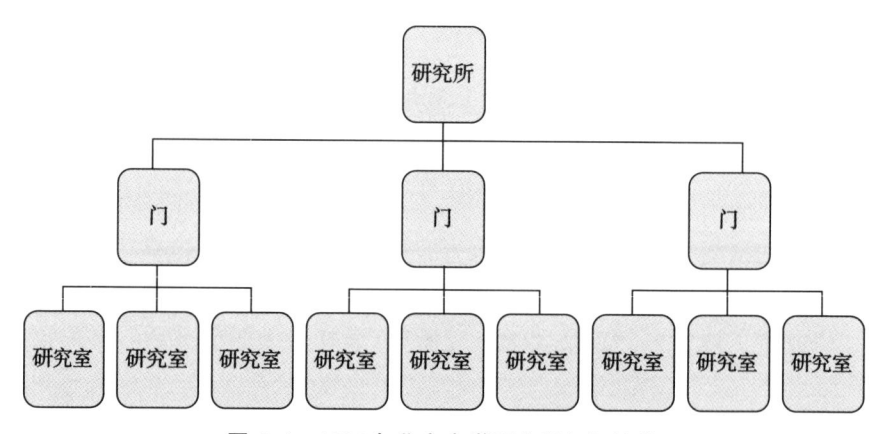

图4-1　1925年北京大学研究所组织结构

第二种以复旦大学为代表，研究院下设哲学系、经济学系、史学系、社会学系、政治学系、教育学系、法律学系和化学系。其组织结构见图4-2。

第三种以厦门大学国学研究院最为典型，研究院下设学部，部下设组。[①]

[①] 厦门大学国学研究院下设研究部、陈列部、图书部、编辑部、造型部、出版部。研究部下设语言文字学组、史学及考古学组、哲学组、文学组、美术音乐组。陈列部下设古物组、风俗物品组、研究成绩组，图书部设访购组、目录组、典藏组，编辑部下设丛书组、报告组、定期刊物组、编译组，造型部设摄影组、图画组、模型组、摹拓组，出版部下设印刷组和发行组。参见《本大学国学研究院系统表》，《厦大周刊》1926年第161期。

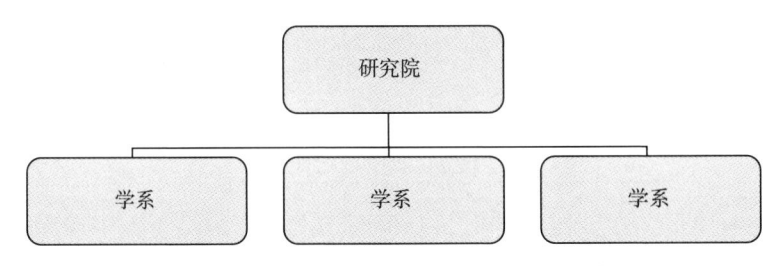

图 4-2　1925 年复旦大学研究院组织结构

见图 4-3。

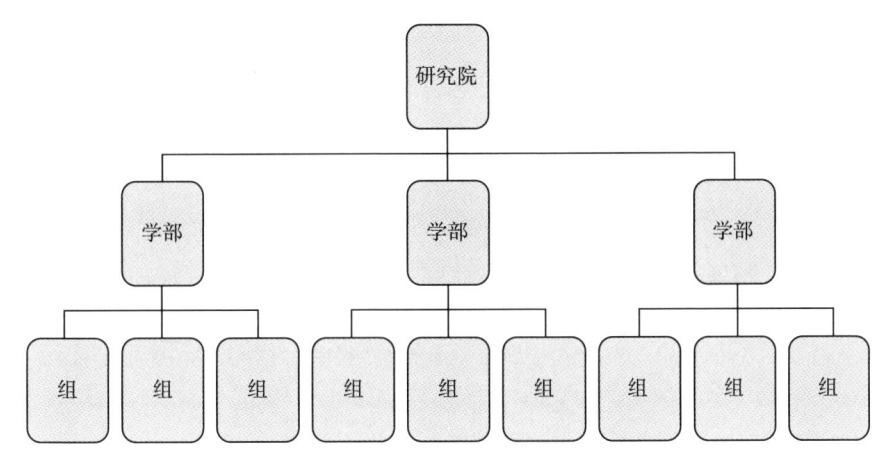

图 4-3　1926 年厦门大学国学研究院组织结构

第四种以中山大学研究所最具代表性，其组织结构有三种。一种是医科研究所的组织结构。研究所下设学部，如细菌学研究所下设细菌学部、卫生学部、血清学部 3 学部，学部之下设有培养基室、消毒室、疫苗室、冷藏室等。① 另一种是文科、理科与农科研究所，其结构形式为学科下面设学系，学系之下设研究所。如文科下面设中国语言文学系、史学系、教育学系等 5 个学系②。语言历史研究所内设考古、语言、历史、民俗 4 个学会。而工业化学研究所下所设的是四个股。③ 一校之内，其研究所的组

---

① 梁山等：《中山大学校史 1924—1949》，上海教育出版社 1983 年版，第 65 页。
② 《国立中山大学组织系统图（民国十六年）》。参见梁山等《中山大学校史 1924—1949》，上海教育出版社 1983 年版，第 162 页。
③ 《国立中山大学理科概览》，1929 年，第 28 页。

织构架都各不相同。其组织结构见图4-4。

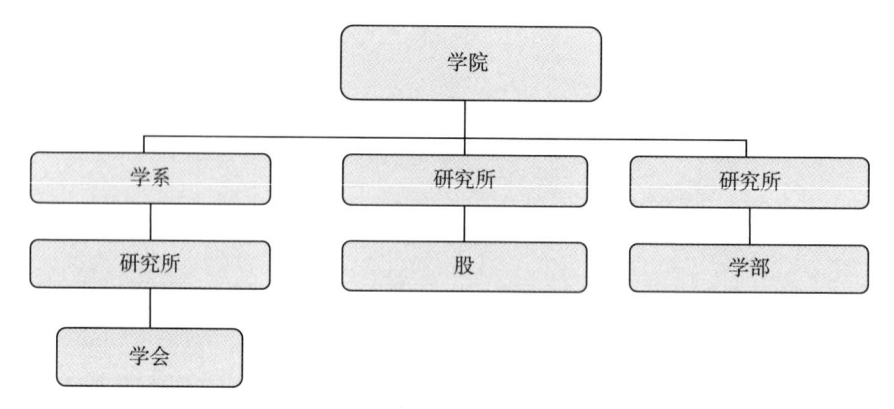

图4-4 1927年中山大学研究所组织结构

第五种以南洋大学工业研究所为典型，研究所下设学部，结构简单。见图4-5。

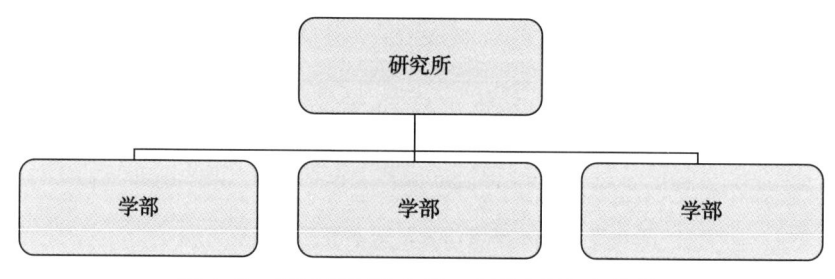

图4-5 1926年南洋大学工业研究所组织结构

第六种以国立北平师范大学研究院为代表，研究院下设各学门，见图4-6。

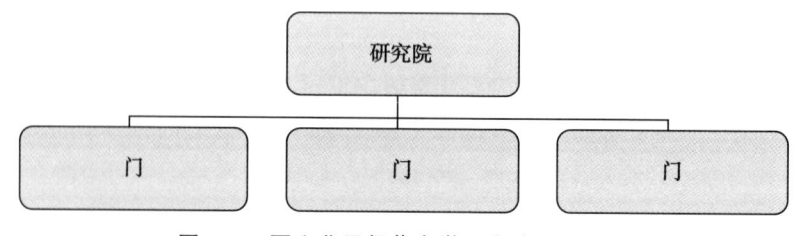

图4-6 国立北平师范大学研究院组织结构

1934年，国民政府教育部对大学研究院所的设立进行规范后，研究院所的内部组织结构开始统一，见图4-7。

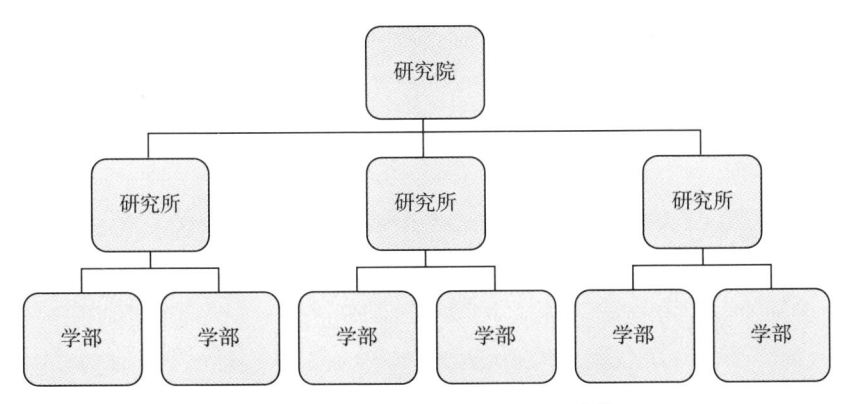

第四章　中国近代大学研究院所快速发展阶段（1925—1934年）

图 4-7　规范后的研究院所组织结构

（三）招生人数超出研究院所的能量限度

在增设研究院所同时，各大学招收研究生人数也在急剧增加。如 1925 年，清华大学研究院录取研究生 30 人，备取 2 人，共计 32 人，1926 年录取新生 25 人，两年共计招生 57 人。① 1926 年，清华研究院制订发展计划，准备将招生数由 30 人增至 50 人。② 而当时清华国学研究院只有王、梁、陈、赵 "四大导师" 和主任吴宓、讲师李济等人有资格指导研究生，尽管这些教师皆学识渊博，但是如此大的师生比，如何保证教学质量？燕京大学也存在同样的情况，1928 年，燕京大学研究院招收新生 37 人③，1929 年招收 46 人。④ 1930 年招生数更是突飞猛进，达到了 75 人。⑤ 如此扩招速度，实在是令人叹为观止。

除了清华和燕京两所大学的研究院招生规模过大外，其他的如北京大学、私立辅仁大学等也存在类似的情况。1934 年教育部曾训令上述各大学研究院所进行切实改进。在对北京大学的训令中指出，"该校研究院，

---

① 《清华周刊》1927 年第 27 卷第 11 期。
② 《清华大学研究院发展计划意见书》，《清华周刊》1926 年第 25 卷第 4 期。
③ 燕京大学招收的研究生分为正式生与特别生，特别生是指入学成绩未达录取标准而特准在校试读学生，试读一年，如果成绩合格则升为正式生。
④ 《十八年秋季注册男女生人数表》，《燕京大学校刊》1929 年第 2 卷第 8 期。
⑤ 《本届录取研究生编级生及各种短期生名单》，《燕京大学校刊》1930 年第 3 卷第 2 期。需要说明的是，燕京大学研究生招生分为春秋两季进行。本年秋季招生数为 63 人，（见《燕京大学校刊》1930 年第 3 卷第 1 期）春季共招收研究生 12 人，其中研究院招收 9 人，国学研究所招收 3 人，所以本年春秋两季共招收研究生为 75 人。

如继续办理，自应遵照本部最近颁行之大学研究院暂行组织规程，酌量缩小范围，详拟计划，呈部核定"。对清华大学训令道，"该校研究院分部太多，应自行斟酌缩小范围，另案呈核"。对燕京大学同样指出，"研究院应缩小范围，并遵本部颁行之大学研究院暂行组织规程，呈候核定"。①

当然，从当时全国的教育规模看，大学研究所的学生人数总体上还是偏少，并不能满足社会的需要。但是在师资和设备有限的情况下，大学研究所招生数过多，不可避免会影响人才培养质量。低质量的毕业生，即使人数再多，也难堪学术研究的使命。傅斯年曾发文指出，②"（大学）其中有些先进的，经济来源较裕的，办事人得力的，自然很有些部分可以作进一步的上级研究组织，然若有一个普遍的大学增设研究院之运动，或一个大学中不分教授之个人能力而普遍的高升到研究院一阶级，如某大学普遍发信给各教员，问他要担任研究院之指导否，实在，不免出于我们在外国所见所闻的常情以外"。

还有学者认为，"大学研究所的设置，其目的在引导高深研究，俾本国学术渐达独立地位，不是救济失业大学生，或增高大学身份的。研究所应注重质的发展，不必每个大学都设研究所，设立研究所的大学，也不是每科每系都设"。③

（四）招生条件宽严各异，学制标准不一

各校对研究生报考资格规定不一，学制普遍太短且无统一标准是这阶段的显著特点。《清华研究院章程》规定，投考学员资格分为三种："（甲）国内外大学毕业生，或具有相当之程度者，（乙）各校教员，或各校机关服务人员，具有学士或经验者，（丙）各地自修之士，经史小学等，具有根柢者。"学员的研究期限"以一年为率，但遇有研究题目较难，范围较广，而成绩较优者，经教授特别许可，得续行研究一年或二年"。④ 从上述内容可以看出，此时清华研究院报考条件较为宽松。实际上，清华大学国学研究院有不少学生根本没接受过大学教育。据裴学海回忆，由于不限学历，他是凭自己乡学底子考上清华国学研究院的。⑤ 后

---

① 《教育部训令专科以上各校应行改进要点》，《中央周刊》1934年第321期。
② 孟真（傅斯年）：《大学研究院设置之讨论》，《独立评论》1934年第106期。
③ 姚薇元：《大学研究院与学术独立》，《独立评论》1935年第136期。
④ 《清华学校研究院章程》，《清华周刊》1925年第339期。
⑤ 白吉庵：《胡适传》，人民教育出版社1993年版，第66页。

来，清华大学研究院提高了研究生的入学条件，规定研究院学生的报考资格为"国立省立或经教育部立案之私立大学为限。研究院学生入学必须经过本大学规定之入学实验，至本大学毕业生，其成绩优异者得免入学实验"。入学考试的科目为"国文、外国文及各学系所规定之专门学科"，报名时还须"呈缴文凭及其在原校所习科目及学分成绩之证明书"。在提高入学条件的同时，将研修年限由一年提高到"毕业期限至少三年"①。

国立北平师范大学研究所的入学资格也较为宽松，且偏向招收本校学生。《国立北平师范大学研究所章程》规定，"本所研究生研究期限，定为一年至三年"，②入学条件为"国立省立或经教育部立案之私立大学毕业生，经入学考试及格者，方得入本所肄业"。如果本校教育系毕业生"总平均在七十五分以上，教育统计、教育心理、教育哲学、教育行政四科，平均在八十分以上者免考"。本校其他系毕业生，"平均成绩在七十五分以上，本系主科及教育必修科，平均在八十分以上，并曾修习教育统计及教育哲学者免考"。③厦门大学国学研究院报考条件更为简单，《厦门大学国学研究院组织大纲》规定，"凡校外学者，或国外学者，有特别研究之成绩，愿到本院为研究员者，由本组主任介绍，经委员会之许可，得进本院研究。凡本大学毕业生有专门研究之志愿及能力者，由本组主任介绍，经委员会之许可，得进本院研究。凡国内外大学毕业生，由其毕业大学之介绍，由本组主任审查，再经委员会之许可，得进本院研究"，④研究期限为一年，如果成绩优良，愿继续研究者，需再行请求继续研究。同年，厦门大学国学研究院在制定的《国学研究院研究生研究规则》中，将研究生的期限修改为"研究生无规定之修业年限，凡对于所提出之题目研究得有结果时，提出报告于主任，由主任提交学会会议审查，其及格者给予证书"。⑤

最为宽松的当数中山大学教育学研究所，该所自1928年设立后，即

---

① 《国立清华大学研究院章程》（1931年）。参见吴惠龄、李壑主编《北京高等教育史料·第一集》（近现代部分），北京师范学院出版社1992年版，第52页。

② 《国立北平师范大学研究所章程》（1932年）。见吴惠龄、李壑主编《北京高等教育史料·第一集》（近现代部分），北京师范学院出版社1992年版，第86页。

③ 同上书，第88页。

④ 《厦门大学国学研究院组织大纲》，《厦大周刊》1926年第135期。

⑤ 《厦门大学国学研究院研究生研究规则》，《厦大周刊》1926年第256期。

开始招生。研究生的资格不限于大学毕业者，只要能阅读外文文献，并具有丰富实际教育经验者，即可投考。①

与上述大学研究院所相反，有些大学的研究院所招生条件相当严格。如外语方面的要求，1926 年，东南大学颁布的《国立东南大学研究院简章》中对研究生的报考资格除了学历等方面外，对外语的要求也很高。"研究生除国文必须通畅外，须能兼以英、德、法或他国文字之一种作通顺流畅之论文，但英、德、法三国文字之外，须经委员会认可。"② 燕京大学研究院对报考者的英语水平要求也很高，"对于所选习之专门学科，有充分之准备，能用中文作明确畅达之文章，并对于与所研究学科有密切之外国文有相当造诣，至少能阅读所习学科之外国文原本书籍"。③

（五）管理松懈

北洋政府时期，大学欠薪现象十分普遍，教师迫于生计，不得不在外兼课。"一个人可以兼好几个大学的课，听起来好像是笑话，其实当时就是这个样子。当时在北京一个任课最多的人，在他自己的功课表上，可能每天都排满，而且还可能有重复。有重复怎么办？那就轮流请假。"④ 大学研究院所的导师也不例外，如北京大学国学门导师陈垣，同时又是辅仁大学校长、北京师范大学史学系主任、燕京大学历史系教授。沈兼士同时是北京大学和北京师范大学教授，还兼任辅仁大学文学院院长。其他的还有朱希祖、沈尹默等，都是身兼数职。由于研究院所的教师在其他地方兼课兼职，常常导致该校研究所的研究和教学工作无法正常开展。⑤

鉴于当时的特殊环境，研究院所的教师在校外兼课或兼职，若在兼职

---

① 国立中山大学教育研究所编：《本所研究事业十年》，国立中山大学研究院教育研究所 1937 年版，第 3 页。

② 《国立东南大学研究院简章》，中国第二历史档案馆，全宗号 648，卷号 316。

③ 《私立燕京大学》，吴惠龄、李壑编：《北京高等教育史料》，北京高等师范学院出版社 1992 年版，第 195—196 页。

④ 冯友兰：《三松堂全集》（第一卷·三松堂自序），河南人民出版社 2001 年版，第 56—57 页。

⑤ 国立北平师范大学研究院历史科学门研究员及编辑待遇太低，较之其他研究院讲座及研究员待遇相去甚远，又常欠薪。故研究员中有解职他就者，亦有因欠薪不能不勉兼他职者。又"本门经费预算，因学校积欠太多，无法实现"；"本门编辑之书籍及论文，无款印刷，无法发表"；"本门所恃之参考图书，一年间校中未能添购一部"。参见黎锦熙《研究所略史》，《师大月刊》1932 年第 1 期。

第四章 中国近代大学研究院所快速发展阶段（1925—1934 年）

的同时能对研究院所的工作负起切实的责任，这样的兼课行为本无可厚非。但是，如果兼课或兼职只是追求经济利益而不顾教学效果，不仅对研究所的发展有害无利，对国家的学术发展更是贻害无穷。针对"兼课太多，请假缺课，甚至以一人兼两校或同校两院以上之教授"，国民政府教育部于 1929 年 6 月明令，"大学教授应以专任为原则"，"凡国立大学教授，不得兼任他校或同校其他学院功课。倘有特别情形，不能不兼任时，每周以六小时为限，其在各机关服务人员，担任学校功课；每周以四小时为限，并不得聘为教授"。①

学生无心学术研究现象也较为普遍。"大学毕业之后，能再作研究生者极少，纵令大学研究院中设奖金膏火，究竟难以维持生活，其结果也，招收之研究生每每不是兼职挂名之求'科名'者，便是不得职业之可怜虫。"② 当时，有的学者将大学研究院所称为"失业救济所"。在经济窘困的情况下，研究院所的学生能安心研究者不多，国立北京师范大学研究院历史科学门是此种现象的典型代表。③ 由于管理松懈，大学研究院所不能按时毕业的学生日益增多。燕京大学研究院委员会曾布告曰："凡欲得硕士学位之学生，须五月一日以前将毕业论文誊交该院主席，于以往数年中，屡有迟缓之处，因之困难叠出。查本年学额骤增，口试更为繁重，故不得不从严办理，力求整顿云云。"④ 黎锦熙指出当时北师大研究所存在的问题是，"教育科学门之研究生，努力学问以求深造者固大有人；而一方面作事，一方面藉研究院以获较高之资格者，亦复不少。志趣既异，勤惰自分。故靠教师乏自动之积习，仍未能全除，以致研究之空气未克充分表现，诚不无遗憾焉"。⑤

---

① 《国立大学教授自十八年度上学期起应以专任为原则》，《教育公报》，1929 年 7 月，第 39 页。
② 孟真（傅斯年）：《大学研究院设置之讨论》，《独立评论》1934 年第 106 期。
③ "本门研究生寒苦者众，急于谋生，多未能专心研究。研究生四十八人之中，过半数为本校毕业生，大都就任中学教员，忙于授课，故自始即未认定题目至十一人之多。其他有志专心研究者，亦多感生活困难，不能持久。本门虽设有补助金额三名，却亦不能滥给，因其入学成绩大抵在伯仲之间，非经过一年，无法定给予之标注，唯其中一人能具备两重入学资格者，故由委员会议定给予一名而已，然亦因教款不来，竟不能按月照发。"参见黎锦熙《研究所略史》，《师大月刊》1932 年第 1 期。
④ 《研究院委员会之新布告》，《燕京大学校刊》1929 年第 21 期。
⑤ 黎锦熙：《研究所略史》，《师大月刊》1932 年第 1 期。

20 世纪 30 年代，中国留学海外的风气正浓，一部分学生进研究院并非为了研究学问，而是为留学作准备，大学研究院所沦落成了"留学补习班"。"（学生）进研究院也不过利用环境作投考留学的准备而已，颇有住研究院数年，每年投考留学而始终没动手写论文的。照这种情形发展下去，再办十年二十年大学研究院，也是徒劳无功的。"① 对大学研究院所来说，对此类学生进行甄别，加强培养的过程管理，既需要大学自身采取相应的措施，更需要教育行政部门制定相关法规予以规范。

第二节 教育部对大学研究院所的整顿与规范

一 整顿与规范的内容

1929 年，国民政府教育部公布了《改进全国教育方案》，在"改进高等教育计划"部分，首次对大学研究院所的设置进行规定：凡国立大学符合下述条件者，可以设立研究机关，"甲、每年除大学各学院经费外，还有确定的研究经费。乙、图书仪器标本等设备，比较充实的。丙、校内教授对某种学术有特殊贡献的"。同时还规定"设研究讲座三个以上时，称研究所，设研究所两个以上时，称研究院"。对大学研究院的命名，规定"研究院应以校名冠首，例如国立某某大学研究院，研究所应以学院或学系名冠首，研究讲座，以学程名冠首"。在研究生资格及修习年限方面，规定"以国立省立及已立案的私立大学毕业生经试验及格的为限。研究期限暂定至少三年，研究期满，得应国家博士学位试验"。②

同年 7 月，国民政府教育部颁布了《大学组织法》，其为中国教育史上的第一次正式立法。③ 此法规定：大学之上为研究院，专为大学毕业生之研究机关，不定肄业年限。凡大学设有研究讲座 3 个以上，称为研究所，设有研究所两个以上者，称为研究院。并规定，已有学士学位的研究生，研究两年以上成绩合格，则授予硕士学位。

1930 年，全国第二次教育会议通过对国立大学研究院所进行规范的

---

① 姚薇元：《大学研究院与学术独立》，《独立评论》1935 年第 136 期。
② 《革命文献》（第五十四辑），黄季陆主编：《抗战前教育政策与改革》，"中央文物供应社" 1971 年版，第 171—172 页。
③ 伍振鷟：《中国大学教育发展史》，三民书局 1982 年 10 月第 1 版，第 138 页。

第四章 中国近代大学研究院所快速发展阶段（1925—1934年）

议案，规定"国立大学除已设研究院或研究所者外，凡具备确定的研究经费，充实的图书设备，有学术上特殊贡献的教授等条件者，均酌设研究机构"。研究生的资格为"以公私立大学毕业生经试验及格者为限，研究期限暂定至少三年"[①]，研究期满，得应国家博士学位试验。对大学研究院所设立的条件和名称规定为："凡国立大学设研究讲座三个以上，称研究所，设研究所两个以上称研究院，研究院应以校名贯首，研究所应以学系名贯首，讲座应以学程名贯首，院长由校长兼任，所长由院长或系主任兼任，讲座导师由教授兼任。"[②]

需要指出的是，1929年和1930年的这些规定只针对国立大学的研究院所，并未对省立、私立大学及独立学院的研究院所进行规定。这些规定公布后，国立大学也未严格按照要求贯彻实施。但是，南京国民政府教育部通过召开两次全国教育会议，征集大学研究院所发展的建议与策略，为《大学研究院暂行组织规程》的制定提供了思路与基础。

1934年5月19日，教育部颁布了《大学研究院暂行组织规程》（以下简称《规程》），对大学研究院的性质、组织机构、研究生入学资格及考试、学习管理、毕业条件等作了统一规定。

《规程》要求大学设立研究所必须按照学科进行，"大学研究院分文、理、法、教育、农、工、商、医各研究所，称文科研究所，理科研究所，法科研究所，教育研究所，农科研究所，工科研究所，商科研究所，医科研究所"。

对大学研究院所的组织结构，《规程》规定："凡具有三研究所以上者，始得称研究院，在未成立三研究所以前，各大学所设各科研究所，不得冠用研究院名称。各研究所依其本科所设各系分若干部，称某研究所某部。"研究所中研究部的设立，要"依其各大学经费师资与设备情形，得陆续设立各部或仅设一部或数部"。至此，大学研究院、研究所及研究部之间的层次关系就十分清晰了：大学研究院的基本组织是研究部（学部），一个或几个同科的学部，可以称为研究所，设立了3个或3个以上研究所，称为研究院。但是，大学设立研究院、研究所以及研究所所属各

[①] 教育部年鉴编纂委员会：《第一次中国教育年鉴》（丙编 教育概况），上海开明书店1934年版，第4页。

[②] 《国立大学将设研究院》，《浙江教育周刊》1930年第42期。

部，须经过教育部的核准，不可任意为之。

关于设立研究院所的条件，《规程》作了如下规定：设置研究院所的大学须具备三项条件："（一）除大学本科经费外，有确定充足之经费专供研究之用，（二）图书仪器建筑等设备堪供研究工作之需，（三）师资优越。"但是，《规程》对这三个条件没有作量化要求，如"充足之经费"如何评估，生均图书仪器建筑要达到多少才能"堪供研究工作之需"，"师资优越"如何认定？师生比应该是多少，教授、副教授的比例应该多少等，都没有作详细的规定，这为各大学在设立研究院所及招生规模等方面留有可供回旋的余地。

《规程》对研究生的报考资格、考试形式及录取工作也作了统一规定，并加强了管理。"招收研究生时，以国立省立及立案之私立大学与独立学院毕业生，经公开考试及格者为限，并不得限于本校毕业生，在外国大学本科毕业者亦得应前项考试。"同时还要求，"各大学依本规程所招收之研究生，应于取录后一个月内连同资格证件报部审核备案"。这些整齐划一的规定，有利于提高研究院所的生源质量。但是，那些学术水平高、研究能力强、无学士学位者却被挡在了门外，尤其是研究国学的学生，在《规程》颁布之前，各大学国学研究院大都不限考生的学历，如此严格的规定，对那些国学基础扎实且一心向学但无本科文凭的人来说，实在是有失公允。

至于研究生的修学年限，《规程》规定，"在《学位法》未颁布以前，各研究生研究期限暂定为至少二年"，这样就杜绝了以前速成班式的研究生教育，使研究生的学制有了统一规范。

研究生修学期满须参加毕业考核，成绩及格由大学发给研究期满考试及格之证书。研究生参加毕业考核的条件是，学习期间须选修若干课程，成绩及格，并撰写论文一篇。对于研究生应修学何种课程，教育部没有作统一的规定，但各大学必须拟定详细，呈送教育部核准。考核较为严格，考核的老师须有经教育部核准的校外人员参加，改变过去由各校自行组织考核的方式，这在一定程度上提高了毕业研究生的质量。

为了保证研究生的教育质量，《规程》规定研究生在修学期间不得兼任校内职务。为鼓励成绩优良但家境贫寒的研究生努力学习、专心研究，《规程》要求学校须制定奖学金制度。奖学金制度的实施，在一定程度上

第四章 中国近代大学研究院所快速发展阶段（1925—1934年）

减轻了一些生活困难学生的经济压力，从而使其得以安心学习。①

对于在《规程》颁布以前已经设立的研究院所，须按照《规程》进行整改后呈送教育部核准，方得继续设立。对于符合条件的独立学院，也可以按规定条件设置研究院所。《规程》公布后，除分行外，教育还以部令的形式发各大学，要求严格执行。②

1935年4月，国民政府教育部颁布了《学位授予法》，将学位分为学士、硕士、博士三级。规定："依本法受有学士学位，曾在公立或立案私立大学或独立学院之研究院或研究所继续研究两年以上，经该院所考核合格者，得由该院提出为硕士学位候选人。硕士学位候选人考试合格，并经教育部复核无异者，由大学或独立学院授予硕士学位。"③ 自此以后，我国开始依法对条件相当的研究生授予硕士学位，国内大学毕业追求高深学术者，可以在国内攻读硕士学位，不必远赴海外了。

考虑到之前各大学研究院所授予硕士学位类别较为混乱，1935年5月23日，教育部公布了《学位分级细则》，按照研究所设置分类，将硕士学位分为文学硕士、理学硕士、法学硕士、教育硕士、农学硕士、工学硕士、商学硕士和医学硕士。同时还制定了硕士学位证书的统一格式。④

1935年6月12日，教育部又公布了《硕士学位考试细则》，对欲获得硕士学位的研究生提出了具体的申请条件与考核办法。

硕士学位候选人的条件为，"（一）依学位授予法受有学士学位，或于学位法施行前曾在本国公立或私立之大学或独立学院本科毕业，或曾经在教育部认可之国外大学得有相当于学士学位者；（二）曾在学位授予法第四条所规定研究院或研究所继续研究两年以上者；（三）修毕规定课程，完成研究论文，经所属院所以平时考试稽核方式，证明成绩合格者"。

---

① 《教育部颁布大学研究院暂行组织规程》。参见中国第二历史档案馆编《中华民国史档案资料汇编》［第五辑 第一编 教育（二）］，江苏古籍出版社1994年版，第1383页。

② 如1934年5月17日教育部发给浙江大学的训令，其内容为："教育部训令 教字第五六一〇号 令国立浙江大学 案查大学组织法第八条规定大学得设研究院。兹由教育部订定大学研究院暂行组织规程，呈请行政院核准备案。除分行外，合将规程抄发，令仰知照。此令。廿三年五月十七日 教育部长王世杰。"参见《国立浙江大学校刊》1934年第175期。

③ 《学位授予法》。参见教育部编《教育法令汇编》（第一辑），上海商务印书馆1936年版，第130页。

④ 《学位分级细则》。参见教育部编《教育法令》，中华书局1947年版，第182—183页。

硕士学位考试分为学科考试与论文考试两种。学科考试，"由考试委员会就候选人所修学科中指定与论文有关系之科目二种以上，以笔试行之，必要时并得在实验室举行实验考试"。论文考试大多由考试委员会就硕士学位候选人所交论文中提出问题进行口试答辩，但必要时得举行笔试。考试成绩的核算，"论文成绩占百分之六十，学科成绩占百分之四十，两种成绩各在六十分以上，始认为及格。成绩不及格者，须再在所属院所继续研究满一年后，始得重新提出论文，并受全部考试"①，并要求，学科考试时至少须有一名校外委员参加主持。硕士学位候选人所提交的论文，须由二名校外委员审查，在答辩时，至少须由一名校外委员参加主持。如此严格的规定，对研究院所滥发硕士文凭起到了一定的遏制作用。

二 整顿的效果

从 1929 年开始，南京国民政府教育部颁布了一系列规程与法令，对大学研究院所的设置、教学等各方面进行规范。并要求全国所有研究院所须报教育部审核备案，对不符合要求的研究院所下令其整顿或停办。

《规程》颁布之后，国立中山大学、北京大学、清华大学、中央大学等校遵照规定，即刻着手对各自的研究院所进行整改重组，呈请教育部审核。私立学校中的南开大学也积极对经济研究所进行整改，并呈报教育部审核备案。至 1935 年初，经教育部核准的大学研究所共 15 个，其中文、法、商、教育类 8 个，理、工、农、医类 7 个。学部 28 个，其中文、法、商、教育 14 个，理、工、农、医 14 个，② 具体情况见表 4-2③。

表 4-2　　　　　　　　1934 年教育部核准之大学研究所名单

校名	研究所名	学部
国立清华大学	文科研究所	中国文学部 外国文学部 哲学部 历史部
	理科研究所	物理部 化学部 算学部 生物学部
	法科研究所	政治部 经济部

---

① 《硕士学位考试细则》。参见王雪珍等主编《北京高等教育文献资料选编（1861—1948）》，首都师范大学出版社 2004 年版，第 699 页。

② 教育部年鉴编纂委员会：《第二次中国教育年鉴》，中华书局 1948 年版，第 1407 页。

③ 本表内容根据《暨南校刊》1935 年第 139 期第 10 页内容绘制。

第四章　中国近代大学研究院所快速发展阶段（1925—1934年）

续表

校名	研究所名	学部
国立北京大学	文科研究所	中国文学部 史学部
	理科研究所	数学部 物理学部 化学部
	法科研究所	暂不招生
国立中山大学	文科研究所	中国语言文学部 历史部
	教育研究所	教育学部 教育心理部
	农科研究所	农林植物部 土壤部
国立中央大学	理科研究所	算学部
	农科研究所	农学部
国立武汉大学	工科研究所	土木工程部
	法科研究所	经济部
国立北洋工学院	工科研究所	采矿冶金部
私立南开大学	商科研究所	经济学部

　　1935年2月，私立东吴大学和私立燕京大学也分别向教育部备案，申请设立研究院所。经教育部核准，东吴大学设立了法科研究所。燕京大学设立了研究院，下设三个研究所，分别为理科研究所、文科研究所与法科研究所。理科研究所设化学生物学部，文科研究所设历史学部，法科研究所设政治学部。1936年2月，教育部又核准金陵大学设立文科研究所史学部、理科研究所化学部，由于农科研究所农业经济部不合规范，金陵大学对之进行了积极的改组。

　　至此，教育部核准的研究院有4个，分别为国立北京大学研究院、国立清华大学研究院、国立中山大学研究院和私立燕京大学研究院。研究所数量大量减少，全国共有大学研究所22个，学部35个[①]，比《规程》颁布前少了一倍。一批未达要求的研究院或研究所停办，如复旦大学研究院、厦门大学国学研究院、齐鲁大学国学研究所、岭南大学社会研究所、辅仁大学的文科研究所和理科研究所，因未达要求或未及时报部审核，教育部不予备案。国立北平师范大学研究所由于其设备太少，师资力量不

---

① 教育部年鉴编纂委员会：《第二次中国教育年鉴》，中华书局1948年版，第1407页。

足，但是所耗经费甚巨，又无特别成就，所以教育部训令其在下年度停办。①

由于提高了报考条件，规范了招考制度，各大学研究院所招生人数也开始急剧下降。北京大学规定，"国立省立及立案之私立大学与独立学院毕业生，皆得应本院研究生入学考试"，校外毕业生报名时，"须缴大学毕业文凭，在校各学年详细成绩证书"，考试的内容分为两项，"（一）专门研究之基础知识：以至少具有所治学科的基本知识并能通晓其历史为及格。此项考试科目，至少须在四种以上。（二）外国语：以至少能用一种外国语读书、对译为及格"。燕京大学研究院学生的入学资格为："一、对于所选习之专门学科，有充分之准备，能用中文作明确通畅之文章，并对于与所研究学科有密切关系之外国文有相当造诣，至少能阅读所习学科之外国文原本书籍。二、曾在国立省立或立案之私立大学与独立学院毕业。三、经公开考试，并审查其在原毕业学校之功课成绩，均认为合格。四、如无上述第二款之资格，但在经教育部认可之国外大学毕业者，亦得应前项之考试。"② 除了报考资格要求提高之外，各大学严格控制指导教师的招生人数，也是大学研究院所学生人数减少的主要原因之一。如北京大学规定，"各教授所担任指导之研究生人数，由各教授自定，但每一教授同时不得逾五人"。③ 据统计，1936年，全国招收的研究生总数只有75人，④ 仅为燕京大学1930年一校招收人数。

需要特别注意的是，《规程》规定研究所的设立须按照学科类别进行，而"国学"并不在规定的学科之列，因而国学研究院和国学研究所受到的冲击最大，之前各大学设立的国学研究院或国学研究所有的停办，有的经过整改后并入文科研究所。1935年，南京国民政府教育部核准的大学研究院和研究所，无一所国学研究院和国学研究所，国学研究院所自

---

① 国立北平师范大学教员为135人，但专任教师仅37人，且专任教员，实际上大都在外兼课兼职。该校研究所有职员48人，超过了学校的专职教员，可见研究所的导师兼职现象较为严重。参见《教育部训令专门以上各校应行改进要点》，《中央周刊》第321期。

② 《燕京大学研究院章程》。参见吴惠龄、李壑主编《北京高等教育史料·第一集》（近现代部分），北京师范学院出版社1992年版，第195—196页。

③ 《国立北京大学研究院暂行规程》（1935年6月修订）。参见吴惠龄、李壑主编《北京高等教育史料·第一集》（近现代部分），北京师范学院出版社1992年版，第19页。

④ 教育部年鉴编纂委员会：《第二次中国教育年鉴》，中华书局1948年版，第1412页。

第四章　中国近代大学研究院所快速发展阶段（1925—1934年）

此从中国近代大学中消失了。

在提高入学条件的同时，各研究院所遵照规定，制定了研究生的修学年限。1934年，清华大学研究院章程规定，"研究院学生在本大学研究期限，至少为二年"。① 燕京大学规定研究生研究期限为"至少二年，至在研究期间修习课程，实验考察与撰述论文时间上应如何分配，由各部另行规定"。② 北京大学研究院也于1935年6月对其章程进行修订，规定"研究生之欲为硕士学位候选人者，其第一年应修习之研究课程须在十二学分（每学期六学分）以上"，并且规定，"研究生已在本院研究一个整学年以上，其所学课程均审查及格者，得请求应初试。初试及格者，得于继续研究一年以后，以其所作专题研究之成绩，作成论文"。③ 中山大学1935年10月8日公布的研究院章程中，按照教育部规定，将研究生的修业年限定为两年以上。④

第三节　人才培养机制的改进与创新

20世纪20年代，大学研究院所除了培养研究生功能之外，还兼具专业研究院所的科学研究功能，如北京大学研究所国学门、清华大学国学研究院即为典型的代表。随着独立的专业研究院所普遍建立之后，尤其是中央研究院和北平研究院等专业研究机构的建立，大学研究院所与专业研究院所之间逐渐开始了分工。虽然有的大学研究所主要从事纯粹的科学研究，但是从总体上看，大学研究院所以培养人才为主，以纯粹科学研究为辅。在人才培养过程中，北京大学研究所改变了原来通过"专事研究"培养人才的方式，其他各大学研究院所也积极探索人才培养方法，加强研究生培养过程中的制度建设，建立了研究生招生制度、课程研修制度、毕业考核制度等，进一步完善了人才培养机制。

---

① 《国立清华大学研究院章程》。参见王雪珍等主编《北京高等教育文献资料选编》（1861—1948），首都师范大学出版社2004年版，第687页。

② 《燕京大学研究院章程》。参见吴惠龄、李壑主编《北京高等教育史料·第一集》（近现代部分），北京师范学院出版社1992年版，第196页。

③ 《国立北京大学研究院暂行规程》（1935年6月修订）。参见吴惠龄、李壑主编《北京高等教育史料·第一集》（近现代部分），北京师范学院出版社1992年版，第21页。

④ 总办公厅编：《国立中山大学法规集》，国立中山大学，1937年5月，第156页。

一　人才培养机制的创新

(一) 制定明确的培养目标

在大学研究院所快速发展阶段，各大学研究院所都在各自的章程或简章中对培养人才的职能作了明确的规定，大学研究院所培养人才的功能开始逐步凸显。1925年11月20日，清华公布《清华大学研究院章程》，其中对研究院设立的旨趣表述为"研究高深学术，造成专门人才"。1931年，清华大学依据1929年通过的《国立清华大学规程》第二章第四条之规定，将研究院的宗旨修改为"训练大学毕业生继续研究高深学问之能力，并协助国内研究事业之进展"[①]，研究院培养人才的职能比1925年更加具体。

同样是研究中国文化，但是各个研究院所培养人才的旨趣却不尽相同。中山大学语言历史学研究所组织大纲规定："本研究所以作语言与历史之科学的研究，并以造成此项人才为宗旨。"[②] 厦门大学国学研究院的宗旨是"整理国故并养成研究国学之专门人才"[③]，侧重通过整理国故培养国学人才。作为教会大学的中国文化或国学研究所，其培养人才的宗旨与中国本土大学旨趣稍异，且不同研究所其宗旨也不尽相同。1930年，金陵大学创设了中国文化研究所，其宗旨为"研究并阐明本国文化之意义；培养研究本国文化之专门人才，协助本校文学院发展关于本国文化之学程，供给本校师生研究中国文化之便利"[④]。燕京大学国学研究所的宗旨为"研究中华国学，沟通中西文化"[⑤]。

不同学科与不同专业的大学研究院所，其培养人的目标亦有差别。如金陵大学理科研究所化学部的宗旨为"以造就化学专门人才与供给高深学术研究环境"[⑥]，国立北京师范大学研究所的宗旨为"研究教育实际问题，

---

① 《国立清华大学研究院章程》（二十年三月三十日公布），《清华周刊》1931年第35卷第11、12期。

② 《国立中山大学语言历史学研究所概览》，1930年，第16页。

③ 《国学研究院章程》，《厦大周刊》1926年第160期。

④ 《金陵大学校刊》，1932年12月5日。

⑤ 《燕京大学国学研究所所章》（1929年）。参见王雪珍等《北京高等教育文献资料选编（1861—1948）》，首都师范大学出版社2004年版，第666页。

⑥ 《金陵大学理科研究所化学部暂行简章》。参见南京大学高教研究所编《金陵大学史料集》，南京大学出版社1989年版，第183页。

第四章 中国近代大学研究院所快速发展阶段（1925—1934年）

培养教育学术专家，搜集整理并编纂各科教材"①。

（二）人才培养过程中实行"学术自由"原则

无论是本土的公立大学与私立大学研究院所，还是具有宗教色彩的教会大学研究院所，本阶段人才培养最显著的特征是学术自由。大学研究院所的教师可以按照自己的兴趣自由研究，并就自己的研究成果开设课程，如清华国学研究院规定，"教授担任指导之学科范围，由各教授自定。俾可出其平生治学之心得，就所最专精之科目，自由划分，不嫌重复；同一科目，尽可有教授数位并任指导，各为主张"②。

学生学习自由主要表现在以下三点：1. 选课自由，2. 学习自由，3. 研究自由。学生入学以后可以自由选择修习课程，在课程的取舍上可以按照自己的兴趣，可以选择本学科的课程，也可以选择感兴趣的其他专业的课程。学习自由的表现有：只要符合报考学校的招生要求，不分其出生、种族、地位等，皆有通过考试进入研究院所学习的机会。在研修过程中，学生觉得有必要，随时可以提出休学。研究院所的修学年限弹性较大，学生可以根据自己的需要延长修学年限。研究自由主要表现为，研究生入学后，可以根据自己的兴趣及研究专长，选择导师和研究专题，在导师指导下进行深入研究，学生随时可以向导师请业，也可向研究院或研究所内的其他指导教师请教，学生的研究兴趣和学术潜能可得到充分的激发。

大学研究院所实行学术自由的原则，是有其特殊历史环境的。教会大学秉承西方大学传统，提倡学术自由，是情理之中的事情。五四以后民主与科学观念在中国广泛传播，连年的军阀混战、北洋政府的内阁斗争、南京国民政府成立初期的无暇顾及、大学研究所中留学归国人员将西方大学学术自由精神播入中国等，使中国本土大学研究院所得以实行民主管理，以人为本，实行学术自由，这实在是可遇不可求的事情。

（三）培养模式的"本土化"实践

1925年，清华大学筹设研究院之时，对于采用何种方式培养人才，校长曹云祥趋向于模仿美国大学研究院制度，但是胡适坚决反对生搬硬套

---

① 《国立北平师范大学研究所章程》（1932年）。王雪珍等：《北京高等教育文献资料选编（1861—1948）》，首都师范大学出版社2004年版，第666页。

② 《国立清华大学研究院章程》，《清华周刊》1925年第339期。

美国模式，主张将中国书院制与英国的大学制度相结合，即课程学习与专题研究相结合，探寻中国本土化的研究生培养模式，以便更好地培养人才。后来，这一思想被写进《清华大学研究院章程》，"本院略仿旧日书院及英国大学制度，研究之法，注重个人自修，教授专任指导，其分组不以学科，而以教授个人为主，其使学员与教授关系异常密切，而学员在短时期中，于国学根柢及治学方法均能确有收获"。

课程学习分为普通演讲和特别演讲两种。普通演讲是"除分组指导、专题研究外，各教授均须为普通演讲，每星期至少一小时"。特别演讲是"专就一定之学科范围演讲一次或多次，学员研究题目与此有关者，均须到场听受"。演讲内容主要是"国学根柢之经史小学，或治学方法，或本人专门研究之心得"①。研究生的专题研究方法为：研究院开学时，各教授将各自所担任指导的学科范围公布，各学员与指导教授自由谈话，然后根据自己的兴趣和学术能力选定研究题目，在指导教授的指导下，就此题目开展切实的研究。②

清华大学研究院开创的人才培养模式，取得了显著的效果，其他大学研究院所纷纷效仿采用。如金陵大学理科研究所的研究生培养模式为：研究生入学后即应与指导教授商定研究计划，并将计划缮就二份交由部主任转呈所主任审核备案。如果欲成为硕士学位候选人，其研究时间不得少于两年，并修完规定课程24学分，在24学分中至少须有16学分为化学课程。其余学分可以选修算学、物理及生物等系所设课程。所有课程须达到中等以上，否则不给学分。完成研究论文一篇，工作量至少须相当于16学分③。燕京大学研究院的早期培养模式采用学分制，《大学研究院暂行组织规程》颁布之后，燕京大学研究院取消学分制，研究生课程学习采用自由选听方式，如文科研究所历史学部第一年的主要工作是预备基本史学知识考试，此项考试，研究院指定应阅览与温习史书若干种，主要分为两类：世界史及西洋史与中国史。世界史与西洋史都是英文著作，主要有古代世界史、罗马史、基督教史等8种。中国史分为史实、典章制度、史学

---

① 《清华大学研究院章程》，《清华周刊》，1925年11月20日。
② 清华大学校史编写组：《清华大学校史稿》，中华书局1981年版，第51页。
③ 《金陵大学理科研究所化学部暂行简章》。参见南京大学高教研究所编《金陵大学史料集》，南京大学出版社1989年版，第183页。

考证、史学批评四部分，指定学习和阅览的书籍从宋、元、明史到四库全书提要，所学内容可谓浩繁。基本史学知识考试及格，然后由一名至二名教师指导，作专门的研究，研究生得随时会见导师，请求指示，问难质疑。①

除了采用课程学习与专题研究培养模式之外，有的研究所还根据研究内容的需要，采用实验或田野调查等方法培养学生的实践能力。如1926年燕京大学设立的研究院化学部，其主要研究工作分为有机化学、理论化学、工业化学与生物化学。化学部的培养目标为造就化学研究人才，其研究题目多限于能直接应用于中国工业及日常生活方面。所以，化学部对于课程讲解方面力求减少，教学主要以化学研究与化学实验为主。②

二 存在的问题

（一）人才培养质量缺乏监管

由于国家教育行政部门在人才质量保障体系建设中的缺位，导致大学研究院所培养的人才质量参差不齐。有的大学研究院制定了系列的规章制度，且体系严密，能有效促进大学研究院所培养人才质量的提升。有的研究院所对研究生的招生、课程学习、课程考试、论文写作、硕士学位授予等各方面都没有明确要求，因而无法对研究院所培养的人才质量进行有效监控。

1927年，燕京大学国学研究所的研究生毕业要求很低，如若申请硕士学位，只须作论文一篇，合格与否由国学研究所委员会与该生所在系主任定之。③ 1929年，燕京大学国学研究所制定的研究所所章中，对于研究生的毕业要求同样没有加以要求。再如1932年国立北京师范大学研究所章程规定："设导师及助教若干人，商承主任导师指导并训练研究生，从事教育研究、调查统计等工作。国立、省立或教育部立案之私立大学毕业生，经该所入学考试及格后为研究生，研究生研究期限为1年至3年，其学程终了时提出毕业论文，经本所认可并考试合格者，给予本所毕业证

---

① 《燕京大学研究院同学会会刊》，1937年，第1—4页。
② 同上书，第6页。
③ 《燕京大学招收国学研究生专修生简章》。参见王学珍等编《北京高等教育文献资料选编（1861—1948）》，首都师范大学出版社2004年版，第571—572页。

书,并依教育部之规定给予学位。"① 从上述内容可以看出,该研究所对研究生的管理较为宽松。

由于人才质量保障体系的缺失,因此无法对教学计划、教学过程和学业考核进行有效的监督,人才培养过程中存在的问题无法及时反馈,低质量的人才走向社会后,最终导致社会对研究院所毕业生的认可度下降。燕京大学教师曾撰文指出,"本校研究院所毕业之同学,供职学术机关,主讲大学专门者,故未敢说'未见其人',但大批销路,仍在中学。而各教会中学更有75—85位研究院毕业生薪水之标准。以此研究生与本科生同一出路,自是研究生本生不能于学术上多所创获,使人士无从信仰,而研究院办理未善之咎,义不容辞"。②

(二) 文、理科人才不平衡

20世纪20年代之前,由于大学理科师资短缺,书籍与仪器设备等缺乏所限,中国各大学设立的主要是文、法、哲、史、语言、教育类研究院或研究所,培养的主要是文、法、史、教育类人才,文、理科研究所培养的人才不平衡,文科类研究生供过于求,理科人才供不应求,无法满足社会的需要。

20世纪30年代以后,随着大批理科类留学人员学成归国,大学理、工、农、医等学科设立研究所的速度加快,如1930年清华大学设立了化学研究所、生物研究所、算学研究所等,1932年北京大学开始添设了自然科学部,1933年北洋工学院设立了矿业工程研究所和工程材料研究所,1934年中央大学设立了理科研究所和农科研究所等。至此,大学研究院培养的人才类别开始发生变化。因为无统计资料,全国大学研究所中文理科研究生人数究竟是多少,我们不得而知。但是从大多数学校来看,文科类研究生仍旧多于理科。如1931年清华大学在校研究生41人,其中文科生15人(中国文学5人,外国语文2人,历史学8人),理科生9人(算学3人,物理学1人,化学4人,生物1人),法科生17人(政治8人,经济9人)。燕京大学研究院1928年毕业生7人,其中文科生5人,理科生1人,法科生1人;1929年毕业生12人,其中文科生6人,理科生6

---

① 《国立北平师范大学研究所章程》。参见吴惠龄主编《北京高等教育史料》,北京师范学院出版社1992年版,第85—86页。

② 夷六:《研究院之过去与将来》,《燕大旬刊》1935年第5期。

人；1930年毕业生12人，其中文科生8人，理科生4人；1931年，毕业生24人，其中文科生14人，理科生10人；1932年毕业生为29人，其中文科生15人，理科生14人；1933年毕业生为25人，其中文科生13人，理科生12人。①

三 个案分析——以清华大学研究院为例

清华大学自1925年创办研究院开始，在培养"研究高深学术，造就专门人才"方面进行了一系列的探索和改革，积累了大量经验，取得了显著效果。其"略仿旧日书院及英国大学制度"，探索出课程学习与专题研究相结合的研究生培养模式，成为近代中国大学研究院所研究生培养的经典模式。受其影响，燕京大学、中山大学、国立北京师范大学、交通大学研究院所等均采取这一模式。1934年，有四个符合设立研究院的大学，清华大学就是其中之一，且教育部核准的28个研究所中，清华大学占了10个。透过清华大学研究院人才培养活动，能更进一步了解快速发展时期中国大学研究院所培养人才的实践性活动及培养体系的形成过程。

（一）培养目标

1925年清华研究院设立之初，考虑到"大学院之成立尚需四五年，乃设立研究院，先开办国学一门"②，所以清华大学研究院又称为清华国学研究院。研究院主要培养"以著述为毕生事业"和"各种学校之国学教师"的国学研究人才。

1929年，清华大学制定的《国立清华大学规程》第二章第四条规定，"以备训练大学毕业生继续研究高深学术之能力，并协助国内研究事业之进步"。清华大学研究院的人才培养目标，较之清华国学研究院的目标，范围有所扩大，由于其招生科目的增加，所以培养目标不再仅仅局限于培养"国学人才"了。1934年，按照教育部规定，清华大学对研究院规程作了修订，但是其人才培养的目标未作变动，依旧按照1929年制定的目标进行人才培养。

（二）报考条件及学生录取

清华国学研究院招生对象为"大学毕业生及有相等研究程度或经验者

---

① 燕京大学研究院编印：《燕京大学研究院同学会会刊》，1929年，第176页。
② 《清华大学国学研究院章程》，《清华周刊》，1925年11月20日。

为合格，各校服务之教员亦可报名。各地自修之士，经史小学等具有根柢者"。从报名资格上看，其要求较为宽松，只要有一定的学术基础，不问其出处，不管是大学毕业还是自学成才之士，皆可报名。实际上这项规定也和研究院导师自身的经历有关，如陈寅恪游学多国，未得一纸文凭，又毫无著作，但是学问了得。虽然报名条件不高，但是考试极为严格，"学生名额极少，又复从严考试录取"，所以研究生的生源质量是很高的。

清华国学院第一届招生考试分为三阶段进行。第一阶段考"普通国学"，注重考核普通常识。第二阶段考作文，注重考核学生的写作能力，考试时间为二小时。第三阶段考"专门学科"，其考试内容，清华大学研究院筹备处专门发布通告，指定了考试的参考书目：经学为王引之的《经义述闻》，中国史为刘知几的《史通》、章学诚的《文史通义》，小学为段玉裁的《说文解字注》。研究院招生处特别提醒考生，"至考试第一部之经史小学，注重普通学识，不限范围。此第三部之指定，与第一部无涉"。[①] 也就是说，第三阶段的考试是专业考试，程度较难，所以指定参考书目，便于考生在考试范围内有针对性地进行复习。

研究院采用英国大学的"导师制"，学生根据自己的兴趣和研究特长选择一位导师"专从请业"。研究期限一般为一年，经导师批准，可延长一年到两年。[②]

清华国学研究院共招收四届学生，第一届学生于1925年9月9日报到入学，本年共录取学生32人，他们是刘盼遂、吴其昌、程憬、徐中舒、杨鸿烈、王庸、关文瑛、刘纪泽、周传儒、杨筠如、孔德、方壮猷、蒋传官、王镜第、高亨、裴学海、李绳熙、杜钢、闻惕、史椿龄、赵邦彦、陈拔、王竞、冯德清、李鸿樾、姚名达、黄淬伯、谢星明、余戴海、罗伦、王国忠、杨世恩[③]。1926年，清华国学研究院录取谢国桢等新生24人，备选2人，实际报到24人。[④] 1927年招收第三届学生11人，具体名单为：王省、吴宝凌、叶去非、罗根泽、蒋天枢、葛天民、储皖峰、张昌

---

① 《清华周刊》1925年第347期。
② 清华大学校史研究室：《清华大学史料选编》（第一卷），清华大学出版社1991年版，第374—378页。
③ 《清华周刊》1925年第24卷第1期。
④ 《清华周刊》，1927年4月29日。

坼、门启昌、蓝文徵、马庆霁。① 1928 年招收第四届学生，由于战事影响及研究院缩减经费，仅招收徐金贤、裴占荣和王静 3 位学生。

清华国学研究院停办后，1929 年 6 月，清华大学根据《国立清华大学规程》中的相关规定筹设研究院，按照学校本科各院系分别设立研究所。1930 年研究院公开招生。按照《清华大学研究院章程》规定，学生的报考条件较清华国学研究院有所提高，要求报考者须"国立省立或经教育部立案之私立大学毕业生为限"。学生入学必须经过考试，考试内容为"外国文及各学系所规定之专门学科"②，但是本校毕业生成绩优异者，可以免试录取。学生的修业期限从 1 年提高到了 3 年。

因清华大学研究院的报考条件较高，招生考试极为严格，修业年限较长，所以自 1930 年至 1934 年，其招生人数不是很多，历年的招生人数为，1930 年 15 人，1931 年 8 人，1932 年 9 人，1933 年 26 人，1934 年 15 人，1935 年则 20 人。③

（三）人才培养方法及课程安排

1. 清华国学研究院的培养方式与课程安排

培养高素质的人才，除了优质的生源外，还须有学识渊博的导师从事教学与研究。因此，清华大学国学研究院筹备期间即开始"延名师，拓精舍"。招聘教师的条件相当苛刻，国内硕学重望之士，具备下列三条方能受聘："（一）通知中国学术文化之全体；（二）具正确精密之科学的治学方法；（三）稔悉欧美日本学者研究东方语言及中国文化之成绩。"④ 并且要求指导教授须"常川住院，任教授及指导之事"。

研究院要求学生必须和导师一样"常川住院，屏绝外务，潜心研究，笃志学问"，这样规定的目的是便于指导教师与学生接触，学生可随时向导师请教学问。教师和学员之间可"随时切磋学问，砥砺观摩，俾养成敦厚善良之学风，而收浸润熏陶之效"。基于这种中国传统书院中师徒传授的研习方法，师生关系融洽，学习气氛浓郁，学员可在一年的时间内打下扎实的国学根柢，获得科学的治学方法。为了便于教师指导学生，研究院

---

① 孙敦恒：《清华国学研究院纪事》，《清华汉学研究》第一辑，第 325 页。
② 《清华周刊》1931 年第 35 卷第 11、12 期。
③ 清华校史研究室：《清华大学史料选编》（第二册下），清华大学出版社，第 638—643 页。
④ 吴宓：《清华开办研究院之旨趣及经过》，《清华周刊》，1925 年 9 月 18 日。

设立了5个研究室，5位教师每人负责一室，室内放置各导师指导范围内的重要书籍，以便学生随时阅读参考，并随时向教授质疑问难。

清华国学研究院培养方式分为课堂演讲与专题研究两种。课堂演讲由各教授就自己专长和治学心得开课，供研究生必修或选修。课堂演讲根据课程性质不同分为普通演讲和专门演讲两种。普通演讲由教授指定，每周二次至三次，演讲的范围较广泛，内容包括经史小学、治学方法等，或者是指导教授的研究心得。如王国维的"古史新证"，首创以地下出土之文物证实古书所记载之史实，同时又反过来以史证实，这种论证方法叫作"二重证据法"，为研究古史开拓了一个新途径。专门演讲是为专修某门课程的学生而设，不对外开放。[①] 1925年指导教授普通演讲的讲题如表4-3所示。

表4-3　　　　　1925年清华大学研究院各教授演讲讲题及时间[②]

教授名氏	讲题	时间	备注
王国维	古史新证	星期一（上午）九时至十时	
	说文练习	星期三（上午）九时至十时	
梁启超	中国通史	星期三（下午）七时半至九时半	与大学及旧部合班
赵元任	方音学	星期二、四（上午）九时至十时	乃备研究生及旧制生选修用
	普通语言学	星期二、三（下午）二时至三时	
陈寅恪	未定		
李济	人文学（每星期二小时）	未定	必修。但须至十一月半方开讲

清华大学国学研究院的课堂演讲在研究生培养过程中居次要地位，专题研究才是其主要内容。专题研究是学员在导师的指导下进行的专门研究，其方法为，开学之初，研究院公布各位指导教授所指导的学科范围，研究生在公布学科的范围内与指导教授商谈研究题目，经指导教授认定后，即可开始研究工作。如果希望在指导教授指导学科范围以外进行研究，须经过指导教授的特许。清华国学研究院章程规定：[③]

---

① 苏云峰：《从清华学堂到清华大学（1911—1929）》，中研院近史所1996年版，第327—328页。

② 《清华周刊》，1925年9月18日。

③ 《清华大学研究院章程》，《清华周刊》，1925年11月20日。

第四章　中国近代大学研究院所快速发展阶段（1925—1934年）

"教授担任指导学科范围，由各教授自定。俾可出其平生治学之心得，就所最专精之科目，自由划分，不嫌重复；同一科目，尽可由数位教授并任指导，各为主张。学员须自由择定教授一位，专从请业，因其题目性质，须同时兼受数位教授指导亦可为之。"

这一规定透露出的信息告诉我们，此时清华大学国学研究院的师生享有充分的教学自由和学习自由的权利，与北大研究所国学门一样，采取"兼容并包"之策，教授的学识才能得以充分发挥和展现，而不受学校领导及教育行政当局任何的约束；研究院的指导教师毫无门户之见，学生可同时兼受多位教授指导，学生的潜能和治学兴趣被充分激发。如此宽松优越的研究学习环境，在中国近代高等教育史上实在少见。1925年，清华国学研究院各教授指导的学科范围见表4-4。

表4-4　　　　　　1925年清华大学各教授指导之学科范围[①]

王国维	经学：诗、书、礼　小学：训诂、文字、古韵
梁启超	诸子、中国佛学史、宋元明学术史、清代学术史、中国文学
赵元任	现代方言学、中国音韵学、普通语言学
陈寅恪	年历学、古代碑志与外族有关系者之研究、摩尼教经典回纥译文之研究、佛教经典各种文字译文之比较研究、蒙古满洲书籍及碑志与历史有关系者之研究
李济	中国人种考

1925年至1926年是清华国学研究院发展的鼎盛时期，自1927年王国维去世后，清华国学研究院发展开始趋下，1928年梁启超辞职，国学院失去了两大"台柱"，赵元任赴广州调查方言，许多课程无法开设，只有陈寅恪教授《梵文文法》和《唯识二十论校读》，新聘教师马衡教授《金石学》，林志钧讲授《人生哲学》。[②] 1928年和1929年，研究院仅录取新生3人。1929年，国学院正式宣布停办，所属教师分别转入历史系和中文系。清华国学研究院在培养"国学"人才方面取得了一定的成绩，毕业生大都有一定的国学研究水平，著名古汉语专家王力即毕业于国学研究院。

2. 清华大学研究院的课程安排

1929年秋，清华大学首先设立了物理与外国语文研究所。1930年夏，

[①]　《清华周刊》1925年9月18日第351期。
[②]　《国立清华大学校刊》，1928年11月30日。

中国文学、哲学、历史、化学、生物、算学、政治学、经济学 8 个研究所也相继设立并开始招生。此外，心理学研究所和社会学、地理学研究所分别在 1932 年和 1933 年开始招生。到 1933 年，清华大学共成立了 13 个研究所。

1934 年，遵照教育部《大学研究院暂行组织规程》，清华将各研究所改称为研究部，分别归属于文科、理科、法科研究所。1935 年 6 月，经教育部核准，清华大学文、理、法三科研究所共设立了 10 个研究部，文科研究所设中国文学、外国文学、哲学、历史学部；理科研究所设物理、化学、算学、生物部；法科研究所设政治、经济 2 部，见表 4-5。①

表 4-5　　　　　　1935 年度清华大学研究院研究所与学部情况

清华大学研究院	文科研究所	中国文学部
		外国文学部
		哲学部
		历史学部
	理科研究所	物理学部
		化学部
		算学部
		生物学部
	法科研究所	政治学部
		经济学部

至于清华大学研究院各研究所之课程及研究重点大致是：外国文学部，按教师专长开设，没有固定编制，文学课分为文学专题和作家研究两类，语言课有"高等英文文字学""英语教授法"和"翻译术"三门。哲学部开设课程为"西方哲学家专题研究"和"中国的儒家及道家哲学"，此外还有专门问题或专题史研究。② 历史学部开设"魏晋南北朝隋唐史"及"清史"两门，学生任选一门攻习，并就其攻读范围内择一专题，撰写毕业论文一篇。③ 历史学部为研究生开设的课程为中国上古史、中古史

---

① 清华大学校史编写组：《清华大学校史稿》，中华书局 1981 年版，第 113 页。
② 同上书，第 167—172 页。
③ 《清华大学一览》，1932 年 12 月，第 46—48 页。

第四章 中国近代大学研究院所快速发展阶段（1925—1934年）

和清史三门专题研究，其他课程与本科生相同。① 政治学研究所规定学生须于政治制度、宪法与行政、国际公法与国际关系、西洋政治思想、市政5项学程中选择3项为毕业考试之范围，其毕业论文题目，亦以其专攻为范围。② 经济部则以毕业论文为主，修习学分次之，希望给学生以充分的研究时间。经济理论是经济部每生必修的课程，此外，在会计及商业、经济统计、货币银行、财政、国际经济5科中任选其二。希望学生以中国的材料，撰写有关于中国货币银行、财政、商业及国际经济方面的论文。③ 理科研究所算学部的必修课程有"分析函数""函数论""微分方程式论""近世代数"与"微分几何"。选修课程除本科开出的一些外，尚有"函数族论""整函数论""近代三角级数""代数数论""近代微分几何"等，共计有28种之多④。物理学部研究生入学后，主要跟随导师进行研究，修习课程为物质磁性及光学问题、X线问题、无线电学及电学问题、理论物理、原子核物理等。⑤ 其他研究所各学部开设的课程也较为丰富，不再一一详介。

（四）毕业考核

清华国学研究院学生择定题目后，在教授的指导下研究一年，撰著论文一篇，经导师认可即准予毕业，毕业证书由校长及全体导师签名盖章。但不授予学位。第一届32位学生，梁启超指导学生14人，王国维指导学生16人，李济和陈寅恪各指导学生1人，1926年，除旧制一年级3位学生留美未交论文外，毕业学生29人。⑥

1931年，《清华大学研究院章程》对研究院学生的毕业要求进行了较为详细的规定，若想取得毕业证书，除专题研究外，第一年应修系主任核准之12个至18个学分，第二年修6个至9个学分，第三年6个学分。毕业条件是：学分平均及格；外语考试及格，外语语种及考试的文字多寡由各系自定；毕业学科口试及格；毕业论文经导师认可，再由系主任指定两

---

① 清华大学校史编写组：《清华大学校史稿》，中华书局1981年版，第175页。
② 《清华大学一览》，1932年12月，第102—103页。
③ 同上书，第110—114页。
④ 同上书，第129—131页。
⑤ 清华大学校史编写组：《清华大学校史稿》，中华书局1981年版，第196页。
⑥ 苏云峰：《从清华学堂到清华大学（1911—1929）》，中研院近史所1996年版，第338—340页。

位教授审查认为合格，然后由论文考试委员会举行论文答辩，成绩合格。符合这些条件，始准予毕业。其学分在中等以上而毕业论文及口试成绩均在上等以上者，可由系主任推荐给评议会，择优10名，派遣出国留学2年（每系以2名为限），至若成绩下、劣等者，得令退学。①

1933年，清华大学研究院举行第一届毕业生考试，这是中国近代大学研究生教育史上举行的第一次毕业考试，《清华副刊》在报道此事时用"教育界破天荒创举"作标题，实不为过。此次考试极其严格，考试办法仿照国外的博士考试，共有9人申请考试，学校共组织了9个考试委员会，"至每一考生即组一委员会者，因各生研究科目不同，即属一系，亦因分门类，如同属经济研究所二生，一专研究财政学，一以会计为主科……故必分组考委会也"。② 从这次的考试组织、考试要求等来看，清华大学研究院对毕业生的要求较高，若想通过考试实属不易。

清华大学研究院制定的研究生毕业考核办法，为南京国民政府教育部制定《大学研究院暂行组织规程》以及《硕士学位考试细则》等文件建立了样本，为大学研究院所的规范化发展开拓了道路。

1934年，依据《大学研究院暂行组织规程》，清华大学对研究院的章程再次作了修订。对毕业生的要求为，"凡在本大学研究院研究二年，其历年学分平均成绩、毕业论文及毕业初试，皆及格者，给予研究院研究期满考试及格之证书，并依照教育部定章，授予硕士学位"。同时清华大学还制定了《清华大学研究院考试细则》，对研究生外语考试、毕业初试、论文考试等作了详细规定。③ 毕业成绩的核算办法为，论文占50%，毕业初试成绩和学分成绩各占25%。

从1925年至1934年，清华大学逐步形成了课程学习与专题研究相结合的人才培养模式，并制定了严格的招生制度、课程学习制度、毕业考核制度、硕士学位考试制度等，形成了完整的人才培养体系，为社会培养了一批高质量的人才。清华大学研究院设立之后，本着宁缺毋滥的原则，招生人数较少，加之对学生的毕业要求较高，所以此阶段毕业生人数较少。据统计，到1934年，清华大学研究院招收研究生73人，毕

---

① 《清华大学一览》，1932年12月，第25—27页。
② 《本校第一届研究院毕业考试》，《清华副刊》1933年第39卷第1期。
③ 《清华大学研究院考试细则》，《清华大学一览》，1937年。

业生仅 10 人。[1]

表 4-6　　清华大学研究院各科研究所历年新生及毕业生人数

年度	招生人数	毕业人数
1930	15	0
1931	8	0
1932	9	0
1933	26	6
1934	15	4
1935	20	7
1936	27	5
合计	120	22

资料来源：清华大学校史研究室：《清华大学史料选编》（第 2 册下），清华大学出版社 1991 年版，第 638—643 页。

第四节　大学研究院所科研体系的形成与科研成果

中国近代大学研究院所的科研体系主要由科研队伍、科研制度、科研运行模式及政策措施等构成。中国近代大学研究院所科研体系的形成促进了大学研究院所科研产量与质量的提高。此阶段各大学研究院所研究成果丰硕，水准较高，有些成果达到甚至超过了世界一流水平，在国际上产生了广泛影响。

本节拟通过对中国近代大学研究院所的师资队伍、研究所科类、科研方法、科研组织与科研管理制度等方面的考察，分析近代大学研究所科研体系的形成及其特点。

一　大学研究院所科研体系的形成

（一）科学研究体系形成的原因

从 1925 年开始，中国大学研究院所在发展科学方面逐渐显现出重要地位，尤其是南京国民政府成立之后，大学研究院所的科学研究取得了长足的进步，到 1934 年，大学研究院所的科研体系初步形成。究其原因大

---

[1]《清华校友通讯》，1982 年 1 月 20 日，第 30 页。

致有以下几点。

1. 1927年南京国民政府成立之后,内战渐次减少,政治相对稳定、经济发展较快,社会对科学技术的需求增加,有利于大学研究院所科学研究的进行。

2. 教育经费不复拖欠,南京政府教育部严厉取缔各大学教师的兼课与兼职行为,研究所的教授得以专心从事学术研究。

3. 南京国民政府极力提倡科学研究,制定相关政策鼓励大学设立研究院所,对大学研究院所的科研活动给予经费支持,政府对大学研究院所的科学研究不作不必要的干涉,教师和学生的科研活动拥有充分的"自由"空间。

4. 大量留学归国人员在大学任教,他们大都拥有硕士或博士的学位,接受过国外先进的科研训练,具有较强的研究能力,他们将在国外接受的科研训练方法移植于国内,根据国情设置相关的研究院所,开展相关的科学研究,促进了大学研究院所科研体系的形成。

5. 九一八事变之后,科学与民主思想深入人心,科学救国之声四起,科学界日益感知非切实工作,尽力研究,不足以图存,报科学救国之心者日益增多。凡此种种,皆是促进中国科学研究进步与发展的重要因素。

(二) 科研体系的形成的表现

20世纪30年代,随着大学研究院所设立的增多,教师与研究人员的增加,大学研究院所科研组织的形成以及科研管理制度的制定等,中国近代大学研究院所科研体系初步形成。

1. 大学研究院所的类型多样,分布广泛。20世纪30年代中期,大学研究院所的设立已经非常普遍,按类型可分为公立大学研究院所与私立大学研究院所。其中,公立大学中的国立大学研究院所是核心和主干,私立大学中教会大学设立研究院所的占多数,本土的私立大学中,南开大学的经济研究所与应用化学研究所在国内享有较高的声誉。各大学研究院所群策群力,为我国的科学研究事业的进步和科学文化的生产和发展提供了最根本的保障。[1]

从研究院的地域分布看,1925年之前,只有北京的北大和清华设有

---

[1] 郭云:《民国时期中国科学文化的发展及影响(1927—1937)》,知识产权出版社2012年版,第54页。

研究院所，1926年厦门大学和南洋大学设立了研究院或研究所，打破了只有北京设有研究院所的局面。此后，中国大学研究院所在空间分布上开始扩散，到1934年，华北、华中、华东、华南等地都设立了大学研究院所。

2. 研究所确立了各自学科研究边界。按照现代学科分类，1930年之前，大学研究所的研究内容主要集中于"文科"。此后，"实科"研究开始增多，这与世界科学发展的大趋势相关，也与政府的政策导向有关，更与社会需求及各类基金会的资助倾向性有关。如中华教育文化基金会对各类研究的资助主要集中在"实"科上。[①] 事实上，20世纪30年代，中华教育文化基金会历年的科学研究补助金主要用于物理、化学等学科上。[②]

随着"文""实"两科研究所的全面设立，科学研究活动的增多，科研经验的积累以及研究能力的增强，各大学研究所逐渐形成了各不相同的学术研究特点和学术研究方向，逐步确定了学科研究的边界，形成了各具特色的研究领域。

3. 采用现代的科学研究方式。先进的科学研究方法是促进科学发展与取得科学研究成果的关键。"实科"研究所的教学与研究人员大多为欧美留学归国人员，他们采用西方研究范式，采购西方国家的实验仪器，使用的教材几乎全是外文原版教材。先进的实验仪器，世界一流水平的研究人员，使得中国大学研究院所的科研水平在某些领域短时间内达到世界一流，有的研究成果甚至超过西方国家。

此时，虽然"文科"研究所发展速度有所放缓，但其整理中国传统文化时，在内容上有所拓展，在研究方法上也开始采用西方现代的科学方

[①] "本会教育事业，拟暂以左项各项为范围：第一项科学研究，包含物理、化学、生理学、地学、天文、气象；第二项科学应用，包含农、工、医；第三项科学教育，包含科学教育，教育之科学的研究。" 参见教育部年鉴编纂委员会《第一次中国教育年鉴》（戊编 庚款与教育文化），上海开明书店1934年版，第89页。

[②] 1931年，中华教育文化基金董事会通过科学研究补助金，共计甲乙丙三类补助名额43人，合计补助金额美元一万六千五百元，国币一万两千五百元。甲种有秦仁昌等5人，研究领域为植物学、化学、物理学、动物学等，补助金额1000—1500美元；乙种有陈鸿达等25人，研究领域为植物病理学、化学、地质学、气象学、物理学、动物学等，补助金额500—1000美元或国币1200元；丙种有郑万钧等13人，各补助国币500元。参见《中华教育文化基金董事会通过科学研究补助金》，《河南教育行政周刊》1931年第1卷第35期。

法，在保存国故以及挖掘和发扬中国文化上亦有所贡献。如厦门大学国学研究院，集中了当时国学界的诸多名士。该院提出以现代科学方法整顿国学，在全国学术界独树一帜，备受瞩目，院主任沈兼士指出，[①]"从前研究古学，态度不外两种。一则信人，一则信己。所谓信人，即凭各种传说，所谓信己，则又凭有限制常识而已。此种研究，在科学昌明时代，殊无价值可言。……故现在欲研究古学，必得地质学、人类学、考古学、古生物学等等作为参考，始有真确之可言，否则其结果与路史同"。

厦门大学不仅在研究中将现代科学研究成果作参考，还注重实地调查考证，科学的研究方法加上高素质的研究人员，建院不久即产生了一批重要的研究成果。除厦门大学外，北京大学国学研究所、清华大学国学研究院以及中山大学语言历史研究所等国学研究机构，均采用科学的研究方式，并取得了不错的成绩。

4. 应用研究和基础研究并重。在进行纯粹科学研究的同时，一些研究院所为满足现实需要，开始在应用方面开展研究，如交通大学工业研究所、南开大学应用化学研究所、中山大学化学工业研究所、北洋工学院工程材料研究所等，在应用研究方面表现得较为突出，这些大学研究院所为厂矿企业委托的样品进行试验的同时，仿制或开发一些新产品，促进了我国民族企业的发展。人文社科类研究所也积极回应社会诉求，为社会各界提供服务，如南开大学经济研究所、交通大学研究所经济部等，承担了各类政府机关及社会团体的调查工作，完成了许多重大研究项目。

5. 建立了相对健全的科研组织和先进的管理制度。科研组织的形成和先进的管理制度的制定，是大学研究院所科研体系形成的重要标志之一。科研组织的形成是开展科研活动的重要保证，先进的管理制度能够使大学研究院人尽其用、物尽其力，从而使所获得效益最大化，产出丰硕的研究成果。

20世纪30年代，中国大学研究院所一般是按照学科标准设立的，科研活动一般由院长或所长（主任）负责，内部管理一般采用科层制结构，院长或所长（主任）由大学校长兼任［研究院下设研究所的所长（主任）由二级学院院长或系主任兼任］，综合管理院务或所务，并规划指导研究

---

① 《国学研究院成立大会纪盛》，《厦大周刊》1926年第159期。

第四章 中国近代大学研究院所快速发展阶段（1925—1934 年） 111

事宜。北京大学研究院规定，"研究院院长，由本校校长兼任"①。清华大学规定，"研究院按照本大学所设学系，分别设立研究所，其主任由系主任兼任之"。② 在所长（主任）之下，有的设秘书③，协助所长（主任）处理所内事务，有的则设"主任导师"，分管教育、研究及教材编纂等事宜。④

研究院所的研究人员一般由导师、研究生、专任研究员、兼任研究员等组成，导师与研究员由院长或所长聘任之，开展研究活动时有"师生组合""行政组合"与"自由组合"三种形式。"师生组合"主要是教师指导学生就某领域深入研究或学生参与导师的研究项目。"行政组合"主要是研究院所组织导师、研究生和研究员开展词典编纂、史料整理、教材编写、技术攻关等工作。"自由组合"是研究者在无行政关系或无师生关系情况下进行的合作研究，这样的协作研究一般由于研究者的兴趣相同或研究领域相近使然。

在学术管理方面，大学研究院所一般通过召开所务会议或学术会议讨论决定。燕京大学研究所规定："本所至少每月开学术会议两次，讨论本所学术事务。学术会议由所长召集之。学术会议以本所所长为主席，全体研究员为当然委员，中西两秘书为列席委员。遇必要时，本所所长得聘请本校各学系教授若干名，为本所特约会员，列席学术会议。"从燕京大学研究所的管理规定可以明显感受到学术管理的民主氛围，体现出"学术自主"的特点。而交通大学的学术管理工作主要通过所务会议决定，学术管理与行政事务融为一体。该所规定："设所务会议，由所长秘书各组主任及专任研究员组成。所务会议以所长为主席。"它的责权是："审查本所预算及决算，议决研究计划和本所与部辖机关及其他学术机关之联络事项，审查本所各组之研究成绩，讨论各组之提议事项。"值得注意的是，

---

① 《国立北京大学研究院规程》（二十一年七月八日校务会议议决），《北京大学日刊》，1932 年 7 月 16 日。

② 《国立清华大学研究院章程》（二十年三月三十日公布），《清华周刊》1931 年第 35 卷，第 21 页。

③ 《燕京大学国学研究所所章》（1929 年 10 月）规定，设中西秘书各一人，协助所长处理事务。参见王学珍等《北京高等教育文献资料选编（1861—1948）》，首都师范大学出版社 2004 年版，第 616 页。

④ 国立北平师范大学编：《国立北平师范大学一览》，1932 年。

交通大学研究所的所务会议表现出较浓重的民主管理色彩，因为全所的学术事务不是由所长与各研究组负责人决定的，专任研究员在作决策时也起到重要作用，在科研体系的形成阶段，各大学研究院所就实行了这种先进的管理制度，实在是难能可贵。

二　科学研究活动及成果

1925年至1934年，在科研体系形成过程中，各大学研究院所取得了丰富的研究成果，尤其在自然科学上取得的成就更为明显，发展势头更加强劲。这一时期，中国大学研究院所的科研成果不仅在数量上急剧增加，而且水准逐步提高，产生了一批高水平的科研成果，有些成果填补了中国近代科学研究的空白，在国际上产生了重要影响。下文按照学科分类，对此阶段大学研究院所的科学研究活动情况作概要性阐述，对重要的科研成果作简单的介绍。

（一）物理学、化学、生物学和数学研究及成绩

1. 物理学研究及成绩

1925年至1934年，我国物理学研究的基础渐次完善，并获得长足进步，虽未"迎头赶上"欧美国家，但也产生了许多重要研究成果。此阶段燕京大学、清华大学、北京大学和国立中央大学等校的研究所都设立了物理学部。燕京大学研究院物理学系研究部的主要研究工作分为三方面：光学及光谱学、热电学及热磁学和本地气象研究。光学及光谱学研究注重于制造近代仪器，如巨型光栏摄谱仪及显微光度计的设计与制造。关于本地气象方面的研究发表了若干研究论文，其中最著名的为王承书的《大气微尘记录》。班威廉的《协和物理场之新相对论观》《波与质点作传递的可能性观》《镍与铁之热磁效应》等论文先后在美国《物理杂志》上发表[1]。北京大学在物理学方面的研究成果有饶毓泰的《溶解物之溶量对于溶质拉曼频率及拉曼线之强度之影响》等。[2]

清华大学理科研究所物理部在当时是国内一流的。该部的主要研究工作集中在X射线、原子核物理、电路与无线电学、相对论等方面。X射线

---

[1]《燕京大学同学会会刊》，1939年，第15页。
[2] 萧超然等：《北京大学校史（1898—1949）》（增订版），北京大学出版社1998年版，第311页。

的研究工作主要由吴有训主持。1930年，吴有训的论文《单原子气体所散射之X线》在英国《自然周刊》发表，开创了我国原子物理研究之先河，其另一篇论文《单原子气体所散射X线之强度》在美国《科学院月刊》发表，引起较大反响①。中国原子核物理研究工作由赵忠尧首创，在γ射线的散射方面测定了反常散射与入射光子能量的关系和不同元素上反常散射的规律，在中子共振吸收方面提出了一定的实验事实。此外，周培源在广义相对论的膨胀宇宙论方面及磁性理论方面、萨本栋在电路与无线电方面也都取得了一定的成绩，引起国内外的普遍重视。②

2. 化学研究及成绩

大学研究院所中设立化学研究组织的有燕京大学、北京大学、清华大学、南开大学、金陵大学等校。燕京大学研究院化学部成立较早，始于1926年，其研究工作分为有机化学、理论化学、工业化学及生物化学四门。燕京大学化学部的研究成绩可分为四个方面。物理化学方面，主要研究溶液中的吸附作用及植物油经过干蒸馏所发生的变化。有机化学方面主要成绩是麻黄类各种有机物的测定。生物化学方面主要研究中国食物与机能代谢之关系及营养的复因子和钙在机能代谢中的作用。工业化学方面主要成绩在研究陶瓷的制造及陶土的物理性质。该研究部的论文均系用英文写成，散见于中美各杂志。1933年至1938年的5年间，该部共发表研究文章56篇，其中49篇发表在中国杂志上。③

北京大学的化学研究在曾昭抡的主持下，取得了一些重要成果，受到国内外化学界的重视。其主要研究内容为：有机分析和元素有机化学方面的研究；国防化学（炸药、毒气）研究；关于醌的研究；谷酸的研究；溴代物制备的研究；古聂氏反应的研究；烷的作用研究；分析化学方面的研究等。此外刘树杞的论文《用电解法从钨矿中炼成钨金》《植鞣底革所需材料分量之测定》，黄子卿的《压力对碱性介质中铁粉钝性的影响》，孙承谔的《乙烯加氢的理论考察》，钱思亮的《氯化氢对重氮庚烷的作用》等文章，都是这一时期具有代表性的研究成果。④

---

① 刘咸：《中国科学二十年》，中国科学社，1937年，第46页。
② 清华大学校史编写组：《清华大学校史稿》，中华书局1981年版，第198页。
③ 《燕京大学同学会会刊》，1939年，第5—6页。
④ 萧超然等：《北京大学校史（1898—1949）》（增订版），北京大学出版社1998年版，第311页。

清华大学理科研究所化学部在1933年以前称化学研究所。其主要的研究工作包括有机化学、无机化学、物理化学、工业化学、生物化学与营养化学等。萨本栋与高崇熙等人在国内外刊物上发表的《〔乙酮无戊酸〕及其酯》《从中国大麻籽油制备辛醇-2和甲基乙基酮》等数十篇文章是有机化学研究成果的代表。清华无机化学的研究成果在数量上和水平上在当时的国内居于首位，其中《用过热水蒸汽活化木炭 I，活化温度与时间》《二价金属硒酸盐与苯胺的络合物》等文章较为重要。在物理化学方面，黄子卿等关于热力学的研究成绩较突出，其先后在国内外发表了《气体之能及熵之普通方程式》《二氧化碳的焦尔汤姆生系数》等数十篇论文。在工业化学方面，则侧重于染料及有色烟幕的制作。在生物化学和营养化学方面则注重于中国食物所含维生素 C 的测定，及对于中国柑类果实的研究。[1]

南开大学应用化学研究所强调"教育与科研并重""研究与生存并举"，面向我国工业实际需求，面向生产一线，注重实干，为企业分析化验样品，研究解决工业生产中的现实问题以及化学工程的设计与安装。总体看来，南开大学应用化学研究所注重服务社会多于纯粹的科学研究。

金陵大学化学研究所施行育人、科研、服务三位一体的办学方针，因而其在重视基础研究的同时，加强与社会联系，为生产提供服务。该所的基础研究项目有裘家奎的《无机化合物命名商榷》、李方训的《顺及反十氢化萘之比空》《离子之半径及其物理化学性质》等。1933年，裘家奎证明了阻制物对聚合作用与氧化作用的影响是完全相同的，不可能单独对其中一种作用产生影响而不影响另一种作用。该成果在美国化学杂志上发表，被认为是一项重要发现[2]。此外，李方训与戴运轨的《水溶液中游子熵的绝对数值》《气态离子之水化热》、戴安邦的《氧化铝水溶液与砇式氯化铝溶液内羟基之置换作用》等论文亦具有代表性，是我国物理化学领域的开创性研究成果。应用研究主要集中在国产染料研究、食物化学及木材干馏等方面。研究成果如王应莱的《维他命 A 过多症》等文章发表后，经常被各国学者引用；陶延桥发明的不受潮火柴，质量胜过瑞典生产的

---

[1] 清华大学校史编写组：《清华大学校史稿》，中华书局1981年版，第203—204页。
[2] 《金陵大学校刊》，1933年3月27日，第2版。

"凤凰"牌火柴，促进了中国民族工业的发展。①

3. 生物学研究及成就

开展生物学研究的主要有燕京大学生物学部、北京大学研究院和清华大学生物研究所。其中以清华大学研究成就最为显著。

清华大学于1930年秋设立生物学研究所，其研究工作主要成绩有：动植物学的调查、采集、分类方面发表论文有《山西太白山 Chrysanthemum（菊类）的新种》《河北省植物发见史概略》《河北省植物志》《北平之两栖类》《浙江嘉兴及新昌之鱼类》《苏州之鱼类》等数篇文章。遗传与演化方面有《金鲫鱼的孟德尔遗传》《金鱼按照孟德尔遗传的初次发现》等论文近十篇，受到国际上的重视。植物生理和生态方面的论文主要有李纪桐的《气候因子对于吸水力的影响》《去头燕麦胚芽鞘新的生理尖端的再生》等十余篇文章，受到国内外生物学界的广泛关注。此外，关于动物行为方面的研究成果有《蚂蚁的社会对它们筑巢活动的影响》和《蚂蚁筑巢中的领导蚁与随从蚁》两篇论文。关于动物生理学、动物形态学、解剖学等也有多篇论文发表②。

4. 数学研究及成果

这一时期，数学研究以清华大学和浙江大学的名气最大。清华大学算学研究部于1931年成立，它是国内大学中设立最早的算学研究机构，其科研工作主要在分析函数、微分几何和数论领域。在分析函数方面，熊庆来在亚纯函数论方面取得了较大的成就，他曾于1933年至1934年在法国《科学院报告》上发表《关于无穷极的亚纯函数》《关于单位圆内的亚纯函数》等论文多篇。熊庆来提出的无穷极亚纯函数论，比德国数学家布鲁莽达耳的无穷极整函数论更为精确，研究结论被日本及法国大学教授在研究中引用。在微分几何方面，孙光远是国内最早对此领域进行研究的人，在他的指导下，陈省身第一个将拓扑学引进微分几何。杨武之是我国在数论方面最早的研究者之一，这一时期他陆续发表了一些富有创见性的论文。在他的影响下，华罗庚开始在数论上开始了创造性的工作，一些文章在日本和德国杂志上发表。③

---

① 张宪文：《金陵大学史》，南京大学出版社2002年版，第253—264页。
② 清华大学校史编写组：《清华大学校史稿》，中华书局1981年版，第209—210页。
③ 同上书，第191—192页。

浙江大学有陈建功、苏步青、朱叔麟等数学名师，其中，陈建功擅长分析，苏步青擅长几何，朱叔麟擅长代数。此外，北京大学在数学上亦有部分研究成果问世，代表性研究成果有冯祖荀的《柯虚氏积分公式之新证法》《柯虚氏收敛定理之新证法》《椭圆函数论》等，江泽涵的《平面区域调和函数之歧》等论文。①

(二) 工科研究所的研究活动及成绩

1925年至1934年，设立工科研究所的大学不多，具有代表性的为南洋大学工业研究所（后改为交通大学研究所）、北洋工学院工科研究所和武汉大学工科研究所。武汉大学工科研究所设立于1934年，鉴于学校设施条件，仅设工程学部。武汉大学工科研究所由于初创，一切尚处于建设当中，无暇顾及科学研究，故其在1934年之前无突出成绩。

交通大学研究所的前身为1926年成立的南洋大学工业研究所，其主要从事物理、化学、机械、材料和电机等方面研究，侧重于铁路材料与工程物理问题的研究。由于政治、大学改组及经费困难等原因，南洋大学工业研究所研究工作进展缓慢，1930年改组为交通大学研究所，内设工业研究部和经济研究部。工业研究部下设材料、设计、机械、电气、物理、化学六组。② 为了鼓励教师从事研究及著述工作，交通大学规定：凡教师申请的课题经审查合格后，学校将给予实验场地、材料、仪器、研究人员及研究经费方面的支持，必要时还可减少授课时间，研究成果的发明权及出版书籍的著作权由学校和个人共有。在此办法的鼓舞下，交通大学研究所工业研究部的研究成果大量涌现，主要有徐名材等撰写的《油漆试验报告》（第一、二、三号）、班乐夫的《地下水问题之解决》、许国保的《X射线材料检验法》、柏理的《解决中国运输问题之途径》等。此外，工业研究部还完成各类项目38项，完成社会各界委托试验的钢铁、水泥、砖瓦、木材、合金等各种材料1500余件。③

1933年，北洋工学院设立了矿冶工程研究所和工程材料研究所。这两个研究所分别研究采矿冶金工程和工程材料以及其他有关工程科学问

---

① 萧超然等：《北京大学校史 (1898—1949)》（增订版），北京大学出版社1998年版，第311页。

② 交通大学校史编写组：《交通大学校史 (1986—1949)》，上海教育出版社，第297页。

③ 同上书，第298页。

题。1934年两所合并成立"国立北洋工学院工科研究所",该所"以招收国内外大学或独立学院本科毕业生,研究高深学问,并供给教授研究各项工程问题之便利,及代外界解决各项工程实际技术问题"[①]。从其宗旨来看,北洋工学院研究所是集"教学、科研、社会服务"于一体的学术机构,该所虽然比交通大学研究所成立晚,却取得了丰硕的成果,其中尤以所长李书田研究成绩最为突出,其研究成果有:关于铁道及道路工程的研究论文有《鉴定铁道枕木应否药制及应否护以垫板与采用改良道钉之具体基本方法》《指挥列车行动方法之比较经济论》等四篇;河道流量计算方面创立了《对数图解河水流量计算方法》;梯形重心算法方面创立了《图解梯形重心之二十四原理及其画法》;关于隧道方面有《隧道之功用》一文;农田水利方面著有论文《关于为河北省农田水利开发自流井之调查研究》及《中国水利问题》一书;关于河道及港坞工程方面有《中国之仓库码头》《中国之筑堤工程》等论著;关于工程教育方面撰有《四十年来中国工程教育》一文;关于工程学术研究领域著有论文《土木工程学术之领域及其研究方法》;水利人才培养方面撰有《水利人才训练方案》一文。

除李书田之外,高步昆的《弯曲力率分布方法》、徐世大的《森林与河流》、雷宝华的《瑞阿拉瓦洗煤机及退水程序》、施勃理的《工具钢之研究》、汤腾汉的《华北煤炭低温蒸馏之研究》、张文治的《工程黑油机乏气之冲出》等论文在矿冶业和材料工程界均产生了重要的影响,实验工程教授邓曰谟在飞机发动机材料冶炼方面的研究成果卓著,其在轻金属合金方面的研究成果超过欧美等先进国家的标准。[②]

(三)农、林等学科的研究活动及成绩

此阶段设立农林方面研究所的有中山大学、清华大学和中央大学等,但研究成绩突出的为中山大学农林植物研究所。该研究所采集了大量广东和海南地区植物标本,对植物进行切片解剖并进行分类研究、鉴定学名等,研究成果《广东植物志》《广东植物栽培图谱》等均公开刊行。其中《广东植物四新种》《中国植物之新种》在哈佛大学植物园研究月刊上发

---

① 《北洋工学院工科研究所暂行组织章程》,《国立北洋工学院工科研究所概况》,1936年,第23页。

② 同上书,第6—22页。

表。所长陈焕镛以研究植物分类著名,其代表性著作《中国经济树木学》《桦木科之研究》及《中国植物图谱》(与胡先辅合著)在国内外有较大的影响力。①

清华大学1934年设立农业研究所,旨在对我国的农业进行改良研究。研究所的工作分设虫害、病害两组。虫害组在防除棉蚜和玉米钻心虫研究方面有较好成绩。该所编有《寄生虫目录》十四册,发表论文多篇。② 国立中央大学农科研究所亦于1934年成立,与清华大学农业研究所一样,此阶段属于初设时期,各类研究工作尚未充分展开,故无突出成就可言。

(四)经济学研究及成就

此阶段进行经济学研究的主要有清华大学经济学研究所、南开大学经济学研究所和交通大学研究所经济部。清华大学经济学研究所主要从事经济理论与经济史研究,研究领域为财政预算、成本会计与政府会计、货币学与统计学、货币银行、经济理论等,研究论文散见于《清华学报》《社会科学》等杂志③。交通大学研究所经济部主要研究中国经济改造、农村经济、粮食产销、铁道运价和不平等条约对国民经济的束缚等问题。研究成果有柏理的《解决中国运输问题之途径》、马寅初的《中国经济改造》、许靖的《铁路零担货运安全办法》、黄荫莱的《中国国民经济在条约上所受之束缚》等。④

南开大学经济研究所(前身为南开大学社会经济委员会)"本着实事求是的精神",采用"实地调查的方法,搜集事实,以为研究之资料"。⑤研究内容初期偏重于天津物价的调查、统计分析,编制物价指数,以及有关城市工业为主题的探讨。1931年至1935年,研究所的调查研究范围扩大到地方财政、经济地理、经济史方面,同时进行经济学教材的编著工作⑥。调查地域除了河北、天津外,北至东北三省,南至广东,西至四川

---

① 黄义详:《中山大学史稿(1924—1949)》,中山大学出版社1999年版,第244—246页。

② 清华大学校史编写组:《清华大学校史稿》,中华书局1981年版,第218—219页。

③ 同上书,第225页。

④ 交通大学校史编写组:《交通大学校史(1986—1949)》,上海教育出版社,第298页。

⑤ 《南大学术的活动》,《南开大学向导》,1930年5月。

⑥ 南开大学校史编写组:《南开大学校史(1919—1949)》,南开大学出版社1989年版,第201页。

等地。其研究工作被公认为"独开风气之先","在国内尚为首创"①。此阶段，南开经济研究所取得了丰硕的研究成果，获得国内外学界的一致赞誉。该所公开出版的研究成果大致可分为期刊、专刊和教科书三类。

定期刊物有《经济周刊》，内容多为讨论我国及世界经济问题和国内外经济时事评述，至抗战前共发行 250 期。《经济统计季刊》注重经济及统计研究。《南开指数年刊》是专门汇辑该所编制各种指数的刊物，为国内价格指数的权威刊物。英文版《南开社会经济季刊》(*Nankai Social & Economic Quarterly*) 刊载该所编制的指数及其他统计材料，1934 年更名为《中国经济月报》(*Monthly Bulletin on Economic China*)，内容除各项统计外，还刊载我国经济问题专论。

专刊所刊载的内容主要为研究所人员历年实地调查、统计和分析成果。经济专刊共分为 5 类，出版发行 50 种。其中统计专刊 6 种，主要有何廉的《华北批发物价指数》《中国进出口贸易物量指数、物价指数及物物交易指数编制之说明》、吴大业的《关于生活费指数公式之讨论》、冯年华的《民国十六年至十七年天津手工艺人家庭生活调查之分析》等；工业专刊 15 种，主要有何廉、方显庭的《中国工业化之程度及其影响》、方显庭的《天津地毯工业》等；农业经济专刊 12 种，主要有何廉的《东三省之内地移民研究》、方显庭的《中国之合作运动》、陈振汉的《浙江省之合作运动》等；地方财政专刊 8 种，有乐永庆的《河北省十一县赋税概况》、张纯明的《我国之地方政府支出》等；经济史专刊 9 种，主要有方显庭的《英国工厂制度之成功》、华文煜的《宋代之荒政》、袁贤能的《中国货币论考证》等。

南开大学经济研究所早期的研究人员几乎都是留学归国人员，研究所教学所用教材全是外国原版教科书。为了适应中国国情，实现"本土化"人才培养需要，研究所人员结合教学实践，积极编写经济学教材。这一时期该所编写的教材有：方显庭的《经济地理讲义大纲》《近代欧洲经济史讲义大纲》《中国之工业讲义大纲》《中国之棉纺织业》、何廉与吴大业合编的《统计学之原理与方法》、廖芸皋的《中国之运输经济》、仁宗济的

---

① 王元照：《介绍南开大学经济学院之研究事业》，《清华周刊》第 38 卷第 4 期。

《中国近代经济发达区史》等。①

(五) 医科研究所的科研活动及成绩

此阶段设立医学研究所的只有中山大学一校。中山大学自1927年起陆续设立了生理学、细菌学、解剖学、病理学、药物学5个医科方面的研究所。医科是中山大学成立初期重点办理的学科，全盘采用德国模式，引进外国先进的医疗实验仪器，对中国华南地区常见病及中国当时的流行病作了大量调查研究，取得了卓越的成绩。生理学研究所成立初期注重肌肉生理方面的研究，后来偏重于物质代谢、消化生理及感觉生理的检验工作，如血球沉降的检定、血族类别的检定等。病理学研究所梁伯强、杨简合著的《广州中国瓜仁虫症之病理解剖研究》，杨简的《广州气候对于死亡原因的影响》，王典義的《尸体解剖方面阑尾炎的研究》等，为社会减轻病痛作出了贡献。细菌学研究所主要集中在中华瓜仁虫之生活史及治疗法、麻风菌之培养及治疗法、伤寒病的治疗方法等方面的研究，对中国传染病的预防和治疗作出了卓越贡献。细菌学研究所不但从事教学与科研工作，还制造血清及疫苗供社会所需。②

(六) 教育学与心理学方面的研究活动及成绩

1928年2月成立的中山大学教育学研究所是我国第一个教育科学研究所。该所成立时即创办了《教育研究》月刊。先后在该所担任研究员或指导教授的有庄泽宣、崔载阳、陈礼江、邰爽秋、唐惜芬、林沥儒、范锜、胡毅、许逢熙、王越、林本、尚仲衣等。研究所从事的研究工作主要有：中小学国文教学方面的研究；民众教育方面的研究；教育行政方面的研究；教育心理方面的研究；一般问题的研究。③

中大教育研究所注重教育实际问题，注意考察外国教育经验，积极与国外著名教育机关联络，进行合作研究，并与欧、美、亚洲约20个国家的150多个教育学术团体交换出版物。在庄泽宣、崔载阳等人的努力下，该所出了一批研究成果，代表性的有《菲律宾教育考察》《欧美新教育运动》《日本教育研究》《中国教育与生产问题》《各国合作教育》《各国大

---

① 南开大学校史编写组：《南开大学校史（1919—1949）》，南开大学出版社1989年版，第202—206页。

② 黄义祥：《中山大学史稿（1924—1949）》，中山大学出版社1999年版，第252—256页。

③ 《本所研究事业十年》，《国立中山大学研究院研究所》，1937年6月版。

学教育》等。①

燕京大学研究院教育学研究部注重客观实验，主要研究工作有：在燕京大学附属学校进行繁简字体学习难易的比较研究，小学算术教学方法改进实验，以及在诚孚学校进行用四年时间完成小学六年的课业、以三年完成乡师四年课业的实验。② 1935 年，研究部与华北农村建设协进会合作，负责河北定县及山东济宁两个实验区的教育改进工作。

北师大研究所设有教育科学门，但是由于其导师大多数为兼任，研究工作仅限于教材的编写，研究成果较少，发表的论文仅有赵荫棠的《儿童的游戏》、杨荫庆的《教育名词辨》等几篇。

清华大学 1932 年设立心理学研究所，虽然学生与教师人数较少，但是研究气氛较为活跃，主要进行动物心理和工业心理等方面研究。研究成果主要有《无头扁虫的食物反应》《定县七年新法测验考试之实施结果》《中国工业心理学之兴起》等数篇文章。③

（七）文史类各学科的研究活动及成就

清华大学文科研究所中国文学部主要致力于中国古籍的校勘与训诂以及对古典名著的校释工作，其中较突出的成果有闻一多对《诗经》《楚辞》等的研究与考证，杨树达创立的中国文法学及关于文字构造和发展变化的"条例"（规律），在国内外学术界受到重视。刘文典对《庄子》的"集释"工作，陈寅恪关于唐代政治史与隋唐制度史的研究，张荫麟关于上古史和中国古代科学技术发明史的研究，吴晗关于明史的研究等，都取得了较大的成就。④ 外国文学部的研究成绩主要分为文学创作和文学史著作两类。文学创作有吴宓的《吴宓诗集》、王文显的《两者之间》《设计诱陷》等四个英文剧本。文学史方面的著作有瞿孟生的《欧洲文学简史》和《比较文学》、吴可读的《欧洲小说和小说家》等。⑤

北京大学文科研究所主要研究工作是明清史料的整理研究和刊印，以及对考古室所藏汉简与金石拓片进行整理，较突出的成就有孟森的《明元

---

① 黄义详：《中山大学史稿（1924—1949）》，中山大学出版社 1999 年版，第 189—190 页。
② 《研究大学研究院同学会会刊》，1938 年，第 14—15 页。
③ 清华大学校史编写组：《清华大学校史稿》，中华书局 1981 年版，第 214 页。
④ 同上书，第 154 页。
⑤ 同上书，第 167 页。

清系通纪》《清初三大疑案考实》、钱穆的《近三百年学术史讲义》《秦汉三国史》等。《封泥存真》《明南京车驾司职掌》《崇祯存实疏钞》等丛刊由商务印书馆公开刊行，《顺治元年奏折》《太上皇起居注》等由北大自行出版，《太平御览引用书类纂》等十二种稿本未刊印。语言方面设有语音乐律实验室，对中国古音韵和方言进行调查和研究，并取得了一些成绩，如罗常培著有《厦门音系》《唐五代西北方音》《中国音韵沿革》《国音字母演变史》等，魏建功著有《古音系研究》《方言研究》等，刘复编纂了《中国俗曲总目稿》《十韵汇编》等。①

厦门大学国学研究院设立的时间虽短，但是由于聘请了林语堂、沈兼士、顾颉刚等一批国学界名士，所以成立不久即成为全国国学研究中心之一，取得了可观的成绩，撰写的专著有：林语堂和顾颉刚编写的《七种疑年录统编》、张星烺翻译的《马可孛罗游记》和《古代中西交通征信录》、林语堂的《汉代方音考》等十部。同时，研究院的编辑部开始编辑《中国图书志》，编辑出版了《国学院季刊》和《国学院周刊》两种杂志。②

注重野外实地调查是中山大学语言历史学研究所的一大特色。1928年暑期，该所教授史禄国、事务员杨成志及生物系助教任国荣等人到广西调查瑶族人状况，商承祚、容肇祖两教授到韶关调查古迹及历史遗迹。中山大学语言历史学研究所虽设有考古学会、历史学会、语言学等，但是其主要偏重于民俗学研究，希望通过民俗的收集、整理与研究，从而达到研究历史学、语言学的目的。"研究民俗学，就是研究活的历史学，即社会学、心理学、宗教学等等的问题。由民俗的收集与研究，俱可帮助解决。"③ 中山大学语史所在成立后短短的两年时间内，取得了十分可观的成绩。其编辑的刊物《民间文艺》（后更名为《民俗》）共出版发行92期，收集了彝族文经书130多部，并将其译为汉文。该所还陆续出版了《罗罗族的巫师及其经典》《云南民族调查报告》等，《罗罗的语言、文字与经典》被译成法、英等文字，在国外杂志上发表。时任校长朱家骅

---

① 萧超然等：《北京大学校史（1898—1949）》（增订版），北京大学出版社1998年版，第312—313页。

② 洪永宏：《厦门大学校史（1921—1949）》（第一卷），厦门大学出版社1990年版，第75—78页。

③ 《国立中山大学语言历史学研究所概览》，1930年，第83页。

曾说①：

"文科原无丝毫成绩凭借，现在几乎是个全部的新建设，聘到了几位负时誉的教员，或者可以继北大当年在此科的趋向和贡献，一年以后，在风气和成绩上，当可以比上当年之有'学海堂'。"

金陵大学中国文化研究所研究领域主要集中在历史学、考古学、哲学、目录学、文法学、东方学及艺术学等方面，研究所的特色是立足中国史学，以考古学、目录学为辅助，注重实证研究，参照国外东方学研究，结合中国传统研究方式，创立出一套科学的中国文化研究方法与体系。②该所主要专著有陈登原的《天一阁藏书考》、蔡祯的《河源疏证》、黄云眉的《古今伪书考补正》、商承祚的《福氏所藏甲骨文字考释》等。除了专著外，研究所师生还在该所承办的《金陵学报》上发表了大量高质量的论文，为弘扬中国文化作出了巨大贡献。

国立北平师范大学研究所③设有哲学组、语言文字学组、教育组等8组，研究范围十分广泛，涉及目录、译述、史学、宗教、教育、文学、民俗学等。此外，研究所还承担《女师大学术季刊》《女师大旬刊》及《礼俗半月刊》的编辑工作。该所代表性的研究成果有高步瀛的《史记太史公自序笺证》、刘盼遂的《颜氏家训校笺》、黎锦熙的《国语中的复合词的歧义和偏义》、董璠的《说文和体字考叙例》、吴其昌的《中国家族制度中子孙观念之起源》、陈子怡的《洛阳石经考》、黄文弼的《居延海考》、嵇文甫的《老庄思想与小农社会》等。④

第五节 大学研究院所社会服务职能的确立及实践

一 大学研究院所社会服务职能的确立

1926年南洋大学工业研究所成立，它是目前有史可稽我国最早设立的工科研究所。关于研究所设立的原因及宗旨，该所曾在《工业研究所请

---

① 《朱家骅启事》，《国立中山大学日报》，1928年2月27日增刊。

② 张宪文：《金陵大学史》，南京大学出版社2002年版，第156—157页。

③ 该所创立于1930年的国立北平大学女子师范学院研究所，1931年更名为国立北平师范大学研究院，1932年更名为国立北平师范大学研究所。

④ 黎锦熙：《北师大研究所史略》，《师大月刊》1932年第1期。

款计划及预算书》中作了说明，"吾国物产富饶，工业凋敝，举凡机械之制造，材料之甄选，商品之检验，技术之改善，政府机关，以及学术团体，均应负提倡指导之责"。为了发展中国工业，该所"秉承总理实业计划之意旨"，"注重实用，期促进工业革命之成功，并为普通国民发展工程事业起见，筹设工业研究所"。① 之后，交通大学在介绍研究所发展概况时再次强调其设立的旨趣："以研究高深学术，与促进科学上之发明，及技术上之实验，为唯一之本旨。"②

该所成立之后，承接了大量国内公、私立机关委托的实验项目，如"上海特别市公用局之煤水，中国工程学会之钢条面砖，交通部之电料，浙江图书馆建筑委员会之水泥，津浦湘鄂路局之燃料滑油，铁道部之饮水等等"③，取得了广泛的社会赞誉。④

南洋大学工业研究所在"科学救国"和"实业救国"思潮的影响下，在社会发展实际需求的激荡下，将社会服务作为该所的主要工作内容，主动与社会各界紧密联系，利用其掌握的科学技术及科研设备与仪器，为社会各界提供实验、检验等工作，并制造新产品，满足了社会需要，促进了中国近代工业的发展。南洋大学工业研究所的设立及工作的开展，开创了中国大学研究院所为社会提供服务的新纪元，确立了中国近代大学研究院所的社会服务职能。

南洋大学工业研究所设立不久，北洋工学院工科研究所、燕京大学研究院理科研究所化学部、清华大学研究院农业研究所以及南开大学应用化学研究所等，纷纷将社会服务纳入其主要的职能之内，大学研究所的社会服务职能成为共识。

大学研究院所社会服务职能形成的原因是多方面的，从当时的外部环境看，它既受到"科学救国""实业救国"思潮的推动，也是社会现实需求的反映，得到了社会各界的支持。从大学内部来看，它既是移植与模仿西方大学研究所制度的结果，更是中国近代大学研究院所科学研究体系化的必然产物。另外，当时的知识分子报以强烈的历史使命，自感发展中国

---

① 《本校办理改进研究所指经过》，《交通大学年报》，1930年8月，第155页。
② 《交通大学研究所概况》，《交大学生》1937年第6卷第2期。
③ 《本校办理改进研究所指经过》，《交通大学年报》，1930年8月，第156页。
④ 交通大学校史编写组：《交通大学校史（1896—1949）》，上海教育出版社1986年版，第177页。

工业的重要性。再者，工业的发展对科学技术的需求增加，民众对大学研究院所提供社会服务的呼声等，也是大学研究院所社会服务职能的重要推动力。因而，大学研究院所将社会服务列入其专门职能之中，并非大学研究院所单方面的意愿，而是在与社会的互动中产生的。

二 社会服务概况

本阶段直接为社会提供服务且表现较为突出的主要有交通大学研究所、北洋工学院工科研究所、燕京大学研究院、清华大学研究院以及南开大学应用化学研究所等。

1929年交通大学改组后，南洋大学工业研究所改组为交通大学研究所[①]，内分工业和经济两部。其中工业研究部分为六组：工程设计组，研究并制订工程计划以及各项技术标准等，以促进交通事业的发展；材料试验组，试验并研究各种工程材料的品类、性质、力量、功用等，以促进工程材料的应用，及其应该改善的地方；机械试验组，试验并研究各种机械工具的准度、效能、耐性、力量等，以鉴定其制造与功用的优劣；电气实验组，试验并研究各种电机、电器、电料的威度、准度、效能、耐性、力量等；物理研究组，试验并研究各种物理仪器、量表的准度及效能等；化学试验组，分析并研究各种物品的性质及成分，以鉴定其于工程上之效用。[②]

为了提高服务质量，减少纠葛，交通大学研究所制定了《交通大学研究所代办各路局委托事项简章》及《交通大学研究所代办外界委托事项简章》，对各路局及外界委托事项的材料规格、试验方法、试验结果及试验报告等方面作了详细的规定。交通大学研究所规范的服务流程与高质量的试验结果，获得社会各界的广泛认可，委托事项源源不断。以化学研究组为例，自研究所成立后，即致力于油漆试验，在防锈漆与普通漆的比较试验方面作了深入研究，在国产油漆中尝试桐子焙法与蓖麻油制成干性油等，并利用桐油酸制合成油多元醇与多价酸制油性树脂等，在

---

① 交通大学校长孙哲生以"物质建设，应工程与经济并重，乃将本所改称交通大学研究所，分工业研究与经济研究两大部，各分六组，以利进行"。参见黎照寰《交通大学研究所成立十周年纪念词》，《铁路杂志》1937年第2卷第10期。

② 《交通大学研究所暂行组织规程》，《交通丛报》1930年第157、158期。

油漆的工业应用方面成绩显著，获得各界的信任。仅 1935 年一年，化学组接受机关、工厂、商号及个人检验分析事项 30 余件，样品百余种，具体情况见表 4-7。①

表 4-7　　　交通大学研究所化学组接受外界委托事项

序号	物品	委托人	样品数目	样品来源
1	钢	京沪沪杭甬路局	2	不详
2	钢	胶济铁路局	4	不详
3	钢	中国制钉公司	15	德国
4	钢	中国窑业公司	2	不详
5	铁	正太铁路局	2	阳泉保晋铁厂
6	铁	陇海铁路局	1	不详
7	铜	陇海铁路局	3	新顺泰信义泰源各商号
8	铜	陇海铁路局	2	不详
9	紫铜	陇海铁路局	1	不详
10	合金	陇海铁路局	3	华丰巨丰信义
11	铅	郝复俭	1	万泰洋行
12	水	南浔铁路局	8	南昌九江涂家埠
13	水	中国棉业贸易公司	4	磁县灵宝彰德济东
14	煤	陇海铁路局	2	怡立煤矿
15	煤	正太铁路局	1	太原西山
16	煤	正太铁路局	1	凤山
17	煤	中国轮机员联合总会	1	大同
18	煤	新通贸易公司	2	博山
19	煤	中国工业炼气公司	1	不详
20	煤	薛迪彝	1	山东
21	滑油	航空委员会	2	不详
22	石灰	中国工业炼气公司	1	不详
23	白泥	中国窑业公司	2	柳江
24	铁矿	张萌	1	铜山
25	磷石	陇海铁路局	1	不详
26	石膏	王鹄程	1	不详

① 徐明才：《交通大学研究所化学组本年度经过概况》，《交大季刊》1935 年第 17 期。

第四章　中国近代大学研究院所快速发展阶段（1925—1934年）

续表

序号	物品	委托人	样品数目	样品来源
27	红丹	亚浦耳电器厂	2	不详
28	红丹	亚浦耳电器厂	1	不详
29	红丹	大华红丹公司	2	大华
30	红丹	大华红丹公司	2	大华
31	油墨	康元印刷制罐厂	16	谦信德孚
32	油漆	京沪沪杭甬路局	15	元丰永固

北洋工学院工科研究所在筹设时即在章程中明定其宗旨："供给教授研究各项工程问题之便利及代外界解决各项工程实际技术问题。"① 该所建立后努力为社会各界提供服务，范围涉及水利工程、土木工程、采矿工程、卫生工程、冶金工程等，解决了企业的实际问题，对当时国内的工业建设作出了贡献。所长李书田曾应河北省农田水利委员会的聘请，就河北省农田水利开发自流井问题作调查研究，确定了河北省适宜开发自流井的地带，为促进河北省农业生产提供了有效的建议。水利及卫生工程教授涂允成曾就定县的卫生状况作专门调查，指导定县的卫生建设。化学教授顾元礼为华北水利委员会分析蓟运河下游九王庄河水与观风堆河水所含杂质，确定其所含食盐及碱等成分，并应河北省第一博物馆请求，化验周、汉、宋各朝代货币所含成分，代河北井陉矿务局化验原煤、为钱塘江工程处化验钢筋铁质等。实验工程教授邓日谟在山东济南与山西兰村建造水力发动机等②。

燕京大学研究院化学研究部十分注重应用研究，并将研究结果应用于生产实践。如该所曾研究"从植物油中提取汽油""应用中国原料制造堆肥"等。③ 清华大学化学研究所在当时具有较高的水平，研究的问题多与教师所授课程相关，但也有些实用方面的研究，如利用中国原料制造有机药品，利用大麻籽油制成高级脂肪族化合物等，以及在工业染料及有色烟幕的制备等方面都取得了可观的成绩。中山大学曾于1928年设立化学工

---

① 《北洋工学院工科研究所暂行组织章程》，《国立北洋工学院工科研究所概况》，1936年，第23页。

② 《国立北洋工学院工科研究所概况》，1936年，第6—22页。

③ 《燕京大学研究院同学会会刊》，1939年，第6页。

业研究所，从事一些与工业生产项目相关的研究，但是与交通大学研究所和北洋工学院工科研究所相比较，该所主要任务是培养人才，研究工作主要是为教学服务。

农业是当时的经济基础，对于农业生产政府十分重视。20世纪30年代，国民政府教育部曾令清华办农学院，梅贻琦认为当时"农科大学毕业生之无补于农村改进，几乎是国人公认的事实"。他向教育部提出："惟以培植农业人才之始，应先对农业之亟宜改良之各项问题详加研究，以期洞明其相。及研究稍有基础然后按照需要设系招生，施以相当训练，俾学成后能在乡间作推行改良之实际工作，则效验可收，复兴可期。"①所以当时清华大学并没有遵照教育部命令办农学院，而是于1934年设立了农业研究所，"本所是要用全副精神，来解决农业上的问题，不是专作高深研究的，本所不叫农学研究所，而叫农业研究所，也就是这个意思"②。该研究所分病害、虫害两组，主要工作是调查农作物及果树病虫害，研究农作物的病虫害防治方法，研制国产杀虫剂，推广研究所的研究成果等。

清华大学农业研究所虫害组曾对河北、山东两省70余县的棉花、高粱、玉米、小麦、小米等及杏树、梨树、葡萄树等果树的病虫害进行广泛的调查，在棉蚜、玉米钻心虫的防除方面有较好的成绩，对砒霜、黑矾、烟草等中国药材进行毒性分析，利用这些中药研制有机农药。该所还曾对油类乳剂配制法进行了研究。抗战前清华大学农业研究所取得了一些研究成果，在实际推广及应用方面，取得了显著成效。

此外，政府相关管理部门也积极与大学合作设立应用型研究所，为社会提供服务。例如，1934年山东大学与全国棉业统制委员会中央棉产改进所在济南农学院合设棉虫研究所，研究棉花病虫害，改良棉业生产。③

三 个案研究——以南开大学应用化学研究所为例

南开大学应用化学研究所是中国较早从事工业研究，并主动利用学校的仪器设备，帮助工业界解决技术难题，促进中国化学工业发展的大学研究所。该所是理工科研究所加强与社会横向联系的一种尝试，是实用科学

---

① 高奇：《中国高等教育思想史》，人民教育出版社1992年版，第321—322页。
② 《清华大学农业研究所虫害组主要的工作》，《华北合作》1935年第16期。
③ 济民：《山大与棉统会合设棉虫研究所》，《棉讯》1934年第8期。

第四章 中国近代大学研究院所快速发展阶段（1925—1934年）

研究适应社会经济发展要求的产物。南开大学应用化学研究所的所有经费主要靠自筹，该所通过为社会提供服务，收取一定的费用，在满足社会需求的同时，促进了自身的可持续发展。因此，南开大学应用化学研究所的服务社会具有典型性和代表性，因此就有了作为个案研究的价值。

（一）南开大学应用化学研究所的设立

南开大学应用化学研究所是在张伯苓"土货化"的办学思想的指导下建立的。"土货化"办学是指大学要为发展中国的民族工商业服务。1924年张伯苓就提出："中国现在之要，首在增进物质文明，不然，则为世界进化中之落伍者，欲图与之争衡不可也。然增进物质文明之法，吾以为不在提倡科学，而在振兴实业，财赋一足，则自能从容从事于科学之发明矣。"1928年张伯苓在一次讲演中说："此后南开方针当趋重实际问题的研究。"[①] 1929年，张伯苓赴欧考察之后，更加痛感中国教育与社会不相联系，是中国教育之大病，坚定了南开大学服务社会和解决中国实际问题的办学方针。

20世纪二三十年代，化工尚属新兴学科，大学里办化工类研究所更是凤毛麟角。南开大学有感于西方工业先进国家应用科学研究的发达及工业的兴盛，而国内工业则处于萌芽阶段，且"通学理者，未必从事实业，办实业者，未必精通科学"，就中国的小工业而论，其能够立足成功的原因，"属于商业方面者多，属于技术方面者少。故一旦遇有竞争，即岌岌无以自存"，而设立研究所可以达到"以应用科学为小工业之后援，使其于创业之始，可以事半而功倍"的效果。因此，南开大学决定创办一个化学工业方面的研究所，"研究我国工商业实际上之问题，利用南开大学之设备，辅助我国工商界改善其出品之质量，俾收学校与社会合作之实效"。[②]

鉴于以上原因，1931年秋，南开大学应社会急需，为谋求"中国化学工业之发达及其自给"，筹建化学工程系。1932年，化学工程系正式成立，并附设应用化学研究所。当时，"我国学校与社会之间，夙称隔阂。隔阂之意，盖谓学科与国情不和，而学生之所学，即非其将来之所用也，

[①] 高奇：《中国高等教育思想史》，人民教育出版社1992年版，第257—258页。
[②] 《南开大学应用化学研究所章程》，《天津南开大学一览》，1932年。

此其流弊，在工程学科之中，以化学工程为尤显"。① 因此，张伯苓在与研究所创办人张克忠为研究所定名时，特别强调"应用"二字，将研究所命名为"南开大学应用化学研究所"。

（二）南开大学应用化学研究所的组织与职员

南开大学应用化学研究所隶属于理学院，所长由化学系主任张克忠兼任。研究所分为三部：化验部、制造部和咨询部。化验部"专代各界分析、鉴定各种工商物品"②。咨询部"专司解答各界关于化学工业上之困难问题"。咨询的问题，"如系关于纯粹学理方面者"，随时由咨询部以函件答复。"如需试验解决者，应俟试验后再行答复。"③ 制造部"以研究所得新法，自行制造各种物品，其结果备我国实业界之采用"。对各界委托化验的物品，"依化验时所用药料价值之高低，及化验手续之繁简，酌收化验费"。研究所采用有偿服务的方式，从学校领取的经费很少，基本上是自力更生。④

研究所工作人员的组成，一直保持着寥若晨星的特色。研究所最初设立时只有5人，张克忠兼任研究所所长，张洪沅兼任研究所副所长和研究部主任，此外还有研究员谢明山、蒋子瞻和陆志安3人。研究所人数最多的时候也只有15人（见表4-8），理学院院长邱崇彦和化学教授杨绍曾也包括在内，但是他们俩的工作重点是指导科研，所以全所实际工作人员只有13人。

研究所的研究员均毕业于美国著名大学，助理研究员均为国内著名大学毕业的高才生，练习生要求为高中毕业文化水平。研究所上至所长，下至助理研究员，都肩负教学和科研任务。此外，由于经济条件所限，加之许多科研、生产设备不易购置，工作人员还自行设计并安装了精馏塔、双

---

① 《应用化学研究所报告书》（第1卷），1933年，第3—4页。
② 《南开大学应用化学研究所化验部章程》，《天津南开大学一览》，1932年。
③ 同上。
④ 《南开大学应用化学研究所章程》规定，"本所经费由南开大学负责供给"。实际上，研究所从学校领取的定额经费很少，维持研究所运转的资金主要靠化验部和咨询部的有偿服务赚取。在研究所筹建时，因研究所命名时使用的"应用"二字，引起了社会各界的广泛关注，有关实业界人士以及拟依靠研究所提供技术支持的天津化工制造厂家，都捐助资金，促其筹建。因而研究所在校内领取的经费很少。参见伉铁儁《抗战前的南开大学应用化学研究所》，《南开校友通讯》（复刊）1983年10月第4期。

第四章　中国近代大学研究院所快速发展阶段（1925—1934年）

效真空蒸发器、压延设备、连续过滤机等，所以研究所的每个人的工作任务都很重，除上课以外，就是在研究所里进行分析、设计、试验工作，效率极高。①

表 4-8　　　　　　1935—1936年南开大学应用化学研究所职员②

姓 名	字	籍贯	履 历	职 务
邱崇彦	宗岳	浙江	美国克拉克大学博士	化学教授兼理学院院长、化学系主任
杨绍曾	石先	安徽	美国耶鲁大学博士	化学教授
张克忠	子丹	河北	美国麻省理工大学科学博士	化学教授兼本所所长
张洪沅		四川	美国麻省理工大学科学博士	化工教授兼本所研究部主任
高长庚	少白	山东	美国麻省理工大学理学士	化工教授兼本所研究员
赵镛声	越寰	江苏	国立中央大学工学士	助理研究员
张德惠		江苏	国立浙江大学工学士	助理研究员
伉铁儁		河北	南开大学理学士	助理研究员
潘尚贞		江苏	国立浙江大学工学士	助理研究员
卢焕章		福建	交通大学理学士	助理研究员
郑元英		四川	华西协和大学毕业	练习生
胡锡卿		河北	不详	助理员
陆企年		江苏	苏州中学毕业	练习生
陈鑑远		江苏	苏州中学毕业	练习生
史永龙		江苏	苏州中学毕业	练习生

（三）南开大学应用化学研究所的社会服务

南开大学应用化学研究所坚持研究与生产并重，注重实干，强调社会信誉，技术开发主要面向国内的工商业，面向生产第一线，在社会上拥有良好的声誉，来自工厂、企业和有关单位委托的项目源源不断。1935年之前，研究所的社会服务工作主要有以下几方面。

1. 样品的分析化验与仿制产品

根据《南开大学应用化学研究所报告书》第1、第2、第3卷内容进行统计，从1932年到1934年的3年间，研究所接受委托分析化验样品

---

① 伉铁儁：《抗战前的南开大学应用化学研究所》，《南开校友通讯》（复刊）1983年10月第4期。

② 《南开大学应用化学研究所报告书》（第4卷），1935年，第99页。

110余种，数量260余件。凭借着研究人员精湛的分析技巧，在简陋的条件下用普通仪器完成了许多高难度的项目。研究所通过试验分析，积累了大量的分析数据，对样品的分析方法进行了改进。如通过对我国煤炭种类分析数据的积累，对高特（Goutal）的发热计算方程式进行了修正；对锰矿石内含锰量的分析方法作了改进等。这些工作引起国内外的关注，美国《化学文摘》曾摘录了上述两项工作的要点。

20世纪二三十年代，中国化学工业还处于起步阶段，创新能力不足，研究所分析化验工作的主要目的是仿制产品，"研究国外重要制造事业之成法，使之移植国内"[①]。南开大学应用化学研究所通过对国外产品的分析化验，成功仿制了手电灯反光镜、金属磨光皂、油墨、酱油防腐剂、石印白油、药水肥皂、纱粉、复写纸、黑铜水、制革发光水、印刷软胶、麻辣油、胶粉等。从今天的眼光看，该所仿制的这些产品技术含量都很低，工艺也不复杂，但是在当时的中国，这些仿制品在抵制洋货，促进中国轻工业发展上都起到了良好的作用。

2. 为化工企业提供技术支持

面向社会，为企业解决生产中的技术难题，是南开应用化学研究所的重要工作之一。本此宗旨，南开应用化学研究所为众多企业提供技术服务，为其研制新产品或改良产品质量。如为天津利中制酸公司设计及制造了硫酸，为天津洁龙浆糊社研制了胶粉，为北平德信五金工厂仿制了糊精，为天津大北贸易公司用大豆油仿制了油墨，为天津浙江兴业银行货栈研究解决面粉防臭方法，为天津公兴存制蛋行改良蛋制品的质量等。

研究所本着"服务到家"原则，无论是为企业研制、仿制还是改进产品，都将委托方的业务人员请到研究所里，手把手将技术教给他们，直到其完全掌握为止。因此，研究所深受委托单位的欢迎与赞许，在社会上声誉日隆。不仅天津、北京、河北的企业纷纷委托研究所分析、检验与仿制产品，远在外省企业也找上门来，请求研究所解决技术难题。如上海电灯厂委托研究所仿制电灯泡用药，包头电气面粉厂委托解决锅炉用水的软化问题，山西商人马相伯委托研究制造谷糖等。这些问题的解决，为企业生产节约了成本，提高了产品质量，促进了我国民用轻工业发展。

---

① 《南开大学应用化学研究所报告书》（第3卷），1935年，第9页。

3. 农副产品的研究和推广

鉴于化学工业范围过于广泛，研究所的人力经费有限，如果大范围地开展服务，面面俱到，仅凭南开应用化学研究所的规模是作不到的，即使疲于应付，也难收到好的效果。1934年，研究所开始审时度势，改变全面发展的模式，在兼顾轻工产品的分析及制造的同时，开始偏重于农产品的研究与推广。

研究所的工作偏向于农产品研究的原因有二。其一，在20世纪二三十年代，"先进各国，颇致力于农产品之充分利用，各国研究所得，虽屡有发表，然无成法可备采用"。其二，中国为农业大国，"农产品数量甚巨，种类繁多，其适当利用，实有关民生"①。所以研究所决定集中力量，以求在短时期内在农副产品的充分利用上有所成就。

研究所在农副产品的综合利用方面开展的工作主要有黑豆油的漂白、谷糖的制造、棉籽油的高热分解、中国人造丝的制造、植物秆中造纸原料的提取、芦苇造纸等。此外还有干蛋白发沫、用棉籽油制造汽油、棉籽蛋白的提取等。在大豆、花生干酪素的提取及用玉蜀黍制造去色碳等方面也取得了一定的成绩。在发酵及微生物化学方面最为显著的成绩是利用高粱发酵制造酒精。我国此前制酒采用的是固体发酵，出品率过低。研究所采用在发酵前高压蒸煮高粱，并改良培养酵母以及酒霉的方法，大大提高酒精的回收率。这种制造酒精的方法在当时处于国际领先地位，直到1944年，美国的一个大酒精厂才采用同样的技术。②

4. 为企业提供化学工程项目的设计与安装

该所帮助企业设计安装工程项目很多，其中最成功也是最典型的例子是为天津利中公司设计建造硫酸厂。

1933年，天津利中公司为发展华北工业，扩充资本20万元，拟建造一座日产3吨的浓硫酸厂。如果工程交由外国洋行设计建造，建设及设备费用共需约25万元，此外还需外国工程师1人、焊接工2人来华工作，除了外国工程师及工人的交通费、食宿费皆由利中公司承担外，工程师每日15美元，工人每日5美元的薪金也需利中公司支付。以此估算，共需

---

① 《南开大学应用化学研究所报告书》（第4卷），1936年，第2页。
② 王文俊、梁吉生等：《南开大学校史资料选》（1919—1949），南开大学出版社1989年版，第410—411页。

要 30 万元，大大超过了利中公司的预算。利中公司经与南开大学应用化学研究所商洽后，决定委托该所进行设计建设。南开应用化学研究所派张克忠、张洪沅、蒋子瞻等人负责筹划，于 1933 年开始建设。在建设过程中，除了耐酸风扇及铅皮等少数材料从国外进口外，其余均采用国产原料，所有工程由蒋子瞻监理，焊接工人均为国内人员。在不到一年时间内，利中公司的硫酸厂就宣告建成并投入生产，建设费用只用了 13 万元，各项指标均超过了外国洋行。研究所在其报告书中写道：[1]

"以其费用之低廉，建筑时间之迅速，及成绩之良美，本所同人深以为幸，亦以尽同人学习工程之责。因是尤觉中国问题可由国人自行解决，而中国工程师未必不如外人也。"

5. 南开化学工业社及试验工厂的设立

为了尽快使研究所的科研成果进入实际工业生产，1934 年南开应用化学研究所成立了"南开化学工业社"（以下简称南化工社）。简言之，南化工社是一个集资建成的化学工厂，采用股份制形式，股东由研究所及工商企业组成。南化工社与普通化工厂不同之处在于，"普通化工厂以纯粹营利为目的，而南化工社以创业为目的。普通工厂以利用人材为目的，而南化工社以造就人材为目的"[2]。由于南化工社没有商业经营之经历，研究所人员没有经营的精力，所以研究成果的转化不是很理想，加之南开应用化学研究所和黄海化学研究社合作，没有精力兼顾南化工社的发展，故在 1935 年冬召开董事会，解散南化工社，在原有设备及材料的基础上，将南化工社改建为南开大学应用化学研究所试验工厂。

试验工厂也不以营利为目的，其宗旨有以下几方面：利用工厂机器对研究所的研究成果作半商业化的试制，目的是测出此种制造方法能否在工业上应用；使研究人员或化工系学生能得到设计及解决工业上困难之经验；继续对过去两年内与南化工社合作的工商企业以技术支持。[3]

南开应用化学研究所试验工厂制造的土耳其红油、硬脂酸、红铅粉、黄铅粉、甘油、钾皂、酒精等产品，除了一部分酒精自用外，其他全部供应天津各厂家。为了使产品"产销对路"，该所采取了"以销定产"的办

---

[1] 《南开大学应用化学研究所报告书》（第 2 卷），1934 年 6 月，第 33 页。
[2] 张子丹：《南开大学应用化学研究所的设立与工作》，《南大半月刊》1934 年第 15 期。
[3] 《南开大学应用化学研究所报告书》（第 4 卷），1936 年，第 20 页。

第四章 中国近代大学研究院所快速发展阶段（1925—1934年）

法，如生产的硬脂酸销售给范永和号，黄、红铅粉出售给永明油漆厂，钾皂售给仁立毛织厂等。试验工厂生产的产品质地优良，深得社会各界的赞许。并为改变当时市场上企业间相互倾轧、封锁的不良风气尽到了一份力量。①

南开大学应用化学研究所带着强烈的责任感和使命感，为发展我国的化学工业作出了杰出贡献。所长张克忠曾指出：②

"本所工作的目的，在于求中国化学工业之发达及其自给。科学方法，工程原理，虽无国际差异，而其应用于工业也，则颇富有地方性。故为发展我国工业计，国人必须自谋出路。外国专家，虽欲为助理，未必可能。中国工业科学化，外国方法中国化，是即本所成立之目标。"

南开大学应用化学研究所组织精干，工作效率高，注重科学研究，在面向社会服务的同时，注重化工人才的培养，作到了教学与科研相结合，研究项目与社会实际需求相联系，实现了教学、科研和社会服务的一体化发展。

从南开大学应用化学研究所的服务实践看，其主要的服务对象是中小企业，试验与分析的都是民用轻工业产品，且自行研究制造的很少，主要是仿制国外产品。究其原因，当时国内的工业极不发达，科学尚未普及，化工类的大企业极少。由于资金有限，许多国外先进的仪器、设备无力购买，所以，研究所只能作些简单的材料分析与小型实验工作，将目标定位于小工业企业，帮助其解决工程及生产困难，待研究所条件成熟，再行发展壮大，这种实事求是的作风对于企业及研究所的发展极为有利，放置当下，仍有可供借鉴之处。

---

① 南开大学校史编写组：《南开大学校史》（1919—1949），南开大学出版社1989年版，第211页。

② 张子丹：《南开大学应用化学研究所的设立与工作》，《南大半月刊》1934年第15期。

第五章

中国近代大学研究院所的曲折发展阶段（1935—1945年）

第一节 大学研究院所的曲折发展

自1935年开始，大学研究院所开始迈入规范化发展阶段，在此时期内，研究院所的发展历程曲折，经过短暂的下降后，开始稳步上升。由于受到战争影响，抗战初期，大学研究院所的发展处于停滞状态。在抗战建国的现实需求下，从1939年开始，大学研究院所开始恢复招生及研究工作，并根据社会需要增设了一批研究所，国家及教育行政部门采取了一些措施鼓励各大学设立研究所，并令相关大学设立了一批特种研究所，因而大学研究所再次快速发展。

一 1935年至1937年抗战爆发前大学研究院所的发展状况

1934年，南京国民政府教育部出台的《大学研究院暂行组织规程》，提高了大学研究院所的设置条件。从学术专业化的角度来看，教育行政部门的介入会在一定程度上妨碍大学的学术自由，但是从20世纪30年代中国大学研究所良莠不齐的情形观之，设置标准的制定，对大学研究院所的健康发展具有一定的积极意义。因为我们不能只把目光聚集在几所顶尖的大学研究院所上，实际上当时许多大学研究院所的学术水平、师资力量及教学设备远未达到设立程度。然而，标准的制定与颁行之后，导致的结果是大学研究所的数量大量减少，研究生人数急剧下降。

（一）社会各界对设立大学研究院所的讨论

针对大学研究院所的数量减少和研究生人数的下降，社会各界纷纷撰文发表看法。任鸿隽指出，"就大学本身说，除非有毕业院的组织与高深研究的设备，不能算是名副其实的大学"，鉴于我国的大学已渐次发达，

第五章　中国近代大学研究院所的曲折发展阶段（1935—1945年）

而留学费用巨大，留学政策直接有妨于大学研究所的发展，建议国家停止派遣留学生，聘请外国专家，办理大学研究所。① 任鸿隽的文章发表之后，引起了学界的广泛关注。

姚薇元非常认同任鸿隽的观点，并认为在当时的留学政策下，大学创设的研究院所成了"留洋预备学校"，照此下去，学术独立永无希望。文章指出，设立大学研究院所要作到以下几点。1. 设立的目的在于引导高深研究，俾本国学术渐达独立地位，不是救济失业大学生，或增高大学身份。2. 研究所应注重质的发展，不必每个大学都设立研究所。设立研究所的大学，也不必每科都设。3. 政府应支巨款补助大学聘请外国学者及购置设备。4. 大学研究所不应以招收研究生为专务②。就此问题，《年华》杂志刊登了评论文章，认为设立大学研究所必须要有充实的设备，还要有合格的学者作为导师。文章建议教育当局应对拟设立研究所的大学进行考察，按照其实际情况责令其专设一二科而力谋发展，"万勿任其于一个大学里面，各科应有尽有，而种将来名不符实的危机"③。汪敬熙则从民族自尊的角度出发，认为创办大学研究所的苦力应由本国人担任，如果本国没有创办大学研究所的人才，大学就不配设立研究所。④ 作为对各位评论的应答，1935年1月12日，任鸿隽再次撰文论述了聘请外国专家帮助中国设立大学研究所的必要性，以及留学政策无助于促进中国科学研究事业的发展。⑤

有学者认为，为了促进科学发展，以实现学术上的平等，政府应该增加拨款，尽量充实大学研究院的人才与设备，兼聘国外专家任导师，停止留学政策，节省公私留学经费以用之于本国大学研究院的设备。⑥ 停止向国外派送留学生，设立大学研究所似乎成为了共识。对于该设立何种研究所，1936年，胡焕庸发文论述设立地理研究所的必要性："凡关地方之开发，边疆之经营，侨民之保护，列国之应付，诸般大政，盖无一不赖地理学家之研究与规划"，因此建议"速设立一地理研究所"，"其组织或附设

---

① 任鸿隽：《大学研究所与留学政策》，《大公报》，1934年12月23日。
② 姚薇元：《大学研究院与学术独立》，《独立评论》1935年第136期。
③ 佚名：《设立大学研究所问题》，《年华》1935年第4卷第1期。
④ 汪敬熙：《也谈谈大学研究所与留学政策》，《大公报》，1935年1月3日。
⑤ 任鸿隽：《再论大学研究所与留学政策》，《独立评论》1935年第136期。
⑥ 心丝：《从科学社研究院谈到专门研究的前途》，《图书展望》1935年第3期。

于现有之研究,或附设于大学地理系"①。

对于大学是否应设立研究院所,学界也有不同的声音。1935年《北平周报》发表署名文章,认为我国实有设立研究所的必要,但鉴于种种困难,各大学无须设立研究所,一切科学之研究所概由中央研究院办理。②

(二) 教育部的态度及采取的措施

实际上,教育部深谙大学研究院所对科学发展和学术独立的重要性,其对大学研究院所的整顿,制定统一的设立标准,并不是否定大学研究院所的成绩,实际用意是在肯定大学研究院所既有成绩的基础上,通过制定标准实现大学研究院所人才培养的体系化和学术研究的体制化。因而,教育部采取了一系列措施,对大学研究院所进行规范,同时以行政命令及经费补助的方式,鼓励大学设立研究院所。

1934年夏,教育部令国立中央大学、武汉大学和浙江大学于短时间内筹设研究所。③《大学研究院暂行组织规程》颁行不久,国民政府行政院召开第二次庚款管理机构联席会议,教育部建议的4项办理教育文化事业案件通过决议,其中1项目要求各庚款机关须拨出专款,用于补助国立大学设立研究所④。1934年12月,国民政府召开五中全会,也提出要拨款增设大学研究院所。

(三) 研究院所的发展情况

对于设立研究院所,各大学本抱有极大的热情,因为设立研究所是提升学校学术地位的重要途径,有利于吸引优秀的师资与生源,有利于提高教师的教学和科研水平,有利于学校综合实力的提升,提高其竞争力。所以,在学界的呼吁下及政府部门的政策支持下,从1935年开始,各大学纷纷设立研究院所。经教育部核准,燕京大学设置理科研究所化学部、生物学部、法科研究所政治学部;东吴大学设立法科研究所法律学部⑤;1936年,北京大学理科研究所增设地质学部;武汉大学设立工科研究所

---

① 胡焕庸:《创设地理研究所之需要与计划》,《科学》1936年第20卷第10期。
② 庄:《设立研究所之商榷》,《年华》1935年第103期。
③ 参见《本校奉部令筹设理农两科研究所》,《国立中央大学日刊》1934年11月23日;《教部令国立三大学设研究所》,《浙江教育行政周刊》1934年第5卷第41期。
④ 参见《各庚款机关拨款协助国立大学设立研究所》,《中国国民党指导下之政治成绩统计》1934年第3期;《各大学附设研究所》,《中南情报》1934年第3期。
⑤ 《教育部训令》,《暨南校刊》1935年第141期。

第五章 中国近代大学研究院所的曲折发展阶段（1935—1945 年）

土木工程学部、法科研究所政治学部；金陵大学设立理科研究所化学部，农科研究所农业经济学部；燕京大学设立文科研究所历史学部；中山大学等还筹划扩充研究所。①

此外，其他众多大学也积极筹备设立研究院所，如河南大学呈请河南省政府拨款设立河南历史研究所②，山东大学呈请中英庚款董事会拨款设立工业研究所③，私立震旦大学法学院筹设法科研究所法律学和政治经济学两部④，辅仁大学 1937 年获教育部批准，于 1938 年设立文科研究所历史学部和理科研究所物理学部。⑤

据教育部统计，1935 年全国共有研究所 15 所，1936 年为 22 所，⑥ 学部数 1935 年为 28 个，1936 年为 35 个，大学研究所和学部数开始增多。

表 5-1　　　　　　1935—1936 年大学研究院设置情形

学校	研究所	学部	
		1935 年度	1936 年度
中央大学	文科	算学	
	理科	农学	
北京大学	文科	中国文学、史学	
	理科	数学、物理、化学	地质学
	法科	暂不招生	
清华大学	文科	中国文学、外国语文、历史、哲学	
	理科	化学、物理、生物、算学	
	法科	政治、经济	
武汉大学	工科		土木
	法科		政治

---

① 《国立中山大学研究院扩充计划书》，《国立中山大学日报》，1937 年 5 月 11 日。
② 《本校呈请省政府拨款办河南历史研究所》，《河南大学校刊》，1936 年 11 月 16 日。
③ 《管理中英庚款董事会公函》（第 1901 号），《国立山东大学周刊》，1936 年 9 月 28 日。
④ 《震旦杂志》1936 年第 33 期。
⑤ 《辅仁大学举办历史及物理研究院》，《公教学校》1937 年第 3 卷第 19 期。
⑥ 中国教育年鉴编写组：《第二次中国教育年鉴》（第十四编 教育统计），商务印书馆 1948 年版，第 1407 页。

续表

学校	研究所	学部	
		1935年度	1936年度
中山大学	文科	中国语文、历史	
	教育科	教育、教育心理	
	农科	农林、植物、土壤	
金陵大学	理科		化学
	农科		农业经济
燕京大学	理科	化学、生物	
	法科	政治	
	文科		历史
南开大学	商科	经济学部	
	理科	化学工程	
东吴大学	法科	法律学	
北洋工学院	工科	采冶	

资料来源：《我国大学研究院所设施情形之检讨》，《高等教育季刊》1942年第2卷第4期。

二 1937年至1945年大学研究院所的发展情况

（一）战时大学研究院所的困境及政府采取的措施

抗日战争爆发后，大学的教学和科研活动受到极大的影响，北平、天津、上海等地大批大学内迁，大学研究院所也受到巨大影响，多数研究所的教学、招生、研究等工作大多未能继续进行，而各大学研究院所原有扩充计划的，亦遂无形停顿。

1937年夏至1938年春，是各大学研究院所最为消沉的时候，大学研究院所几乎所有工作处于停滞状态。虽然暂时没有受到战事影响的大学筹设研究院所的工作仍不遗余力地进行，如中央大学设立了教育心理学部，金陵大学设立了文科研究所史学部，燕京大学设立了理科研究所物理学部，辅仁大学设立了文科研究所史学部和理科研究所物理学部，岭南大学设立了理科研究所生物学部和化学部，[①] 但是大学研究所的数量和学部数与1936年相比，研究所减少了4个，学部减少了12个，研究所的发展再

---

① 叶佩华：《我国大学研究院所设施情形之检讨》，《高等教育季刊》1942年第2卷第4期。

第五章 中国近代大学研究院所的曲折发展阶段（1935—1945 年）

次出现了下降趋势。

战事稍稍稳定之后，国民政府认识到，抗战既然是长期的，学术研究便不可一日终止。大学是国家文化火种的存续者，大学研究院所培养的人才对于战时问题的解决与战后国家的重建至关重要，大学研究院所必须切实地重新办起来。抗战既要靠英勇的战士浴血奋战，也需要科学家、教育家从事学术研究。中央大学校长罗家伦说：[①]

"近代战争，不是单纯的武力战争，而是文化的战争，……支持文化的教育，从纵的方面讲，自小学中学大学一直研究院，缺少一段就无从实施。从横的方面讲，文法理工农医商，都有一套整个配合，缺少一个都配不起一个整个国家的机构。"

1938 年 3 月，教育部部长陈立夫在发表其教育主张时说："教育为立国之本，整个国力之构成有赖于教育，在平时然，在战时然。"[②] 1939 年第三次全国教育大会在重庆召开，会议议决"以非常时期的办法来达成教育本来的目的，运用非常的精神来扩大教育的效果"，正式确立了"战时须作平时看"的教育方针。[③]

鉴于科学研究对于抗战建国有莫大的关系，1938 年夏，国民政府教育部下令国内各大学，原来设有研究所的，积极恢复招生，原来未设立研究所的，而学校的师资设备俱合于设立研究所规定者，应筹备设立研究所。为了鼓励大学设立研究院所，政府当局采取了以下措施。

1. 制定了经费补助办法。教育部规定，国立大学的研究院所以学部为单位，分别给予补助，补助标准为：甲类为电机、机械、土木、矿冶、农林植物、土壤、化学、物理等学部，每一个学部补助 2000 元；乙类为中国文学、史学、数学、教育学、教育心理学、史地、经济、农艺等学部每一学部补助 2000 元。共补助甲类 16 个学部，乙类 14 个学部，补助费用为 76000 元。1940 年，教育部追加 120 万元作为大学研究院所的补助经费，并重新制定了补助标准：理、工、医科研究所，设 1 学部的补助 4 万元，设 2 学部的补助 5 万元，设 3 学部的补助 6 万元，设 4 学部的补助

[①] 罗家伦先生文存编辑委员会：《罗家伦先生文存》（第五册），中国国民党党史委员会 1976 年版，第 554 页。

[②] 中国第二历史档案馆编：《中华民国史档案资料汇编》［第五辑 第二编 教育（一）］，江苏古籍出版社 1997 年版，第 13 页。

[③] 教育部年鉴编纂委员会：《第二次中国教育年鉴》，商务印书馆 1948 年版，第 74 页。

7万元，设5学部的补助8万元；文、法、农师范研究所，设1学部的补助3万元，设2学部的补助4万元，设3学部的补助5万元，设4学部的补助6万元，设5学部的补助7万元。受到补助的共计24个研究所48个学部，共补助费用为107万元，教育部指定该补助款专作充实研究所设备及研究材料之用，不得挪作教职员的薪俸。①

2. 限制大学毕业生出国留学。1938年6月17日，教育部颁发了《限制留学暂行办法》，规定：凡选派公费留学生及志愿自费留学生，研究科目一律暂以军工理医各科有关军事国防为目前急切需要者为限。凡公费生或私费留学生，须具有下列资格之一。（1）公私立大学毕业后，曾继续研究或服务二年以上，著有成绩者。（2）公私立专科学校毕业后，曾继续研究或服务四年以上，著有成绩者。（3）现在国外留学生，领有留学证书，出国已满三年以上者，一律限令在本年九月以前回国，逾期不回国者，一律不发外汇证书，其有特殊成绩，确需继续在国外研究，或其所习学科为军工理各科有关军事国防者，经肄业学校及驻外各大公使馆证明后，得以通融延长。（4）现在国外留学生，未领留学证书者，请求外汇时教育部一律不予证明，其愿即行回国，经驻外各大公使馆证明属实者，得呈请教育部发给回国旅费外汇证明书。②

由于政府当局的限制，出国留学的人数急剧下降，1935年和1936年2年，每年呈请并经教育部批准出国留学生人数均在1000人以上，1937年减为366人，1938年为92人，1939年只有65人。③限制留学后，一些有志于深造的大学毕业生，只好转向国内的大学研究院所，从而促进了大学研究院所的发展。

3. 提高国内大学研究院所的地位。1940年，教育部在颁行的《大学及独立学院教员资格暂行审查规程》中，对于评选副教授、讲师资格，均将"国内外大学研究院"并举。事实上，审查大学教员资格时，对于在国内各大学研究所获得硕士学位人员，一律承认其资格等同于国外的硕士学位。抗战前，国内大学在聘任教师时有"欧美一等，东洋二等，国内三等"之区别，教育部颁行此规程，使毕业生投考本国研究所的意愿大大提

---

① 叶佩华：《我国大学研究院所设施情形之检讨》，《高等教育季刊》1942年第2卷第4期。
② 教育部编：《教育法令汇编》（第四辑），上海商务印书馆1939年版，第121页。
③ 教育部年鉴编纂委员会：《第二次中国教育年鉴》，商务印书馆1948年版，第1416页。

第五章 中国近代大学研究院所的曲折发展阶段（1935—1945 年）

高，这对于提高本国大学研究所的地位，促进国内大学研究所的发展是很有裨益的。

4. 向社会各界介绍大学研究院所的毕业生。为了使大学研究院所的毕业生有好的出路，促进研究所的发展，教育部采取了下列办法：（1）将获得硕士学位者的名单，每年公布一次，便于各类学校及其他机关延聘；（2）将硕士学位论文作为丛书进行刊发，使其研究成果能见之于世，扩大影响；（3）向国外大学介绍本国大学研究院所的状况及取得的成绩，便于各大学研究所与国外大学进行联系；（4）积极与外国各大学研究院接洽，便于在中国各大学研究院所取得硕士学位之学生，若赴国外大学继续深造，国外大学能承认其学分。[①]

（二）战时大学研究所和学部发展情况

在政府的政策扶持和经济补助之下，从 1939 年上半年开始，各大学研究所陆续恢复科学研究及招生工作。1939 年夏，北京大学文科和理科研究所开始恢复工作，文科研究所内设史学、语言学、中国文学、考古学、人类学五部，理科研究所设算学部、物理学部和生物学部，并于 1939 年 7 月开始招生[②]。清华大学也于本年开始招生，文科研究所设中国文学部、外国文学部、哲学部、历史学部，理科研究所设物理学部、算学部和生物学部。中山大学各科研究所亦于 1939 年 9 月 15 日至 17 日举行招生考试[③]。本年，除了原来的研究所恢复招生外，全国还增设了 10 个研究所，20 个学部。其中浙江大学创设了研究院，内设文理两科，设史地和数学两部，并于 11 月开始招生。[④] 中央大学新增农科研究所农艺学部、师范科教育心理学部，金陵大学新增农科研究所农艺学部和农业经济学部。岭南大学新增理科研究所生物学部和化学部等，具体情况见表 5-4。

至 1939 年底，全国共设立了 30 个研究所，其中文科 6 个，法科 5 个，商科 1 个，理科 7 个，工科 5 个，农科和师范各 3 个。学部数达到了

[①] 陈东原：《我国之大学研究院》，《学生之友》1942 年第 4 卷第 1 期。
[②] 参见《北京大学恢复研究所》，《科学》1939 年第 23 卷第 7、8 期；《北京大学理科研究所招生》，《科学》1939 年第 23 卷第 9 期。
[③] 参见《中山大学研究院招生》，《科学》1939 年第 23 卷第 11 期；《国立中山大学研究院概况》，《教育通讯》1939 年第 2 卷第 38 期。
[④] 《国立浙江大学设研究院》，《浙江战时教育文化》1939 年第 1 卷第 8 期。

51个,其中文科10个,法科6个,商科1个,理科15个,工科10个,农科5个,师范4个。自此,政府当局采取的一系列促进大学研究所发展的措施初见成效,大学研究所数和学部数开始稳步上升,各科研究所发展也较为均衡。

进入20世纪40年代,各大学继续增设研究所,1940年全国共有研究所30个,1945年增加到了49个。学部数1940年为51个,1945年增加到了90个,增加的幅度都比较大。具体情况见表5-2、表5-3和表5-4。

表5-2　　　　1938年至1945年大学及独立学院研究所数①

年份	共计	文	法	商	教育	理	工	医	农	师范
1938	23	5	3	0	0	6	2	1	3	3
1939	30	6	5	1	0	7	5	0	3	3
1940	30	6	5	1	0	7	5	0	3	3
1941	36	8	5	1	0	8	6	1	4	3
1942	45	10	5	1	0	10	6	5	5	3
1943	42	9	4	1	0	8	6	6	5	3
1944	49	11	6	2	0	9	7	6	5	3
1945	49	11	7	2	8	7	6	5	3	0

注:1938年教育部创立师范学院制度,教育研究所改为师范研究所,1945年,教育部再次对师范学院制度进行改造,师范研究所又改为教育研究所。

表5-3　　　　1938年至1945年大学及独立学院研究所学部数②

年份	共计	文	法	商	教育	理	工	医	农	师范
1938	26	5	3	0	0	8	2	0	4	4
1939	51	10	6	1	0	15	10	0	5	4
1940	51	10	6	1	0	15	10	0	5	4
1941	64	13	7	1	0	18	12	1	8	4
1942	75	15	7	1	0	22	11	6	9	4

---

① 教育部年鉴编纂委员会:《第二次中国教育年鉴》(第十四编 教育统计),商务印书馆1948年版,第1407页。

② 同上。

第五章　中国近代大学研究院所的曲折发展阶段（1935—1945年）

续表

年份	共计	文	法	商	教育	理	工	医	农	师范
1943	69	14	6	0	0	18	11	7	9	4
1944	87	18	10	2	0	22	12	7	11	5
1945	90	20	12	2	5	20	13	7	11	0

表5-4　　　　　　　　1939—1942年各大学研究所学部情形

校名	共计	研究所	学部名称			
			1939年增设	1940年增设	1941年增设	1942年增设
中央大学	3	工	土木、机械、电机			
	5	理	数学、物理学、化学		地理学	生物学
	2	农	农艺学		森林学	
	1	师范	教育心理学			
	1	法		政治经济学		
	2	文			史学、哲学	
	2	医			医理学	公共卫生学
西南联合大学	4	文	中国文学、史学	外国文学、哲学		
	5	理	物理学、化学、数学	生物学	地理学	
	3	工	土木学、机械学、电机学			
	2	法		政治学、经济学		
	1	商	经济学			
武汉大学	2	工	土木学		电机学	
	2	法	经济学		政治学	
	1	文				文史学
	1	理				理化学
浙江大学	1	文	史地学			
	1	理	数学			
	1	工			化工学	
	1	农				农业经济部
四川大学	1	文			中国文学	
	1	理			化学	

续表

校名	共计	研究所	学部名称			
			1939年增设	1940年增设	1941年增设	1942年增设
中山大学	1	文	中国文史学			
	2	农	农林植物学、土壤学			
	2	师范	教育学、教育心理学			
	1	医				
同济大学	1	医				细菌学
湖南大学	1	工				矿冶
东北大学	1	文				史地学
金陵大学	1	文	史学			
	1	理	化学			
	3	农	农艺、农业经济学		园艺学	
燕京大学	1	文	史学			
	3	理	物理学、化学、生物学			
	1	法	政治学			
辅仁大学	1	文	史学			
	1	理	物理学			
东吴大学	1	法	法律学			
岭南大学	2	理	生物学、化学			
齐鲁大学	1	医学				

注：表格数据根据《我国大学研究院所设施情形之检讨》一文中的数据统计，西北师范学院等校增加的学部数未算入。中山大学与齐鲁大学增加了医学研究所，统计表中未标注增加的学部。参见叶佩华《我国大学研究院所设施情形之检讨》，《高等教育季刊》1942年第2卷第4期。

（三）1935年至1945年大学研究院所研究生人数的变化

在大学研究院所数量大量减少的同时，大学研究院所中研究生人数也急剧下降。据统计，1936年全国共有研究生35人，1937年下降到20人，1938年只有13人。[①]

为了吸引学生报考研究生，1938年夏，教育部鉴于战时个人经济困

[①] 中国教育年鉴编委会：《第二次中国教育年鉴》（第十四编 教育统计），商务印书馆1948年版，第1412页。

难，规定大学研究院所每一学部录取公费生 5 名，由教育部发放生活费，每生每年 400 元，如学部招收人数超过 5 名者，由学校设法自行筹集经费，并规定，校内研究生兼任助教者，不得兼领该项补贴。当时物价尚不甚高，400 元足以保证一个学生一年的生活费用。1939 年，教育部共补助研究生生活费 2 万元。1940 年物价增长之后，每个学生的生活补助增加到 600 元，共补贴 9 万元。1941 年，由于物价飞涨，研究生的生活费增加到每生每年 1200 元，并且取消每学部 10 名学生的限制。1942 年 1 月，又将补助费提高到每生每年 1416 元，1942 年 8 月，增加到 1960 元，教育部共拨款 36 万元。[①]

此前，大学研究生作为学生之一种，须缴纳各种费用，生活经费亦须自给。这些费用对于家境贫寒子弟来说无疑是一个沉重的负担，教育部出台了补贴研究生经费后，对那些成绩优异同时希望进一步深造的学生来说，无疑是一种极大的鼓舞。

1939 年 6 月 13 日，教育部颁发了《修正大学研究院暂行组织规程》，将 1934 年的《大学研究院暂行组织规程》的第十条"研究生不得兼校任内职务"修订为"研究生不得兼任校内职务，但助教不在此限"。[②] 这个修订，进一步提高了大学助教继续深造的意愿，也直接地促进了大学研究院所研究生数量的增加。如中央大学在抗战期间共毕业研究生 60 人，其中 20 人为本校助教。[③]

教育部的这些措施，有力地促进了大学研究院所研究生人数的增长。1939 年，全国研究生人数从 1938 年的 13 人增加到了 144 人，1940 年增加到了 284 人，到 1945 年，全国研究生的人数达到了 464 人。从学科上

---

① 叶佩华：《我国大学研究院所设施情形之检讨》，《高等教育季刊》1942 年第 2 卷第 4 期。

② 第三次全国教育会议期间，陈剑翛等九人提议"拟请废止大学研究院暂行组织章程第十条，并准许各大学助教在职研究案"，其理由为："本国各大学研究院所，虽间有设立，而研究员生为数甚少。虽有种种原因，而大学毕业以后，亟需担负家庭经济，些微奖学金，殊不足以把注。而在另一方面，各大学在职助教，虽有心研究以图上进，惟因功令所限，不能受学位之褒。如研究院章程第十条明白规定研究生不得兼任校内职务。揆其实际，助教职务，处处与研究有关，兼营并进，尤多便利，似宜命令废止，以宏造就，而促进高升学术之贡献。"此案通过会议决议，遂有《修正大学研究院暂行组织规程》的颁发。参见北京大学等编《国立西南联合大学史料》(第一卷)，云南教育出版社 1998 年版，第 159 页。

③ 王德滋等：《南京大学百年史》，南京大学出版社 2002 年版，第 201 页。

看，文科增加的学生数最多，从 1938 年的 0 人增加到了 1945 年的 151 人，法科次之，增加了 85 人。理科和农科增加人数也较多，医科与商科最少。从整体上，理工农医"实科"增加人数与"文科"增加人数大体相当，具体情况见表 5-5 和表 5-6。

表 5-5　　　　　　　1938 年至 1945 年研究生人数统计

年份	共计	文	法	商	教育	理	工	医	农	师范
1938	13	—	—	—	—	2	6★	—	4	1
1939	144	48	11	—	3	39	7	—	22	14
1940	284	83	48	—	—	83	8	—	26	36
1941	333	90	59	11	4	79	19★	2	36	33
1942	289	90	27	11	—	61	19	8	40	33
1943	410	115	44	11	—	108	26	21	51	34
1944	422	113	62	8	—	90	49	16	54	30
1945	464	151	85	6	38	71	51	9	53	—

注：表格数据根据《第二次中国教育年鉴》的《全国专科以上学校之学生数》表格数据整理得出。表中带"★"的数字，原统计表缺失，笔者根据计算得出。参见教育部年鉴编纂委员会《第二次中国教育年鉴》（第十四编 教育统计），商务印书馆 1948 年版，第 1412 页。

需要注意的是，教育部的经费补助是针对国立大学研究院所的学生，私立大学研究院所的学生不在补助之列。1939 年，全国大学研究所的研究生共计 144 人，其中国立 51 人，私立 93 人。1940 年，私立大学研究所的学生为 116 人，而国立大学研究所的研究生则增加到了 160 人。1941 年，私立大学研究生为 139 人，国立的为 187 人，国立大学研究所学生人数的增加明显高于私立大学。

教育部规定，国立大学研究所每学部补助 5 名公费生，但是并没有限制每个研究所只能招收 5 名学生。在没有限制招生人数的情况下，国家经费倾斜使国立大学与私立大学研究院所的发展产生了显著的差距，可见，在特定的历史阶段，国家的政策支持与经费补助对于研究所的发展缺一不可。

表5-6　　1940—1941年各大学研究院所学部研究生统计①

经办主体别		1941年度			1940年度		
		共计	国立	私立	共计	国立	私立
共计		326	187	139	276	160	116
文科	小计	90	52	38	83	45	38
	中国文学部	16	12	4	12	8	4
	外国文学部	1	1	—	4	4	—
	哲学部	11	5	6	9★	3	6
	历史学部	44	16	28	48	20	28
	史地学部	14	14	—	6	6	—
	语学部	4	4	—	4	4	—
法科	小计	59	20	39	48	35	13
	政治经济学部	10	10	—	9	9	—
	经济学部	6	6	—	22	22	—
	政治学部	7	1	6	9	3	6
	社会学部	9	1	8	2	—	2
	法律学部	27	2	25	6	1	5
理科	小计	76	29	47	79	27	52
	数学部	6	6	—	15	11	4
	物理学部	28	7	21	24	3	21
	化学部	23	4	19	23	4	19
	生物学部	14	7	7	17	9	8
	地质学部	2	2	—	—	—	—
	地理学部	3	3	—	—	—	—
工科	小计	19	19	—	8	8	—
	电机工程学部	3	3	—	3	3	—
	机械工程学部	2	2	—	2	2	—
	土木工程学部	8	8	—	2	2	—
	矿冶工程学部	3	3	—	1	1	—
	化学工程学部	3	3	—	—	—	—

① 叶佩华：《我国大学研究院所设置情形之检讨》，《高等教育季刊》1942年第2卷第4期。

续表

经办主体别		1941 年度			1940 年度		
		共计	国立	私立	共计	国立	私立
农科	小计	36	21	15	26	13	13
	农艺学部	20	12	8	14	9	5
	农林植物学部	1	1	—	2	2	—
	工矿学部	5	5	—	2	2	—
	农业经济学部	5	—	5	8	—	8
	森林学部	1	1	—	—	—	—
	农田水利学部	2	2	—	—	—	—
	园艺学部	2	—	2	—	—	—
教育	小计	33	33	—	32	32	—
	教育心理学部	10★	10★	—	6	6	—
	教育学部	23	23	—	26	26	—
商科	小计	11	11	—	—	—	—
	经济学部	11	11	—	—	—	—
医科	小计	2	2	—	—	—	—
	生理学部	2	2	—	—	—	—

注：文中带★的数字原文分别为 6、70、1，经计算，应分别为 9、10、10。

第二节 人才质量保障体系的建立与高素质人才的培养

一 人才质量保障体系的建立

为了提高大学研究院所的人才培养质量，南京国民政府教育部制定并颁行的《大学研究院暂行组织规程》及《学位考试细则》等法规，从招生、录取、课程学习、成绩考核、毕业考试、学位授予等各环节作了严格规定，加强对研究院所研究生指导教师的队伍建设与管理，将教育部、大学研究院所、指导教授、学生全部纳入大学研究院所人才培养系统之中，构建了较为全面的人才质量保障体系，对大学研究院所的人才培养活动进行了较为全面的监控，为培养高质量人才提供了有力保证。

（一）严格规范的招生工作

关于研究生的报考资格，各大学研究院所都能严格按照《大学研究院暂行组织规程》的要求，对报考者从严核查。如中山大学研究院在 1936 年招生简章中规定，报考者须"国立省立或立案之私立大学或独立学院相当学系毕业者，本校承认之外国大学相当学系毕业者"，并对"相当学系"作了说明，"所谓相当学系，如在中国文学系毕业者投考文科研究所中国语言文学部，他以类推"。① 这个规定，比教育部的要求还要高。中山大学研究院的学生曾记述过自己的考试感受与体会，"招收的研究生都要经过一次严格的入学考试，为了标准的关系，差不多每年的招生多只是五名至十名左右"。②

报名手续也相当规范，中山大学研究院规定，符合报考条件的学生须将下列材料邮寄或亲自送到报考学校：1. 毕业证书，如果是应届毕业生尚未取得毕业证书者，需要所在学校开列毕业证明书；2. 在校所习全部功课成绩单，以及曾经作过的研究工作证明等；3. 研究计划，其中必须包含希望研究的主要问题和其重要性，以及研究所需的材料、研究的方法与步骤等；4. 近期半身照片 4 张。上述材料经投考学校审查合格者方得参加考试。

当时各大学研究生入学考试形式一般分为笔试与口试两种。笔试科目分为"普通课目"与"专门课目"。普通课目有国文、外国文（英法德文任选一种）。"专门课目"各研究所要求不同，例如，1936 年中山大学文科研究所中国语言文学部语言组考核的"专门课目"有国学概要、语言学、文字学、声韵学；文学组有国学概要、诗歌学、词曲学、文学史；而文科研究所历史学部则考中国通史、西洋通史、史学史和中国沿革地理四科。③ 1936 年国立中央大学研究所规定，"普通课目"考"党义、国文、英文、第二外国文（德法任择一种）"，但是农艺部可以免考第二外国语。"专门课目"的考试内容，理科研究所算学部考高等微积分、高等解析几何、近世代数和力学。农科研究所农艺部考作物学、经济昆虫学、遗

---

① 《国立中山大学研究院廿五年度上学期招生简章》，《国立中山大学日报》，1936 年 7 月 2 日，第 6 页。
② 俞兀桂：《中山大学研究院在坪石》，《读书通讯》1944 年第 87 期。
③ 《国立中山大学研究院廿五年度上学期招生简章》，《国立中山大学日报》，1936 年 7 月 2 日，第 6 页。

传学、作物育种学和植物生理学。① 1944 年，国立中央大学研究所第二次招生的考试科目仍旧分为"普通课目"和"专门课目"两类，普通课目考国文和英文两科，与 1936 年相比，少了"党义"一科。"专门课目"的考试内容，理科研究所数学部考高等微积分（包括复变数函数）、高等解析几何（包括微分几何）和近世代数。农科研究所农艺经济学部昆虫组考试内容为农业经济学、土地经济、农业金融、农业运销和农业合作。②

就考试科目而言，"专门科目"因各研究所的性质不同，其考试内容、题目的难易程度以及区分度如何，因缺乏系统的材料，不好妄议。但是"普通科目"的考试，有三点值得注意。1. 综观各校的招生简章及考试内容，"普通科目"一般考国文和外国语两门课。但是 1936 年各校的"普通科目"考试中却出现了一门"党义"，是教育当局命令还是学校自行为之，不得而知。除了 1936 年外，其他年份的招生考试科目中，并没有出现"党义"等政治类科目，也没有学生因政治不及格而被大学研究院所拒之门外，此事的来龙去脉，值得仔细研究。2. 外国语是每个研究所招生考试的必考科目，因当时国内科学尚不发达，大学研究所使用的教材、仪器等几乎全部购自国外，研究生必须具备熟练的外语水平，自是情理之中的事情。但是，"国文"也是各大学研究所招生的必考科目，在考察学生外语能力的同时，也注重考察学生的国文水平。反思现如今的大学研究生招生，公共课除了考察"政治"和"外语"两门课外，未发现有考察"国文"或"国学"之类的课程。再延伸一点讲，现在"有知识没文化"的研究生比比皆是，这是否与忽视"国文"类课程的考察有关呢？值得三思。3. 研究生的录取条件，是以英文和国文两科的及格为前提的。"录取的标准，往往以英文国文二科的及格为前提，许多考生的失败，却是在这两科上。"③ 如此观来，过去今日，何其相似。

"口试"是大多数文科类研究所的必考课目，主要考察学生的基础知识以及考生所拟研究学科的常识。中山大学 1936 年度的招生规定，文科

---

① 《国立中央大学研究所招生简章》（25 年度）。参见《南大百年实录》编辑组《南大百年实录（上卷）中央大学史料选》，南京大学出版社 2002 年版，第 359 页。
② 《本校研究院三十三年度第二次招生》，《校刊》1944 年第 20 期。
③ 俞兀桂：《中山大学研究院在坪石》，《读书通讯》1944 年第 87 期。

第五章 中国近代大学研究院所的曲折发展阶段（1935—1945年）

研究所、教育研究所和农科研究所的所有学部，在入学考试中均须"口试"。中央大学1936年度的招生简章中明确规定，凡口试不及格者不得给予入学试验，[①] 也就是说，口试是研究生考试的第一项考试，如果口试不及格，即使报考者的学术水平再高，也无缘入学考试，可见其在入学考试中的重要性。相对于文科研究所而言，各大学理科研究所入学考试方式主要是笔试，虽然也有"口试"一科，但是其对于"口试"课目的重视程度要小于文科研究所。

除了笔试和口试外，有的研究所主要考察考生的论文写作水平。1939年北京大学文科研究所规定，考生须于报名时交付论文，并且"初审及录取均以论文为主要，此项论文以确具功力并颇有心得者为限"。该年北京大学文科研究所入学考试计划分两期举行，第一次考试接收论文于7月15日截止，8月5日考试。第二次考试接收论文于8月30日截止，9月15日考试。研究所对考生提交的论文"随到随付审查以早缴为宜。但第一次考试中如录取名额已满，即将第二次考试取消"[②]。南开大学也十分注重报考者的论文水平，该校1940年招生时规定，"报考研究所各部者如有论文著作，可于报名时呈缴，经审查后作为成绩之一部分"。[③]

抗战爆发后，有些研究所的考试科目有所简化，在遵守教育部相关规程的基础上，对考试形式进行创新。如1939年北京大学文科研究所规定，考试科目分为"（一）口试；（二）外国语试（英法德之一）；（三）笔试，就其论文性质作成试题以测其学力"。此后，北京大学文科研究所在西南联大时期，其招生一直采用此种办法，没有太大的变化。这种招生办法的实际效果如何，且看当时该所毕业研究生后来的成就，自会明了，这种研究生招考办法实在是中国研究生教育史上的一个创举。

关于考试时间，清华大学规定，"普通课目"中的国文和外文为2小时，第二外国文及"专门课目"为3小时。此外，从考试安排来看，日程紧凑，考试强度较大。试卷的出题人都是研究院所知名教授，一般情况

[①]《国立中央大学研究所招生简章》。参见《南大百年实录》编辑组《南大百年实录（上卷）中央大学史料选》，南京大学出版社2002年版，第360页。

[②]《国立北京大学文科研究所招考研究生办法》（1939年）。参见北京大学等校编《国立西南联合大学史料3》（教学科研卷），云南教育出版社1998年版，第433页。

[③]《国立西南联合大学清华、北大、南开研究院二十九年度招生简章》。参见北京大学等校编《国立西南联合大学史料3》（教学科研卷），云南教育出版社1998年版，第445页。

下，考试科目的出题人也是试卷的阅卷人，如 1939 年清华大学的公共科目"国文"的命题人与阅卷员同为朱自清，英文（作文及翻译）的命题人与阅卷员为吴宓。①

表 5-7　清华研究院二十八年度文理所招生考试科目、命题人及考试时间②

考试科目	命题人	考试日期及考试时间（1939 年 8 月）
国文	朱佩弦、罗常培	九月一日上午七时至九时
英文（作文及翻译）	吴宓、叶公超	九月一日上午九时廿分至十一时廿分
德文	杨业治	九月一日下午三时至六时
法文	吴达元	九月一日下午三时至六时
西洋文学史	吴宓	九月二日上午七时至十时
西洋文学名著	吴宓	九月二日下午三时至六时
逻辑	金岳霖	九月一日下午三时至六时
中国哲学史	冯友兰	九月二日上午七时至十时
西洋哲学史	冯友兰	九月二日下午三时至六时
微积分及微分方程	赵访熊	九月一日下午三时至六时
力学及电磁学	王竹溪	九月二日上午七时至十时
热力学及光学	郑华炽	九月二日下午三时至六时
分析	江泽涵	九月一日下午三时至六时
几何	陈省身	九月二日上午七时至十时
代数	华罗庚	九月二日下午三时至六时
动物学	沈嘉瑞	九月一日下午三时至六时
普通植物学	李继侗	九月二日上午七时至十时
细胞学及遗传学	陈桢	九月二日下午三时至六时
植物学	张景钺	九月二日上午七时至十时
普通动物学	刘崇乐	九月一日下午三时至六时
普通昆虫学	刘崇乐	九月二日下午三时至六时
植物病理学	戴芳澜	九月一日下午三时至六时
真菌学	戴芳澜	九月二日上午七时至十时

---

① 《国立清华大学研究工科研究所考试科目及命题阅卷员》（1939 年 9 月）。参见北京大学等校编《国立西南联合大学史料 3》（教学科研卷），云南教育出版社 1998 年版，第 439 页。

② 北京大学等校编：《国立西南联合大学史料 3》（教学科研卷），云南教育出版社 1998 年版，第 436 页。

第五章 中国近代大学研究院所的曲折发展阶段（1935—1945年）

续表

考试科目	命题人	考试日期及考试时间（1939年8月）
农学大意	戴芳澜	九月二日下午三时至六时
普通物理学	赵忠尧	九月一日下午三时至六时
有机化学	朱汝华	九月二日上午七时至十时
物理化学	黄子卿	九月二日下午三时至六时

研究生的录取工作由大学研究院所各自单独进行，对于生源的选择，大学研究院所拥有相对的自主权。但是，各大学研究院所须于每学年开始后一个月之内，将招录新生造具详细名表，开列研究生姓名、籍贯、年龄、入校年月、所属研究所部以及学历等项，并将研究生的学历凭证，呈送教育部审核，合格的予以备案，不合格者将被驳回。1936年，教育部曾指令国立中山大学：①

"查所报各研究生资格，李智、武慕英、陈臣辅、梁瓯第、陈国治、藩荕等六名，尚无不合，应准备案；谭允恩、刘美昌、钱蘋、林球光等四名，应俟补缴经部验证之正式毕业证书后，再行核夺。曾了若、朱杰勤二名学历，与定章不符，碍难准予备案。"

再如1942年，武汉大学将研究生学籍资料上报教育部审核，其结果为：②

"韩如祥准许列为该校正式生，其入学资格应补行手续，以备案。任在田的高中证件印章不符，应将其毕业情形陈述，以便核办。方愈、方秀如2名学生，应复核原校入学年月。曹友喜的转学资格与规定不符，不予备案。罗微光应呈交证实高中毕业证书。"

教育部不仅审核大学毕业证书，连高中毕业证书都严加核对，可见教育部对各大学研究所的招生管理的严格程度。

上文简要叙述了当时大学研究所招生的情况，下面摘录中山大学研究院教育研究所1935年研究生招生工作的部分内容③，从中可感知当时大学研究所招生工作的详细步骤。

---

① 《国立中山大学研究院年报》，1936年，第38页。
② 周叶中、涂上飙：《武汉大学研究生教育发展史》，武汉大学出版社2009年版，第36页。
③ 《教育研究所一年来概况》，《国立中山大学研究院年报》，1936年，第83—85页。

1935 年

8月1日 招考研究生。

8月19日 审查招考各研究生，函请各教授拟定入学考试各科题目。

8月20日 函报研究院审查报考各生经过情形，并送各科入学试题，请分寄上海、北平两地。

8月20日 通知经审查合格准予考试各生，于9月1日分在本市、上海及北平各地考试。

8月26日 函请各教授监考及担任口试。

9月1日 举行入学考试。

9月18日 函请各教授评阅试卷。

9月23日 函约专门科目各教授开会，审查考试各生成绩。

9月23日 函报研究院审查考试各生结果，并连同各科成绩请核议。

9月25日 研究院函知取录马鸿述、邹鸿操为教育学部研究生，富济为教育心理学部研究生。

9月30日 函报研究院新取研究生马鸿述、邹鸿操，经于9月27日、28日到所研究，请查照备案。

10月12日 函报研究院新取研究生富济于10月11日到所研究，请查照备案。

12月26日 函送研究院本所各研究生证明学历凭证，请查收、汇呈教部备核。

1936年3月14日 函复研究院本所研究生邹鸿操、富济另缴未经部验印之正式毕业证书，请转教部备核。

从上述内容可以看出，虽然时局动荡，大学研究院所的招生工作仍旧能按照相关规定，执行规范，要求严格，同时也可看出，教育部对于大学研究院所招生工作的监管没有放松。

(二) 成熟的人才培养模式

此阶段大学研究院所形成了成熟的人才培养模式，各大学研究院所均实行导师制，学生入学后，根据自己的能力和兴趣，采取双向选择的方式确定指导教授。培养方式主要有课程学习、论文写作、社会调查与社会考察、举行学术讲演、与国外交换研究生等。

1. 理论学习：系统的基础课程与专业课程

为了保证人才培养质量，教育部规定各大学研究院所开设的课程须呈送教育部审核备案。如1936年，中山大学研究院遵从教育部规定，将其文科、教育和农科研究所研究生应习课程呈交教育部核查[①]，从该院年报《各所一年来概况》中可以得知，教育研究所教育学部的课程有：教育研究法、高等教育心理学、课程研究、教育行政问题、教育哲学问题、中国教育问题研究；教育心理学部的课程有：教育研究法、高等教育心理学、变态心理学、心理学派、实验心理学等[②]；农科研究所的课程大约为：农林植物学部有拉丁文、植物名词学、植物形态学、高等植物分类学、植物分类学法则、采集及实习、书报讨论、研究论文等；土壤学部的课程有土壤化学、土壤微生物学、土壤物理、实习工作、土壤讨论、研究论文等[③]。

学生的修习课程名称必须报送教育部备案，但是具体授课内容研究所还是拥有较大的自主权。如武汉大学工科研究所水利工程学部1936年第一学年第一学期的课程有：（1）高等水利工程，此课程的内容由任课教师自定，学生需参阅关于水利方面的论文若干篇，并作好读书笔记；（2）水工设计，任课教师根据中国的实际需求，选择了石坝设计、经济坝高的推算及筑坝所需材料的计算等。第二学期的课程有：防洪工程、水力发电、水工设计等。其中防洪工程，内容由指导教师选择防洪名篇若干，由研究生阅读，并作提要。[④]

从上述内容可看出，在研究生培养过程中，开设的课程既有基础课程，也有专业课程，且课程之间形成了严密的逻辑体系。就整体而言，各大学研究所在课程设置方面，第一年主要是基础课程，第二年上学期是专门课程的学习与研究，同时提出毕业论文题目，收集资料，为毕业论文作准备，第二学年下学期撰写毕业论文。

课程学习方式灵活多样，既有课堂授课，也有课外调查、资料查阅以

[①] 《为遵令呈报本院各所研究生应习之课程恳请察核备案由》，《国立中山大学研究院年报》，1936年，第44—45页。

[②] 《教育研究所一年来概况》，《国立中山大学研究院年报》，1936年，第89—91页。

[③] 同上书，第209—211页。

[④] 周叶中、涂上飙：《武汉大学研究生教育发展史》，武汉大学出版社2006年版，第18页。

及读书心得汇报会等。1935年6月7日，中山大学校务会议通过的研究生工作规则规定：①

"研究生关于研究范围内之事项，指导教授认为有出外调查之必要时，得依所务会议之许可，于指定时限内出外调查，……研究生应依指导教授之指定，每两月或三月提出研究工作报告一次，在报告中应陈述研究工作进行情形及读书之心得。研究生无故不按期提出报告或有报告而指导教授认为成绩不良者，应由指导教授报告研究所主任，由所务会议决定给予警告。研究生在同一学年中经过两次警告而不改善者，得由本大学令其退学。"

为了使学生有更多的时间自行思考与研究，研究所安排的集中授课时间不是很多。中山大学研究院各研究所一个星期上5天课，每天2小时左右，上课时间主要集中在下午2点到4点，早上和晚上不安排课程，由学生自由修习。② 金陵大学农科研究所农业经济部规定，"研究生每学期至多准选修研究部学程十二学分"③，按照平均每门课程3学分计算，研究生每学期的课程为3—4门。因而，研究所的学生自行支配的时间很多，尤其在抗战时期，可以说是极度自由的，中山大学研究院的学生曾这样描述在坪石的生活：④

"即使你彻夜工作一直到天亮，或者白天睡觉直到太阳下山，同样是不曾有人来干涉你的。每天的工作，不外看书，记笔记，写文章，作报告，或是找朋友，谈天，喝茶等等。这种自由的生活，是需要由你自己去支配的。"

学生上课时间不多，教师的授课任务也不算太重，从中山大学各研究所教师的授课时间看，每位教授每星期授课时间为2—3小时。但是，教师除授课外，还须到所指导学生研究，中山大学研究院每位教授每星期到

---

① 国立武汉大学编：《国立武汉大学一览》，民国廿五年（1936），第282页。
② 参见《教育研究所廿五年度上学期授课时间表》，《国立中山大学日刊》，1936年9月22日；《教育研究所廿四年度下学期授课时间表》，《国立中山大学日刊》，1936年3月3日。
③ 金陵大学农科研究所：《私立金陵大学农科研究所农业经济部章程》，民国二十五年（1936），第4页。
④ 俞兀桂：《中山大学研究院在坪石》，《读书通讯》1944年第87期。

第五章　中国近代大学研究院所的曲折发展阶段（1935—1945年）

所指导学生的时间为6—7个小时。① 这样，授课和指导时间相加，每位教授每星期到所的时间在10小时左右，从而保证了学生能及时向教师质疑问难。

每学期课程学习结束后须进行考试。课程考试一般采用论文、读书报告、研究报告等形式，成绩中上（75分）者为及格。从中山大学1935年度上学期文科研究所历史学部学生的成绩表看，绝大部分学生的成绩在中上，但也有不及格的，如"史学方法实习"课程，曾了若的论文为《我国近年发掘古物的检阅》，得分为70分，白维翰的论文为《考古学读书报告》，分数为65分②。课程考试不及格者须参加补考，中山大学教育研究所于1936年度上学期对所开的教育研究法、高等教育心理学、课程研究、变态心理4门课程进行了补考，考试日期为2月24日，考试时间为2小时。如果课程补考不及格者不得撰写毕业论文，由此可见课程考试的重要性。相较于中山大学，武汉大学的规定较为人性化，"研究生初期考试成绩不及格者，得依所务会议之特许，先行起草论文，而于第二学年第一学期结束时请求补考，其补考成绩仍不及格者，不得提出论文"。③

课程学习一般采用学分制，研究生修完规定课程的学分，方可着手毕业论文的写作工作，对于应修学分数，各校规定不一。金陵大学农科研究所规定，"除设计实习及毕业论文外，各研究生应在主学门课程中，至少选修十六学分，辅学门课程中至少选修八学分"。④ 清华大学文科研究所规定，"修业期间须就本部及大学文学院所开课程选习二十四学分"⑤。辅仁大学规定，"研究生修习学分最少为：文科二十八学分，理科三十二学分"。⑥

---

① 《文科研究所历史学部廿四年度下学期各教授到所指导研究时间表》，《国立中山大学日报》，1936年3月5日。

② 《文科研究所历史学部廿四年度上学期研究生成绩表》，《国立中山大学日报》，1936年3月5日。

③ 国立武汉大学编：《国立武汉大学一览》，民国廿五年（1936），第282页。

④ 金陵大学农科研究所编：《私立金陵大学农科研究所农业经济部章程》，1936年7月，第5—6页。

⑤ 北京大学等校编：《国立西南联合大学史料3》（教学科研卷），云南教育出版社1998年版，第570页。

⑥ 辅仁大学编：《私立辅仁大学一览》，辅仁大学印书局，民国三十年（1941），第20页。

由于种种原因，许多研究生无法在二年之内修完规定的学分并完成论文写作，延长学习年限成为普遍现象，在校超过3年甚至4年的学生大有人在。为了督促学生及早毕业离校，1936年7月18日，梅贻琦在清华大学办公楼会议室召开会议，讨论如何限制学生留校年限过长问题①。国立武汉大学也规定：②

"研究生在两年研究期限内不能通过初期考试及论文者，如愿延长研究期限，完成上述工作，必须填具理由，请求所务会议特许，但延期以一年为限。前项研究生不为上述延期之请求或经请求而不为所务会议许可，或许可延期而在延长之期限中考核成绩仍不及格者，以退学论。"

2. 实践能力培养：社会考察与社会调查

为了增加学生的实践知识，使理论学习与实践相联系，学校教育与社会实际相结合，大学研究院所在教学过程中采用社会考察或社会调查的形式，加强学生实践能力的培养。1935年，为考察国防教育、国难教育及社会教育，中山大学教育研究所主任崔载阳带领该所研究生多名，赴平津考察，历时三月。③ 1936年中山大学文科研究所杨成志教授率领该所研究生江应梁、王兴瑞以及人文学院刘伟名等学生，由生物学系黄季庄作向导，赴粤北猺山考察猺人的衣食住行及其仪式、习惯、社会组织及家庭制度，收集民俗用品，所得成果丰富。④ 1937年2月，中山大学文科研究所和岭南大学社会调查所组成海南黎苗考察团，考察黎苗人的体格、文化风俗与信仰，并将考察成果在校内展出。⑤ 通过社会考察与社会调查，增加

---

① 会议决议：一、自1936年度起，凡肄业已满三年，而未能应初试或应而不及格者取消学籍；二、从1936年度起，凡肄业已满二年，犹未应初试或虽应未能及格而仍继续在院研究者，须经所属部主任之推荐与研究院会议之核准；三、从1936年度起，凡肄业满三年，初试已经及格，而论文尚未完成者，如欲继续在院研究，须经所属部主任之推荐与研究院会议之核准；四、研究院肄业年限最多不得超过四年。《研究院研究年限之限制》，《清华校友通讯》1936年第3卷第8—9期。

② 国立武汉大学编：《国立武汉大学一览》，民国廿五（1936）年，第282页。

③ 《教育研究生北上考察补志》，《国立中山大学日报》第2201期，1936年6月2日，第1版。

④ 《研究院文科研究所江北猺人调查队归来》，《国立中山大学日报》，1936年11月21日，第2版。

⑤ 《研究院文科研究所海南岛黎苗考察团返校》，《国立中山大学日报》，1937年3月23日，第1版。

第五章　中国近代大学研究院所的曲折发展阶段（1935—1945年）

了学生的感性知识，密切了学生与社会的联系，提高了学生的实际工作能力，同时使得教学与社会实际紧密联系。

至于需要田野调查工作的农科研究所、史地研究所等，调查工作则更多。中山大学农林植物研究所自1939年1月至1940年3月，调查了桂、黔交界处的油桐，在华宁、昆明等地调查经济植物，采集植物标本千余号。① 1942年至1943年，中央大学地理研究部研究生曾赴峨眉山、威远矿区、成都平原作实地考察，撰写了《峨眉山之气候》等研究报告；1944年，受行政院水利委员会的委托，赴西北考察，研究战后西北地区水利移垦问题。② 1945年秋，浙江大学研究院史地学部地形组蔡钟瑞赴鄂西调查地形，王连瑞、陈吉余在遵义调查地形、地貌。

金陵大学农科研究所要求研究生的毕业论文必须以实际调查作为基础，用调查所得作为其编著毕业论文的资料，因而该所学生参与的社会调查相当广泛，主要有：调查了7个省2866户农民家庭的经济状况；调查22个省份168个地区的土地利用情况；调查豫、鄂、皖、赣4个省的农村金融、农产运销、土地分类、农田制度、信用合作、农事特产及农村组织情况等。③

3. 研究兴趣的激发：学术演讲活动

为了开拓学生的眼界，拓宽学生的知识面，激发学生的研究热情，各大学研究院所开展了大量的学术演讲活动，演讲人员主要为校内教师，同时也聘请校外著名学者专家到校演讲。

演讲活动分为定期和不定期两种。中山大学教育研究所每星期都举行学术演讲活动，例如，从1936年4月15日至5月30日，该所聘请了陈荣捷、林砺儒等6位校外教育名人作"高等教育问题""师范教育问题"等关于中国教育问题的演讲④。北京大学、清华大学等校的研究所也定期举行演讲活动。至1943年初，北京大学文科研究所学术演讲已经举行了20场，演讲人员大都是研究所内部教授，部分是所外学者，主要演讲人及其讲题有：罗常培的《研究工作之性质》，闻一多的《什么是九歌》，

---

① 《中山大学农林植物研究所近况》，《科学》1940年第24卷第6期。
② 《国立中央大学地理研究部近况》，《图书季刊》1944年第2—3期。
③ 南京大学高教研究所编：《金陵大学史料集》，南京大学出版社1989年版，第217—218页。
④ 《教育研究所举行学术演讲》，《国立中山大学日报》，1936年4月14日，第2版。

罗庸的《九歌解题及其读法》，冯友兰的《论禅宗》，姚从吾的《奴隶父死妻其后母的风俗之演变》等。① 清华大学农业研究所的学术演讲会在滇期间共计举办 166 次，除了研究所内部教授的演讲外，还邀请校外人士演讲 10 次。如 1939 年 3 月 10 日邀请燕京大学胡经甫莅校演讲，题目为《昆虫研究之困难》②。

不定期演讲一般在校庆日、研究院所成立纪念日等举行，如为纪念研究所成立 5 周年，中山大学文科研究所在 1940 年 4 月底连续举行了 4 场学术演讲，分别是吴康教授的《康德哲学思想》《十九世纪之德国文学》和吴宗慈教授的《清代迄现代文字源流考及变迁》及李笠教授的《谈论文》。③ 每逢特殊纪念日，研究院所也会举行学术演讲。如 1935 年，中央大学在孙中山纪念日，聘请中国科学院生物研究所所长秉农山莅校讲演，题目为《学者之环境与修养》。④ 1939 年 9 月 18 日的国难纪念日，中山大学研究院联合人文学院，聘请陈国治教授作题为《如何在抗战过程中完成经济建设之使命》学术报告。⑤

这些定期和不定期的学术演讲，对活跃大学研究院所的学术气氛，提高研究生的研究兴趣，促进学术交流，提高研究生的综合素质等方面，无疑起到了较好的促进作用。

除了举行学术演讲之外，很多大学研究所的研究生还组织了读书会或学术研究会等，定期或不定期举行读书会或学术报告会。如浙江大学研究院史地部研究生读书会按月举行，每次推选 2 人至 3 人，报告读书心得，并定期出版"研论"壁报，登载学术性文章。读书会成为学生交换思想、相互学习、相互切磋、互为砥砺的重要平台。⑥

4. 国际视野的培养：与国外大学交换研究生

为了增进与国外大学研究院所的交流与合作，学习国外文化与先进的科学技术，弘扬中国传统文化，清华大学、燕京大学等大学研究院所主动与国外大学研究院沟通洽商，互相交换研究生。

---

① 《国立北京大学文科研究所学术讲演继续举行》，《图书季刊》1943 年第 1—2 期。
② 杨舰、戴吾三：《清华大学与中国近代科技》，清华大学出版社 2006 年版，第 215 页。
③ 黄义详：《中山大学史稿（1924—1949）》，中山大学出版社 1999 年版，第 329 页。
④ 《秉农山先生演讲》，《国立中央大学日刊》1935 年第 1393 期。
⑤ 黄义详：《中山大学史稿（1924—1949）》，中山大学出版社 1999 年版，第 328 页。
⑥ 宋晞：《国立浙江大学研究院史地学部概况》，《史地通讯》1946 年第 2 期。

第五章 中国近代大学研究院所的曲折发展阶段（1935—1945年）

1935年，清华大学与德国远东协会及外国学术交换处会商决定，清华大学与德国外国学术交换处每年互派研究生5名。1935年1月8日，清华大学校务会议通过《国立清华大学选派赴德交换研究生简章》，规定选派德国研究生研究科目为三组：甲组为西洋文学、西洋哲学、历史学、社会学、心理学；乙组为物理学、化学、算学、地学、生物学；丙组为政治学、经济学、土木工程、机械工程、电机工程，并制定了详细的选派办法。[①] 1935年秋，德国派送3名学生到清华大学研究院研究中国文化，清华亦选派3名学生赴德研究，分别为外国语文系的季羡林，哲学系的乔冠华，心理学系的敦福堂[②]。这三名研究生在德国学习期满，都获得了博士学位，对中国的教育和政治事业作出了杰出的贡献。1936年，清华第二批赴德交换生为4名，其中戴鸣钟和陈耀庭获得了博士学位，伍正诚获得了德国国家工程师学位，吕凤章因攻读的航空工程专业关系到国防秘密，不让外国人研究，因而未能取得博士学位。

1937年抗战爆发，中德交换研究生计划终止。中德互派研究生虽然仅有两次共7人，但是其改变了中国只是留学输出国的局面，使中德文化交流由单向变成双向互动，在中国的研究生教育史上具有标志性意义。梅贻琦曾说："本校自二十四年夏起，与德国大学会订互派研究生办法，去年本校派出三人，已分在德国大学作专门研究，进行良好。德国派来学生二人，亦均到校受教。此亦学术界互会之盛举也。"[③]

清华大学不仅与德国交换研究生，还与法国大学交换研究生。1936年，应法国大使馆方面建议，双方商定，自1937年起，清华大学与法国巴黎大学交换1名研究生。[④]

继清华大学之后，1935年燕京大学驻美代表祈天锡向美国国际教育局建议，美国与燕京大学互派研究生，研究中美文化。经双方磋商，同意交换研究生。燕京大学第一次选拔的交换生为张世文和严群（1934年研究院哲学部），美国亦选送2名学生至燕京大学研究院研究中国文化和戏

---

① 参见《与德国远东协会交换研究生》，《清华校友通讯》1935年第2卷第3期；《清华与德交换研究生办法决定》，《中华教育界》1935年第22卷第12期。

② 《本年派赴德国研究生人名》，《清华校友通讯》1935年第2卷第8期。

③ 梅贻琦：《五年来清华发展之概况》。参见清华大学校史研究室编《清华大学史料选编》（二上），清华大学出版社1991年版，第46页。

④ 《中法两大学交换研究生》，《时事月报》1936年第15卷第6期。

剧，其中杰妮特·斯滕贝格（Janet Steinberg）为哥伦比亚大学哲学博士，胡贝特·菲瑞垠（Hubert Joseph Freyn）为哥伦比亚大学文学硕士。①

1942年，为了促进中英文化交流与合作，印度教育司司长沙金特致函国民政府教育部部长陈立夫，请求选派10名大学毕业生赴印度研究文化。陈立夫复函致谢，并拟接收10名印度研究生到我国大学研究所研究中国文化。② 1943年11月，印度选拔的9名研究生陆续到达中国，并先后分赴武大、中大、联大、浙大、金大等校研究所研究中国文化与历史等。③

这一时期，我国大学研究院所与国外大学交换研究生活动，有史料可证的只有以上几次，且都规模较小。若不是战争的影响，这种交换活动可能会持续发展，且规模与层次亦将可观，可惜历史没有假如。

5. 研究能力的培养：论文写作

论文写作是培养学生研究能力与创造力的重要途径，其在研究生培养过程中的重要性不言而喻，因而各大学研究院所都十分重视研究生的论文工作。研究生的论文主要有两种，一种是课程学习过程中的课程论文，另一种是毕业论文。课程论文前文已有所述及，下文主要就毕业论文作简单述论。

论文的选题一般由学生与指导教授商量后确定。如武汉大学规定："研究生关于研究计划之决定，材料之收集与书籍期刊之参考，应于指定时间与指导教授商洽而受其指导。"④ 从研究内容看，文、法等科战前与战时的变化不是很大，主要是理论研究，与社会实际需求的契合度不高，如北京大学文科研究所任继愈的论文题目为《理学探源》，阴法鲁的为《词与唐宋大曲的关系》，殷焕先的是《诗骚联绵字研究》等。⑤ 再如1938年燕京大学文科研究所陈梦家的《古文字中之商周祭礼》，陈其策的

---

① 《本校与美国大学交换研究生》，《燕大友声》1935年第5期。
② 《中印文化交流：双方交换研究生》，《学生之友》1942年第4期。
③ 《印来华交换研究生，沈苏美等六人抵渝》，《教育通讯（汉口）》1943年第6卷第33期。
④ 国立武汉大学编：《国立武汉大学一览》，民国廿五年（1936），第281页。
⑤ 王雪珍、郭建荣：《北京大学史料 第3卷（1937—1946）》，北京大学出版社2000年版，第340—341页。

第五章　中国近代大学研究院所的曲折发展阶段（1935—1945年）

《礼运乐记中庸大学之时代与思想》等。① 由于受到条件限制，文科研究生的论文趋向于宏观研究，我们从1940年浙江大学研究生论文题目可见一斑。

表5-8　　　　1940年度浙江大学研究生研究题目及指导教师

研究生	组别	导师	研究题目
章巽	史学组	张其昀　顾毂宜	中国现代史
郭晓岚	地学组气象门	涂长望	中国气候
陈树人（女）	地学组气象门	涂长望	农业气象
丁锡社	地学组地形门	叶良辅　任美锷	遵义地形
胡善恩	地学组地理门	张其昀　黄秉维	东北地理

资源来源：《1940年浙江大学史地研究所近讯》，《科学》1940年第24卷第8期。

教育、农科、植物、医学、经济等科的研究生，战前能够切合中国当时的实际，对现实问题进行深入的探讨和研究。战时在从事理论探讨之外，上述各科研究生也能根据实际情况，理论与实践相结合，在毕业论文中对战时的生产、生活提出建设性意见。1943—1946年，中央大学农科研究所有9人获得硕士学位，其中有一半的论文与研究所所处地域农林生产实践问题相关，如贾健的论文题目为《四川巴县与降县农场大小与农家生活程度之调查研究》，赵伦彝的论文题目为《重庆气候下宿植棉之研究》，斯炜的论文题目为《峨嵋植物组合及生态之研究》②。经济研究所学生则侧重于对战时经济的探讨，内容包括战时通货膨胀、中国农业经济、中国战时工业经济以及区域经济的研究等。这些毕业论文都能够作到学理与实用相结合，达到了学以致用的目的。南开大学经济研究所第三届毕业的三个学生中，有两人的论文与战时问题相关，龙永桂的论文题目为《吾国战时出口贸易统制之研究》，王正宪的论文题目为《重庆战时组别物价之研究》③。这些毕业论文注重时代需要，有一定的实际指导意义。

抗战初期，受到战争影响较小的理科研究所学生，能够继续进行实验工作，并作出了较好的成绩，如燕京大学理科研究所1938年毕业生程利

---

① 燕京大学同学会编：《燕京大学研究院同学会会刊》，1939年，第142页。
② 《三年来教育部通过之硕士论文》，《教育通讯》，民国三十五年（1946），第21页。
③ 北京大学等校编：《国立西南联合大学史料3》（教学科研卷），云南教育出版社1998年版，第472页。

昌的论文 the Homogeneous Thermoelectric Effect of Nickel Wire in Vacuum，其在论文试验中，发现镍线有疲倦效应及程氏效应，他用正游子发射说加以解释，并用实验的方法证明此种解释。此文后在剑桥大学的《哲学杂志》上发表①。而受到战争影响较大的理科研究所，研究的设备和仪器都比较短缺，实验条件极差，研究生的毕业论文大都集中于纯理论与计算方面。如1941年，辅仁大学三年级研究生拟定的论文题目：苏士文的为《雷曼效应》；林玉玺的为《在固体中之超声学》；梁永康的为《相对论》等。②而清华大学理科研究所物理学部的毕业生中，有一半是作激流论的。③

研究生在撰写论文过程中，所需的资料由学生在学校的图书馆与资料室中收集。抗战前，各大学研究院所的资料都较丰富，基本能满足学生的需要。以中山大学教育研究所为例，至1935年，该研究所共有图书资料室4间，藏书约4万册，中日文杂志合订本339册，散本5062册，薄张4007张，西文合订本640册，散本1428册。④ 1935年，南开大学经济研究所经济类书籍达到11559册，其中中文书籍5041册，英文书籍5612册，日文563册，其他253册。非经济类书籍2284册。⑤ 此外，为了便于研究生撰写论文，有的大学研究院所还专门配备了研究室。⑥

总体而言，此阶段研究生的毕业论文质量较高，据统计，1943年至1946年，教育部学术审议委员会共审议通过研究生论文99篇，该委员会对这些论文给予很高的评价，"所审论文，殊不乏有价值之著作，可与外国若干大学博士论文相比称者"。⑦

(三) 严格的硕士学位考试与学位授予管理

1. 硕士学位考试

按照教育部规定，研究生修业期满，如欲申请硕士学位者，须参加硕士学位考试。硕士学位考试由各大学自行组织。在硕士学位考试之前，大

---

① 燕京大学研究院同学会编：《燕京大学研究院同学会会刊》，1939年，第156页。
② 《研究所消息》，《辅仁生活》1941年第3卷第3期。
③ 清华大学校史编写组：《清华大学校史稿》，中华书局1981年版，第377页。
④ 《中山大学教育研究所图书室概况》，《中华图书馆协会会报》1935年第10卷第4期。
⑤ 《南开大学藏书统计》，《天津南开大学经济研究所事务月报》1935年第4—5期。
⑥ 《图书馆为研究生预备研究室》，《燕京大学校刊》1935年第2卷第7期。
⑦ 《三年来教育部通过之硕士论文》，《教育通讯》(复刊号第1卷第5期)，1946年，第20页。

第五章 中国近代大学研究院所的曲折发展阶段（1935—1945 年）

学研究院所须按照规定组织成立硕士学位考试委员会，委员会名单拟定后，须送教育部审核，经教育部审核通过后，并由教育部指定各科考试委员会主席委员，方可进行硕士学位考试。硕士学位考试委员会的职责是讨论决定考试学科、拟定考试试题及论文题目、评定考试成绩、商定考试时间等。例如，经教育部核准，中山大学研究院第一届硕士学位考试委员会委员共有 36 人，① 1937 年 5 月 31 日，中山大学研究院第一届硕士学位学科考试在该院大礼堂举行，共有 12 位研究生参与硕士学位考试，24 名委员到场监考。②

硕士学位考试分为学科考试与论文考试两种。学科考试有的学校也称之为毕业初试，考试的科目、内容由考试委员会就研究生所修学科中指定，考试方式主要是笔试和口试，必要时还须进行实验考核。1940 年，国立清华大学文科研究所中国文学部毕业初试的考试范围为：文学组为中国文学、中国通史、中国学术史等科，语言文字组为文字学、声韵学、中国通史、中国学术史等。考试采用口试形式，由考试委员口头提出问题，应试研究生口头答复。考询完毕，由各委员以不记名投票方式决定考生之及格与否。③ 1945 年，国立中央大学研究院农艺学部硕士学位考试的科目为作物学、遗传育种学和生物统计学三门，考试采用笔试形式，④ 辅仁大学规定初试形式也为笔试，考试科目与成绩的评定方法为：⑤

"初试之项目由所主任部主任及指导教授视各生第一学年所选之研究科目临时定之。初试每项试卷由所主任提请教务会议聘请教授三人共同评定之，所试各项均合格，作为初试及格。初试不及格者，得于一学期后请求补试，补试以一次为限。"

论文考试和当今的硕士研究生毕业论文答辩形式相似，由考试委员就研究生所交论文提出问题，研究生对委员所提问题逐一进行回答，阐述自

---

① 本次考试委员会经教育部核准的委员有 36 名，其中校内 19 名，校外委员 17 名，文科研究所主席委员为吴康，教育研究所主席委员为崔载阳，农科研究所主席委员为彭家元。参见《教部核准研究院硕士学位考试委员会》，《国立中山大学日报》，1937 年 5 月 24 日。
② 《研究院硕士学位考试学科考试日前举行》，《国立中山大学日报》，1937 年 6 月 2 日。
③ 北京大学等校编：《国立西南联合大学史料 3》（教学科研卷），云南教育出版社 1998 年版，第 570 页。
④ 王德滋等：《南京大学百年史》，南京大学出版社 2002 年版，第 209 页。
⑤ 辅仁大学编：《私立辅仁大学一览》，辅仁大学印书局，民国三十年（1941），第 20 页。

己的观点。论文考试的形式主要是口试,但是必要时须进行笔试。

2. 学位授予管理

研究生学位考试合格后,就成了硕士学位候选人。各大学研究院所须将硕士学位考试委员会核定合格的硕士学位论文与评阅意见,会同学科考试试卷及历年所修课程成绩等,呈送教育部复核,经教育部聘请专家复核无异议者,由教育部下令各校授予候选人硕士学位。

对于各大学研究院所呈送的硕士学位候选人的材料,教育部并非象征性地进行备案后即下令各校授予学生硕士学位,而是对之进行了严格的审核。1937年,岭南大学理科研究所第一届研究生毕业,学校按照规定将材料送教育部核准。胡秀英的论文经中央研究院钱雨农复审,认为"列品虽少,而能参证野外及样本室植物,确定其学名,于药物学上自有相当裨益"。吴玉洲、陈来加、顾瑞岩三位学生的论文经中央研究院秉农山复审,认为"均新颖详确,有贡献之价值"。经审核,教育部同意授予四位候选人硕士学位。

经审核不合格的论文,教育部发函令各大学研究院所进行修正补充,各校应按照专家审核意见,要求该生对论文进行修正后再次呈送教育部审核。如其他材料不符合授予硕士学位条件的,须补交相关证明材料,否则教育部不同意授予该生硕士学位。1936年教育部令中山大学,"准予授予李智伍等六人硕士学位,谭允恩等四名学生应补交经教育部验证的正式毕业证书,再行核夺。曾了若、朱杰勤二名学生的学历,与定章不符,不同意授予硕士学位"。①

抗战前,对于各大学研究院所报送的硕士候选人的论文等材料,教育部并没有设立专门的审查管理机构。1940年,教育部成立学术审议委员会,硕士候选人的资格审查工作遂归该会主管,硕士学位授予工作自此更加规范化。② 从这点亦可以看出,虽处于抗战时期,教育部对各大学研究院所研究生培养工作的监督并未因处于战时而放松。教育部从招生、课业学习、毕业考试及学位授予等各方面进行监控,在一定程度上保证了各大学研究院所人才培养的质量。

---

① 《教育部指令》,《国立中山大学研究院年刊》,1936年,第38页。
② 设讯:《三年来教育部通过之硕士学位论文》,《教育通讯》,民国三十五年(1946),复刊号第1卷第5期。

第五章　中国近代大学研究院所的曲折发展阶段（1935—1945 年）

（四）加强指导教师队伍的建设和管理

师资是培养人才之本，师资力量雄厚是此阶段大学研究所的特征之一。以南开大学经济研究所为例，1941 年，该所共有教员及研究员 17 人，在哈佛、耶鲁、哥伦比亚等世界著名大学获得博士学位的有 11 人，在国内外著名大学获得硕士学位的有 4 人，只有 2 人为学士学位。①

从研究所导师指导的研究生人数来看，也可看出研究所师资力量的强大。1941 年，北京大学研究所共有导师 19 人，研究生 20 人，导师人均指导学生数只有 1 人。1941 年，清华大学研究所共有教员 55 人，学生数 30 人，导师人均指导学生不到 1 人。其中文科研究所教员 24 人，研究生 10 人，理科研究所教员 24 人，研究生 13 人，法科研究所教员 7 人，研究生 7 人，所以不管从研究院还是具体的研究所来看，其导师人数充足。② 1943 年，南开大学研究所共有教员 6 人，研究生 12 人，人均指导学生 2 人。③ 从三校的情况来看，这个时期西南联大研究所导师指导学生数在 1—2 人，任务并不是太重。除了联大，其他学校的研究所情况也类似，如 1941 年，中央大学研究所共有教员 51 人，在读研究生共有 48 人，人均指导学生不到 1 人。④

针对教师的校外兼职兼课行为，教育部对之加强了管理，研究所教师兼职情况得到了明显改善。1940 年，教育部颁行《大学及独立学院教员聘任待遇暂行规程》中规定：⑤

"教员以专任为原则，不得在校外兼课或兼职，但有特别情形不能不在校外兼课者，每周以四小时为限。并须于事前得原校同意，其兼课科目须与所任科目相同；兼课薪金得由学校予以支配。"

从北大、清华和南开实际情况看，三校研究院所专职教员占绝大部分，兼职情况很少。如 1941 年，北京大学研究所共有教员 19 人，其中 16

---

① 《南开大学经济研究所一览》，1941 年，第 12—13 页。
② 北京大学等校编：《国立西南联合大学史料 3》（教学科研卷），云南教育出版社 1998 年版，第 531、533—534 页。
③ 同上书，第 533 页。
④ 《南大百年实录》编辑组：《南大百年实录·中央大学史料选》（上卷），南京大学出版社 2002 年版，第 432 页。
⑤ 宋恩荣、章咸：《中华民国教育法规选编（1912—1949）》，江苏教育出版社 1990 年版，第 691 页。

人专职，3人兼职。见表5-9。清华大学研究所的51名教员中，专职41人，兼职10人，但是在10名兼职教员中，有6人系本校农业研究所的教授，校外兼职人数只有4人。1943年，南开大学研究所有教员6人，专职5人，兼职1人。[①] 1941年，中央大学研究所教员总数为51人，专任教员47人，兼任教员4人。[②]

大学研究院所教师兼课兼职人数的减少，有利于教师专心教学和科研，从而有利于提高研究生的质量。

表5-9　　1941年度第二学期北京大学研究所情况报告简表[③]

所名	部名	所长及部主任姓名	教员数 共计	教员数 专任	教员数 兼任	研究生数 共计 男	研究生数 共计 女	第一年 男	第一年 女	第二年 男	第二年 女	第三年 男
北京大学文科研究所	史学部 语学部 中国文学部	主任汤用彤 姚从吾 罗常培 罗常培	19 6 4 3	16 5 3 2	3 1 1 1	16 8 2 6	1 1	8 3 1 4	5 3 1	1 1	3 2 1	
北京大学理科研究所	地质学部	主任饶毓泰 孙云铸	3	3 3		2 1		1 1		1		
北京大学法科研究所	法律学部	主任周炳琳 燕树棠	3	3 3		2 1		1 1		1 1		

二　高素质的人才质量

（一）培养了一批高素质人才

本阶段，大学研究院所培养的研究生总数不是很多，但是质量很高，涌现出了一批优秀的人才，这些人才遍布世界各地，其中许多成为国际知名的学者，他们为全人类社会的发展作出了重要贡献。

这一时期大学研究院所培养的研究生，各大学校史上都有详细的统计

---

① 北京大学等校编：《国立西南联合大学史料3》（教学科研卷），云南教育出版社1998年版，第530—533页。

② 《南大百年实录》编辑组：《南大百年实录·中央大学史料选》（上卷），南京大学出版社2002年版，第432页。

③ 王雪珍、郭建荣：《北京大学史料 第3卷（1937—1946）》，北京大学出版社2000年版，第357页。

与记载，限于时间及文章的篇幅，难以一一列举，下面以西南联大为例，简要列举几位该校研究所培养的学生，管中窥豹，从而了解当时大学研究院所培养的研究生质量。文科研究所中成为著名学者的有：北京大学王瑶教授，云南大学的施子愉教授，两人均1946年毕业于清华大学文科研究所文学部。著名的哲学家张遂五和王浩分别于1940年和1945年毕业于清华大学文科研究所哲学部。毕业于北京大学文科研究所著名的学者有：北京大学中文系教授阴法鲁，著名的哲学家、国家图书馆馆长任继愈等。此外，清华大学文科研究所的李赋宁、王逊、周钰良、丁名楠等，北大文科研究所的逯钦立、周法高、阎文儒、杨志玖、王玉哲、李埏、王永兴、王利器、方龄贵等也都成了知名学者。

理工科研究生中后来成为著名科学家的有：毕业于清华大学研究院物理学部的钱伟长院士；中国液晶物理开拓者谢毓章教授；中国科学院院士、中国半导体技术奠基人黄昆，曾毕业于北京大学研究院物理学部；著名的化学家何炳林院士，1942年毕业于南开大学理科研究所化学部。清华研究所中的王伏雄、陆宝麟、应崇福、郝诒纯、涂光炽以及工科研究所的林为干等后来被评为中国科学院院士，北大理科研究所的萧伦、杨起、韩德馨等后被评为学部委员。

这一时期大学研究院所培养的研究生，有许多成为国际著名的科学家。1942年毕业于清华大学理科研究所算学部的钟开莱，是世界公认的20世纪后半叶"概率学界学术教父"；1942年毕业于清华大学理科研究所物理学部的张守廉，是国际著名的电机工程专家；1943年毕业于清华大学物理学部的黄授书，是美国著名的天体物理学家；清华大学理科研究所物理学部毕业的杨振宁更是获得了"诺贝尔物理学奖"。

(二) 人才类别趋于均衡

抗日战争爆发前，我国大学研究院所培养的人才类型已经涵盖了文、法、商、教育、理、工、农等学科，其中以文科和理科居多，工科研究生培养处于起步阶段，农科、医科研究生培养处于空白状态，人才类别明显不平衡。抗战期间，国家对与战争相关高层次人才的需求日益迫切，教育部开始重视应用学科研究生的培养，以满足抗战建国的需要。因此，从1939年开始，理、工、农等学科得到了发展，人才类型开始逐渐趋于平衡。到1943年，实科研究生人数超过了文法，文、实两科人才开始保持大致平衡状态。

表 5-10　　　　1936 年至 1945 年各研究所研究生人数统计

年份	共计	文	法	商	教育（师范）	理	工	医	农
1936	75	7	9	18	0	18	23	0	0
1937	20	0	0	0	0	4	12	0	4
1938	13	0	0	0	1	2	6①	0	4
1939	144	48	11	0	3（14）	39	7	0	22
1940	284	83	48	0	36	83	8	0	26
1941	333	90	59	11	33（4）	79	19①	2	36
1942	289	90	27	11	33	61	19	8	40
1943	410	115	44	11	34	108	26	21	51
1944	422	113	62	8	30	90	49	16	54
1945	464	151	85	6	38	71	51	9	53

资料来源：教育部年鉴编纂委员会编：《第二次中国教育年鉴》（第十四编 教育统计），商务印书馆 1948 年版，第 1412 页。①原统计表数据缺失，笔者根据计算得出。

从表 5-10 可以看出，自 1939 年开始，文、法科研究生的人数占总人数 52.78%，理、工、医科的研究生人数占总人数的 47.22%，文科比实科稍多，大体上处于平衡状态。到 1941 年，文科研究生占总人数的 48.05%，理、农、医等实科研究生占总人数的 51.95%，实科学生人数超过了文科，总体上也处于均衡状态。此后文实两科的研究生人数大体处于平衡状态。

在这一时期，各科研究生的人数均开始增长，但是增长的速度不一，其中以工科和农科人数的增长幅度最大。抗战前，我国招收研究生的工科研究所只有两家：北洋工学院工科研究所和武汉大学工科研究所。1935 年北洋工学院工科研究所开始招收研究生，1936 年招收第二届研究生，1937 年因七七事变爆发第三届招生工作被迫中止。① 1935 年 1 月，武汉大学工科研究所土木工程学部正式成立并同时招生。这两校本来招收的工科研究生很少，抗战爆发使得工科研究生的培养数量不升反降。从 1939 年开始，工科研究生人数增速迅猛，1941 年是 19 人，增长了近 3 倍，到 1945 年人数已经达到 51 人，是 1939 工科研究生人数的 7 倍多。

---

① 王杰、祝士明：《学府典章：中国近代高等教育初创之研究》，天津大学出版社 2010 年版，第 117 页。

农科研究生的增长速度也相当快,1938年,全国农科研究生仅4人,到1945年人数已经达到53人,8年的时间增长了12倍多。医科研究生的人数也增加较快,1940年医科研究生的培养还处在空白状态,1943年就达到了21人。

总的看来,抗战期间,随着社会对人才需求的不同,研究生培养的类型也随之改变,整体上改变了抗战前文、实两科研究生培养不平衡状态,促进了大学研究院所学科布局的合理化。

(三)人才培养的不足之处

1. 培养的研究生总量偏小

这一时期大学研究院所培养的研究生总量偏少,主要原因有三:1. 1934年国民政府教育部对大学研究院所进行整顿,一些教育质量较差的研究所被关停,招生人数随之下降;2. 自《规程》施行后,研究生研修年限延长,毕业要求提高,在规定时间内毕业的学生开始减少;3. 抗战初期,大部分研究院所工作限于停滞,招生工作被迫停止,战时受到经济、环境等影响,研究生招生规模受到限制。

从表5-11可以看出,1936年全国研究生总数为75人,到1938年只有13人。1939年开始急剧增长,到1945年,全国共有研究生319人。尽管如此,研究生的人数仍旧很少,而同年,全国在校大学生人数为69585人,研究生占大学生人数的比例实在太小。

表5-11   1936年至1945年全国在校研究生人数统计

年份	1936	1937	1938	1939	1940	1941	1942	1943	1944	1945
人数	75	20	13	144	284	333	288	410	422	319

注:表格数据根据《全国专科以上学校之学生数》表格数据整理得出。参见教育部年鉴编纂委员会编《第二次中国教育年鉴》(第十四编 教育统计),商务印书馆1948年版,第1412页。

从单个学校看,研究生培养的数量也偏少。抗战期间,国立大学中培养研究生数量居于前列的是西南联大、中央大学、武汉大学以及浙江大学等校,西南联大共招录研究生220名,中央大学招录168名,武汉大学招收研究生70名,浙江大学是55名。私立大学在研究生培养规模上居于前列的主要是几所实力较强的教会大学,燕京大学这一时期培养的人才最多,有100多人;其次是金陵大学,培养的研究生是52名;辅仁大学紧随其后，培养了38名研究生。①

2. 毕业研究生人数偏少

由于战时经济困难及疾病等原因，未完成学业的研究生较多，毕业生人数远远低于入学人数。加之教育部对研究生的管理严格，大学研究院所实行的是精英教育，对学生的要求较高，所以获得硕士学位的学生人数很少。这一时期因为教育部统计毕业生人数时，将研究生与本科生混在一起计算，所以究竟有多少研究生毕业，获得硕士学位的人数是多少，具体数字不得而知。但是从1943年至1946年，通过教育部学术审议委员会论文审查获得硕士学位的仅为99人。②

从单个学校的研究院所看，研究生的辍学率相当高，毕业生人数少。例如，中央大学从1936年秋开始招收研究生，数学与农艺学部各录取1人，战前无毕业生。1938年中央大学研究院正式创立，从1939年开始招生，截至抗战胜利复员时，共招收研究生168名，共有5届毕业生，获得硕士学位仅60人，占招收人数的33.6%。从单个年份看，研究生的辍学率也较高，1943年，中央大学研究院共有研究生63人，辍学12人，占在校人数近20%。③

清华大学由于有庚款支撑，经济条件相对较好，在西南联大三校中招生人数最多。从1939年至1945年，清华大学研究院共招收研究生129人。但是根据《国立清华大学授予硕士学位人数报告简表》统计，抗战期间清华大学获得硕士学位只有32人（文科研究所有16人，理科研究所14人，法科研究所2人），仅占招生人数的24.8%④。北京大学在抗战期间，共招收研究生59人，毕业生19人（其中文科研究所17人，物理学部1人，地质学部1人），毕业生比例也不高。

在私立大学中，南开大学经济研究所从1939年恢复招生，在渝6年时间，招收研究生32人，毕业研究生24人，相对来说毕业生的比例较

---

① 郑刚、余文都：《抗战时期研究生教育的历史返观》，《河北师范大学学报》（教育科学版）2015年第4期。

② 《三年来教育部通过之硕士论文》，《教育通讯》1946年第1卷第5期。

③ 王德滋等编：《南京大学百年史》，南京大学出版社2002年版，第211页。

④ 数据由作者整理所得。参见北京大学等校编《国立西南联合大学史料3》（教学科研卷），云南教育出版社1998年版，第466页；西南联大北京校友会编《国立西南联合大学史料——1937至1946年的北大、清华、南开》，北京大学出版社1996年版，第490—495页。

第五章　中国近代大学研究院所的曲折发展阶段（1935—1945年）

高，原因是经济学研究不需要太多的试验仪器与设备，再加上该所在战前已经将书籍资料运至重庆，研究能得以正常开展。燕京大学研究院在这一时期毕业研究生为132人，战前毕业生为54人，1935年32人，1936年22人。战争初期，燕京大学受到战争的影响较小，1940年之前，每年有十几个毕业生。1941年太平洋战争爆发后，燕京大学办学经费受到影响，学校从北京迁往成都，研究院工作骤然停止，1942年燕京大学研究院的毕业生为0人，1943年毕业生为2人，1944年和1945年都只有1人。①辅仁大学研究生教育发展较快，该校从1937年秋开始招收研究生，1940年首届研究生8人，至1944年，共毕业学生39人。② 岭南大学在此阶段共毕业研究生14人，其中战前10人，在抗战的八年里仅毕业4人。③

总的来说，这一时期各大学研究院所培养的研究生数量较少，毕业生人数更少，不能满足社会对高级人才的需要。

第三节　基础研究与应用研究并重的科研取向及成果

由于战争的影响，大学研究院所科学研究工作受到了严重影响，尤其是需要使用精密实验仪器的理工类研究所，其研究工作几乎陷于停顿。而从事理论研究的情况稍好，在国外留学归来的年轻教授带领下，取得了一定的成绩，部分研究成果达到了世界一流水平。相对来说，人文科学和社会科学研究受到的影响要小得多，有学者评论道："从北平迁徙到云南对某些学者的影响是微不足道的。综合性的通论著作，尤其是那些根据讲义编撰而成的著作，在云南显然可以跟在北平写的几乎一样好。"④ 因而，文科研究所在这一阶段的研究成果较为丰富。

1938年4月，教育部发布《战时各级教育实施方案纲要》，其中对大学研究院所的规定为，"研究院所为创造发明整理学术之机关，纯粹学术与应用学术之创造发明，应顾及国家需要，分别缓急先后"。⑤ 因战争而

---

① 胡经甫：《燕京大学研究工作之沿革》，《燕京三年》，1948年9月，第39页。
② 孙邦华：《会友贝勒府：辅仁大学》，河北教育出版社2004年版，第65页。
③ 《历年研究所毕业生人数统计（1934—1948年）》，《岭南校友》1948年第2期。
④ 易社强：《战争与革命中的西南联大》，传记文学出版社股份有限公司2010年版，第222页。
⑤ 教育部年鉴编纂委员会：《第二次中国教育年鉴》，商务印书馆1948年版，第12页。

四处迁徙的大学研究院所,在艰苦的环境下坚持科学研究,在进行纯粹学术研究时,联合其他研究机构协同合作,科研工作与工农业生产相结合,与战时需要相结合,以满足国家及社会各界的实际需要。

一 科研与工农业生产相结合

大学研究院所为满足工业生产需要,及时转变原本并不擅长的科研与试验项目,致力于工业原料的实验与制造,以应时需。如工业界的重要原料冰醋酸(Acetic acid glacial)向来仰仗德、英、意、日、瑞典等国进口,每年所需费用数十万元。战时海运困难,来源阻断,醋酸每磅市价由战前的每磅十余元高涨至一二百元,还不易买到。有鉴于此,1940年,国立中央大学农科研究所森林化学研究室在实验室中用简单器具,研制出浓度为93.9%的醋酸,以供中国工业界所需。①

1941年,四川大学理科研究所成立,该所的研究方针为"适应抗战期中国家之需要,及树立战后建国之基础,故研究之方针,不但仅为学理的研讨,且顾及实验的需要",所以研究各题,多关于国防工业及医药,如雷酸汞及雷酸银之研究。至1944年,该校共毕业研究生3人,他们的研究内容亦全部与国防工业有关。如第一届毕业生胡宏伦,其主要研究内容为雷酸汞及雷酸银的制取;第二届毕业生陈立经,研究硫酸酰类化合物,以现有的设备和材料,综合成四种硫酸铵类的新药,应用价值较高。张万禄研制出的中药开喉箭,是治疗喉部诸病的要药,具有相当高的实用价值。②

农业方面,大学研究所通过对所在区域及周边环境的调查和研究,以指导当地的农业生产。浙江大学文科研究所史地学部通过对遵义的地形、地质、气候、土壤、人口、土地、交通、产业、民族、史迹等实地考察,编纂成《遵义新志》一书,此书完全不同于原有的偏重于地方史料的《遵义府志》,《遵义新志》注重地图的测绘,对当地工农业的开发更具有实际意义。在土地利用一章,研究所根据实地考察资料,将耕地、荒地、森林、道路、房屋的分布等均绘成图,并加以解释和建议。这种土地利用

---

① 《试制冰醋酸》,《科学》1940年第24卷第9期。
② 《四川大学理科研究所概况》,《国立四川大学校刊》1944年第17卷第2期。

图的绘制，在当时国内尚属首次。①

针对农业生产实际需要，大学及时设立专门的研究所。如茶叶向来是中国农业经济的主要支柱之一，为了改进国产茶种品质，挽回利权外溢，1942年，岭南大学设立茶叶研究所，对茶叶的生长、虫害、生产等环节进行了研究，促进了茶叶经济的发展。②

大学研究所还运用先进的科学技术，改进农作物的品种，在实验成功的基础上进行大规模的推广。清华大学农业研究所利用化学方法产生多套形植物，这种方式是当时遗传与育种学上的新发现，该所与四川农业改进所合作，致力于大规模多套植物的育种研究，尤其注重小麦、大麦、水稻、燕麦以及豆类的育种改进。此外，大学研究院所还承接各类生产实践的委托研究，如1943年广西大学植物研究所受农林部中央畜牧实验所委托调查广西牧草，同时受中央交通部、农林部林木勘查团的委托，调查桂东北恭城、灌阳、兴安、临川、临桂、百寿、永福七个县的森林情况。③

二　科研与抗战建国需要相结合

为了满足国家与社会的实际需要，大学研究院所主动转变原来的研究重心，将纯粹的科学研究与抗战建国的实际需求相结合。同时，大学还应时事所需，设立与抗战建国相关的研究所，承接桥梁、建筑材料、航空燃料、交通、通信等项目的研究。

清华大学农业研究所植物生理组的主要工作，原以生理学研究为重心，因战事需要，及时将应用生物学的研究纳入其工作中，运用化学方法制造战时急需品，用先进的科学技术改进农业生产，为战时化工产品的供应及农产品生产作出了积极贡献。该所研究的内容包括：植物油的利用，如将云南蓖麻油经适当处理，可作为火车、汽车及飞机的润滑油使用；利用捲油制作蜡烛及鞋油，捲油还可以代替制作生物切片的石蜡，蜡烛制作法取得了经济部的专利证。清华大学农业研究所除了进行化工产品制造研究，还制造应用仪器以应急需，并与红十字会救护总队部合作，调查及改

---

① 毛正棠等：《浙江大学》，湖南教育出版社1989年版，第48页。
② 《本校农院增设研究所从事研究茶树病理》，《私立岭南大学学报》1942年第2期。
③ 《植物研究所消息》，《西大农讯》1943年第12、13期。

良中国军人的膳食及营养问题。①

除了农业研究所，清华大学的无线电研究所、金属研究所、航空研究所等都是应抗战需要而设立的，其研究内容主要为与战争有关的项目，如金属研究所研究员王遵明为满足军事实际需要，对生产冶金学特加注意，他曾为海口某兵工厂解决用于制作弹簧丝的合金技术，该合金须有强韧弹性而无磁性。贵阳某兵工厂欲用某种废合金钢，他经过研究拟定了可行的冶炼与制作方法。无线电研究所张景廉等人设计的军用无线电通信器、陈芳允研究设计的军用秘密无线电话机、毕德显研究设计的无线电定向器等，都是为适应军事需要而进行的。航空工程研究所为发展中国的航空事业，建造了中国第一个航空风洞，进行飞机机型改良试验和空气动力学以及高空气象学研究，研究制造滑翔机和直升机，为抗战事业作出了卓越的贡献。②

除了自行研究，大学研究院所还与政府及其他管理机关合作，将科学研究与抗战需求结合。如四川大学理科研究所与航空委员会仪器修造厂、航空研究院动力组、军政部五十兵工厂成都分厂、行政院液体燃料管理委员会等单位合作研究项目，直接为抗战服务。航空委员会曾发函曰："照代化验及研究结果成分配制，所得成品与舶来者无异，贵处对航空仪器工业制贡献良非浅鲜。"③

三 注重中国固有文化的研究

敌寇侵华，对中国的大学进行狂轰滥炸，校舍被炸毁，图书损失惨重，师生死伤无数，中山大学校长邹鲁曾揭示了日寇轰炸学校的目的。④

> 倭寇对我国侵略，不但欲占领我全国，且于侵凌世界，及毁灭世界文化，故开战以来，对于我国文化机关特别加以摧残，肆意轰炸，

---

① 《清华大学农业研究所植物生理组工作，并制造应化仪器以应急需》，《新科学》1940年第3卷第5期。

② 北京大学等校编：《国立西南联合大学史料3》（教学科研卷），云南教育出版社1998年版，第650—655页。

③ 曾宗英：《四川大学理科研究所应用化学研究处概况》，1944年第17卷第3期。

④ 邹鲁：《国立中山大学现状·序言》，1937年。转引自吴定宇《中山大学校史（1924—1949）》，中山大学出版社2006年版，第151页。

第五章　中国近代大学研究院所的曲折发展阶段（1935—1945年）

天津之南开大学，河北女师，河北工学院，沪江大学，吴淞同济大学，南昌之葆灵女校，武昌之文华中学等，此世人之共知者。

在抗战局势下，传承、研究和发扬中国固有文化，可以激发国人的爱国热情，团结国人一致抗敌。1943年6月，武汉大学在向教育部申请增设文史研究所的报告中指出："我国固有的文化在于文史，研究文史可以使国人知道我国的文化本源所在，知道文化深刻影响民族生存的因素所在。最重要的是，研究中国文史有利于学人知耻。目前，日本人掠我文物，抢我资料，他们研究中国历史已超过国人，而国人少有研习者，耻莫大焉。"[1]

在民族存亡的境况下以及爱国思想的激励下，大学文科研究所师生在不得温饱的情况下，研究与发掘中国传统文化，并取得了丰硕的成果。北大文科研究所郑天挺教授在西南联大期间撰写的《清代皇室之氏族与血系》等文章，用大量的史实证明满汉民族之间密不可分的联系，有力地驳斥了日本为占领我国东北而制造的"满洲独立论"。[2] 联大文科研究所的其他教授也都取得了丰硕的成果。如冯友兰用现代观点弘扬中国文化，他学习并吸收新实在论哲学，借用其分析方法研究中国哲学，在抗战期间写成《新理学》一书，主张"理在事先"，并以此为据，写了《新事训》《新事论》《新原人》《新知言》等书。他曾说："颠沛流离并没有妨碍我写作，民族的兴亡与历史的变化，倒是给我许多启示和激发。没有这些启示和激发，书是写不出来的。即使写出来，也不是这个样子。"[3] 陈寅恪应用西方史学研究方法，用"大处着眼，小处入手"方法研究魏晋南北朝史和隋唐史，成为该领域的权威。[4]

面对日军的野蛮侵华行径，教会大学同仇敌忾，坚持研究中国文化，为整理、传承与弘扬中国固有的文化作出了贡献。为了便于沟通思想，交流学术，金陵、齐鲁、华西三大学修订了《金陵、齐鲁、华西三大学中国

---

[1] 周叶中、涂上飙：《武汉大学研究生教育发展史》，武汉大学出版社2006年版，第29页。
[2] 西南联大北京校友会编：《国立西南联合大学校史——1937至1946年的北大、清华、南开》，北京大学出版社1996年版，第57页。
[3] 冯友兰：《三松堂》，转引自易社强《战争与革命中西南联大》，第222页。
[4] 西南联大北京校友会编：《国立西南联合大学校史——1937至1946年的北大、清华、南开》，北京大学出版社1996年版，第69页。

文化研究所联合出版委员会简章》，委员会的主要任务是编辑出版《三大学中国文化研究汇刊》以及处理三个大学中国文化研究所的其他联合出版事宜。① 此外，三个研究所还各自出版刊物，齐鲁大学国学研究所出版的刊物有四种，分别为《齐大国学集刊》《责善半月刊》《甲骨学商史论丛》《齐鲁学》。金陵大学中国文化研究所出版的刊物为《边疆研究所论丛》，华西大学中国文化研究所的刊物分为集刊与专刊，集刊每年一卷，共出版4卷，专刊三种，分别为《汉藏佛教史料集》《周初历法考》《晚殷长历》。②

四　基础研究与应用研究中的"协同合作"

自中国大学研究院所设立以来，大多各自为政，各研究院所之间联系很少，且有因竞争关系相互倾轧之现象。研究所设置重复，相互抢夺师资与生源，研究工作既有重复之弊，效率不高亦在所难免。因战时政府各部门需才孔急，待遇比之大学优渥，所以许多大学研究院所的教授和研究人员择良巢而去，大学研究院所的工作受到极大的挑战。再者，因抗战爆发之后，大部分研究所的仪器设备及图书资料损失严重，同时又因战时经济、交通困难，购买图书资料及仪器设备尤为困难，工作难以开展。因而，各大学研究院所希望在资料上互通有无，仪器设备上相互借用，研究信息上相互沟通，研究人员能够相互交流，主观上有相互合作的意向。

为避免大学研究院所的人力物力资源浪费，提高效益，促进学术研究进步，便于大学研究院所进行合作研究，1941年5月教育部学术审议委员会第一次会议上通过了《各研究院所工作联系案》，主要内容有：③

（一）各大学研究所，每半年将其下半年之工作计划，及上半年之工作结果，报告教育部一次。

（二）各研究院之研究所性质相同者，应将出版物及工作报告，互相交换。

---

① 《金陵、齐鲁、华西三大学中国文化研究所联合出版委员会简章》。参见南京大学高教研究所编《金陵大学史料集》，南京大学出版社1989年版，第57页。
② 《齐鲁大学国学研究所迁蓉后工作状况》《金陵大学中国文化研究所近讯》《华西大学中国文化研究所工作近况》，《燕京学报》1946年第30期。
③ 刘仙洲：《高等教育季刊》1941年第1期。

(三) 各研究院所发觉彼此工作重复者，应协商避免之。

(四) 各研究院所，得互相交换研究人员。

(五) 各研究院所之设备，得互相交换或借用。

(六) 各大学研究院所形质相同者，得联合设置研究讲座，在各所轮流讲学。

(七) 大学各科研究所，分别集中财力人力各办一二学部，将其余各学部之师资设备互相交换。

(八) 大学各科研究所某一学部研究生因研究上未需要，得送他校或其他研究院所。

从上述内容可以看出，此案对大学研究院所的研究人员、学生、研究工作及研究设备等各方面都有所涉及，可谓面面俱到，但只有指导政策，没有具体实施细则，在协作过程中，仍存在许多问题，如借调研究人员的薪酬发放问题，仪器设备是否收费等，这些问题都没有详细的规定。

为便于大学研究院所协作研究的开展，1944年10月，国民政府教育部制定了《大学及独立研究院所交换借调教授及研究员办法》，其中规定，"大学与大学之间，研究院所与研究院所之间，因事实上之必要，均得交换与借调"。交换与借调人员的资格以教授、副教授及研究员与副研究员为限。交换期限为"半年至一年"，交换期满后仍回原校研究院所服务。在待遇方面，"交换人员往来旅费，由对方供给，其待遇由双方酌定之"。为了消除交换人员的后顾之忧，在工龄计算上，该办法还规定，"交换人员仍视同在原校服务，交换期间得与以前年资合并计算"。[①]

由于主客观原因，加上教育部的政策支持，这一时期各大学研究院所的协作研究开展得较为广泛，协作的形式既有个人之间的合作，也有不同大学研究院所之间的协作，还有大学研究院所与大学之外研究机构的协同合作等。

个人之间跨学科合作研究的事例很多，如清华大学农业研究所教授汤佩松与物理学教授合作，进行生物物理学方面的研究，发表论文2篇。他与王竹溪合作，用热学研究活细胞中的水分问题，发表论文1篇，与郝崇

[①] 《大学及独立研究院所交换借调教授及研究员办法》，《国立山西大学校刊》1944年第2卷，第5页。

本等合作，用 X 射线研究蚕吐丝过程中蚕丝结构的变化，发表论文 1 篇，他还与任之恭合作，用微波处理种子、花粉、蚕卵等。[①] 汤佩松等人所进行的交叉学科研究，都是具有开创性的探索研究。

研究所之间的科研合作也很多，如清华大学航空研究所与农业研究所合作研究，发表论文《紫胶之研究》，清华大学航空研究所与无线电研究所合作，研究制造风洞扰乱度仪器，并发表了论文《测量风洞扰乱度仪器之研究制造》等。

大学研究所与企业进行科研合作，能使科研成果在最短时间内转化为生产力。清华大学无线电研究所为了能使研究成果及设计的产品尽快用到抗战中去，曾和以下单位合作。1. 资源委员会及电工器材厂及中央无线电机制造厂。合作的办法是两厂向研究所提出需要研究的问题，研究所将研究结果提交合作方，供合作方在实践中检验，并及时将检验结果返回研究所，研究所进行改进完善。2. 航空委员会空军军官学校。由于研究长波定向问题，研究所所需机件由该校供给。该校教官陈嘉琪等亦到研究所合作研究。3. 军政部学兵队。合作的内容为设计及制造通信器材，并训练通信军官。

此外，大学研究院所也经常与专业科研机构进行合作研究。鉴于小麦受到黄锈病及叶锈病的危害，损失巨大。1939 年，清华大学农业研究所与经济部中央农业试验所合作，研究两种病害的生理分化及培养能抵抗上述两病的小麦品种。1940 年 9 月，清华大学地质研究所与经济部地质调查所合作，调查研究滇、黔两省的地层、构造及古生物以及矿产资源。1941 年，西南联大文科研究所与中央执行委员会党史编纂委员会合作，编辑抗战史料等，[②] 限于篇幅，不再一一列举。

五　丰硕与高水准的研究成果

这一时期大学文科研究所的研究成果堪称丰硕，理工科虽然没有取得与战前相当的学术成果，但是在纯理论研究方面，有些成果达到了世界一

[①] 西南联大北京校友会编：《国立西南联合大学校史——1937 至 1946 年的北大、清华、南开》，北京大学出版社 1996 年版，第 110 页。

[②] 北京大学等编：《国立西南联合大学史料 3》（教学科研卷），云南教育出版社 1998 年版，第 710 页。

第五章　中国近代大学研究院所的曲折发展阶段（1935—1945年）

流水平，在国外著名的刊物上发表，引起国内外学界的关注。在硝烟与离乱的环境中，大学研究院所取得了如此惊人的成绩，实在是高教史上的一个奇迹！究其原因，笔者认为主要有以下三点。

第一，教育当局及学校决策者的重视。教育行政部门对大学研究的重视上文已提及，此不赘述。学校决策者的重视亦很重要，例如西南联大时期，经费紧缺，但是校长梅贻琦十分重视科研工作。据统计，1941年他亲手制订的研究计划有22项，这些研究所需的仪器、图书及人工费达20多万元。[①]

第二，高水平的研究人员。这一时期，大学研究院所的导师有很大一部分是归国留学人员，他们了解国际科学前沿的最新成果，熟悉最新的科学研究方法及手段，所授研究生课程，包含了国外最新的科学成就，因而他们培养的研究生质量达到了国际一流水准，如北京大学理科研究所黄昆曾随吴大猷进行量子力学的研究工作，他到英国留学时与英国研究生相比，在量子力学基础上有明显的优势。[②]

第三，自由的研究环境。学术自由是科学研究的核心所在。此阶段，教育行政当局虽然曾对研究所进行过规制，却没有无端干涉教师的学术自由权，没有对研究人员的研究内容进行限制，对教师的研究任务与研究成果等进行规定与考核。研究所的教师在相对自由的环境中，克服物质上的种种困难，"士志于道"，坚持科学研究。

在文科方面，西南联大文科研究所由于师资雄厚，教学任务轻，教师自由支配的时间较多，所以学术成果最丰富。如闻一多完成的著作有《神话与诗》《周易义证类纂》《楚辞校补》《尔雅新义》《庄子内篇校释》等，朱自清完成了《诗言志辨》《新诗杂话》《经典常谈》《伦敦杂记》等书稿。雷海宗在1940年出版了《中国文化与中国兵》一书，提出了中国历史周期理论。同年，郑天挺编成《清史探微》，杨志玖的论文《关于马可·波罗离华的一段汉文记载》，报道了中国史料上有关马可·波罗的唯一消息，受到当时国内外史学界的很高评价。[③]

[①] 北京大学等编：《国立西南联合大学史料3》（教学科研卷），云南教育出版社1998年版，第567页。

[②] 西南联大北京校友会编：《国立西南联合大学校史——1937至1946年的北大、清华、南开》，北京大学出版社1996年版，第73页。

[③] 南开大学校史编写组：《南开大学校史》，南开大学出版社1989年版，第291页。

金陵大学中国文化研究所在蓉期间，研究工作虽然受到影响，但是成稿刊行和未刊的研究成果堪称丰硕，刊行的有：《长沙古物见闻记》二册，《五朝门第》二册，《雷波小凉山之倮民》一册，《边疆研究论丛》三十一年度一册，三十一至三十四年度一册。完稿未刊行的很多，主要有《长沙古器物图录》《楚漆器集》《汉代西蜀石刻研究》《宋辽金元制度从考》等。该校文科研究所历史学部刘继宣的《南洋拓殖史》，陈恭禄的《中国近代史》《日本全史》，王绳祖的《现代欧洲史》等著作风行全国，颇得好评。①

在理科研究所中，因为数学研究不依赖于实验设备，研究成绩较为突出，科研成果超过战前时期。成绩较好的有北京大学和浙江大学，这两所大学的数学研究所（部）中都拥有一流学者，研究成果达到世界一流水平。如华罗庚对堆垒素数的研究，陈省身的现代微分几何研究，钟开莱对于数论的研究，都不断有论文发表，在国内外得到很高的评价。浙江大学数学研究所苏步青的微分几何，陈建功的三角函数等，当时在国内外影响很大。陈建功与苏步青招收研究生，培养了大批国内外著名数学家，形成了著名的"陈苏学派"，"陈苏学派"在20世纪40年代蜚声海内外，与当时美国的"芝加哥学派"与意大利"罗马学派"三足鼎立于国际数学界。②

清华大学理科研究所在战时也作出了许多高水平的研究成果，成为当时我国最重要的物理研究基地。该所主要研究成果有：1939年，周培源发表了弗里特曼宇宙方面的论文两篇，从一个新的角度探讨弗里特曼宇宙，使弗里特曼宇宙的度规表达式的求解大大简化。为了将科技服务于抗日中，周培源开始研究流体力学，他带领一批师生开展研究，共发表论文11篇，在1940年发表的文章中，他首次用求剪应力和三元速度关联函数满足动力学方程的方法建立起普通湍流理论，1945年发表的《关于速度关联和湍流脉动方程的解》在国际上发展成为湍流模式理论。饶毓泰、吴大猷和郑华炽等人从事原子、分子结构及光谱研究，共发表论文26篇。1940年，吴大猷的专著《多原子分子结构及其振动光谱》，在国际上颇有

---

① 《私立金陵大学要览》，1946年，第14—16页。

② 浙大档案馆：《西迁浙大的数学研究所》，《浙江大学学报》（人文社会科学版）2015年第41卷，第36页。

第五章 中国近代大学研究院所的曲折发展阶段（1935—1945年）

影响力，中央研究院为此授予他丁文江奖。美国很快出版了此书，在很长一段时间内，该书都是此领域的重要参考书。王竹溪1938年回国后在热力学和统计力学方面发表论文8篇，与梅镇岳合作发表论文1篇，指导学生及青年教师发表论文5篇，这些论文都具有较高的水准。此外，马仕俊关于介子理论和量子场论的研究，张文裕等关于核物理β蜕变数据分析研究，吴有训等人关于X射线吸收的研究都取得了可观的成绩。[1]

化学方面主要进行的是一些应用性研究。"战时化学方面最引人注目的成果可能要数清华教授张青莲的重水实验。1943年到1944年，他在这个项目上发表了12篇论文"[2]，为此他获得了1943年教育部的奖励。金陵大学理科研究所化学部从1937年至1945年，在《金陵学报》和《中国化学报》等期刊上发表研究论文33篇，这些论文对实际生产有指导意义，如《江苏土壤肥力分析》《群青之制备及性质》《触媒对于桐油中桐脂酸之异构化之影响》《大豆酪素之提取与酪胶之抗切强度》等。[3] 其他具有代表性的成果有清华大学曾昭抡的《脂肪酸熔点的计算》《用有机溶剂在醋酸水溶液中去水的简报》等，孙承锷与曾昭抡、唐敖庆等合作发表的《原子半径与沸点的关系》《原子半径与密度的关系》《原子半径与临界温度的关系》等论文，促进了中国化学的发展。生物学研究也有不少重要的成果发表，如清华大学的沈同与张友端合作，于1943年在美国的《生物化学》杂志上发表了关于维生素C促进血液循环的文章。1944年沈同与陈德明合作在英国《生物化学》杂志上发表了"黄豆芽与维生素之研究"[4]。

工科方面，清华大学航空研究所主持建造了当时远东最大的十五呎口径航空风洞，博得欧美航空界的赞许。美国航空专家参观后认为，该所在空气动力学方面的风洞实验设备规模虽小，与美国各大学的研究所相比属实不分上下。据统计，该所共发表论文一百余篇，有的论文刊载在英国和美国一流飞机工程杂志和航空杂志上，如华敦德的《中国清华大学之十五

---

[1] 西南联大北京校友会编：《国立西南联合大学——1937至1946年的北大、清华、南开》，北京大学出版社1996年版，第108—109页。

[2] 易社强：《战争与革命中的西南联大》，传记文学出版社股份有限公司2010年版，第213页。

[3] 《私立金陵大学要览》，1946年，第17—20页。

[4] 清华大学校史编写组：《清华大学校史稿》，中华书局1981年版，第350页。

呎口径航空风洞》发表在《英国飞机工程》上，林同骅的《薄层板剪力的研究》发表在《美国航空学会报告》上，这两本杂志都是航空方面世界一流刊物。①

清华大学农业研究所在昆明期间，租赁小房，以从香港运去的实验药物进行生物学或生理学一般问题的研究。研究所工作繁重，房屋不敷，迁徙四次，中间曾遭到敌机轰炸，损失较重。在此情况下，清华大学农业研究所人员不畏艰辛，认真进行研究工作。1940年，该研究所成功研制出了植物生长素，并达到了国际先进水平②。至1944年，该研究所在中外专门杂志上共发表论文60篇。③

中山大学农林植物研究所的资料保存完好，在全国植物研究中居于中心地位④，该研究所研究工作未曾中断，研究成果丰硕，主要有：蒋英的《衡山植物分布初稿》，陈焕镛的《中国经济植物学》，陈焕镛、胡先骕的《中国植物图谱》，此外，该所植物学部还编有《广东植物志》《海南植物志》《中国西南各省植物研究》《中国壳斗科及苦苣苔科之专科研究》《亚洲夹竹桃科及萝藦科之专题研究》《中国药用植物之研究》《澄江植物志》等。

为了发表研究成果，交流学术思想，许多大学研究所克服战时纸张缺乏、经费紧张、印刷困难等问题，努力恢复战前停办的刊物。为鼓励大学研究院所编辑发行刊物，教育部于1942年制定了研究院所刊物补助办法。办法规定，经教育部审查合格的研究院所编辑发行之刊物，每种刊物一年

---

① 北京大学等编：《国立西南联合大学史料3》（教学科研卷），云南教育出版社1998年版，第684页。

② 《清华大学农业研究所纸杯生长素成功》，《时事月报》1940年第23卷第1期。

③ 《清华大学农业研究所植物生理组六年来概况》，《科学》1946年第28卷第3期。

④ 农林植物研究所在陈焕镛的主持下，早在1937年12月就对研究所的标本、图书、仪器设备进行了有计划的搬迁。陈氏自己出钱在香港买荒地建三层楼房一座，1938年9月建成，作为研究所香港办事处。研究所初搬香港九龙，广州沦陷后，全所研究人员在香港继续进行研究工作，继续出版学术刊物。此时，由于华北农林植物研究机构已经处于沦陷区，华中中央研究院植物研究所、中国科学社生物研究所图书标本皆已损失，所以中山大学农林植物研究所的设备是一流的。研究所拥有标本柜272个，标本141586号，复本未装订之标本10000号，重要图书2346册……中山大学在客观上成了全国植物研究机构的中心。见梁山等《中山大学校史（1924—1949）》，上海教育出版社1983年版，第99页。

第五章 中国近代大学研究院所的曲折发展阶段（1935—1945年）

补助三千至五千元。① 自此，各大学研究所战前编辑的期刊纷纷复刊，并创办了一批新的期刊，各研究所及各学科的期刊种类繁多，兹择其要者介绍如下：

南开大学经济研究所英文季刊 *Nankai Social and Economic Quarterly* 自抗战爆发后停刊，1940年1月开始复刊，第一期发表了一组有关战时中国经济问题的文章，主要有李卓敏的《中国国际贸易》，丁佶的《中国战时工业》，方显廷的《战时经济建设》，林维英的《战时金融政策》等。②

鉴于当时国内中等学校教师缺乏实验研究的参考读物，中央大学教育心理研究所创办了季刊《教育心理研究》，该刊物内容主要分四部分：关于教育理论的阐发；教育实际问题的科学研究报告；介绍国内外新出版的教育著作或论文提要；教学实际问题之商讨。③ 此外，中央大学教育心理研究所还编辑发行《心理半月刊》《心理与教育实验》两种刊物，在当时的教育界影响很大，受到教育部好评。④ 中山大学教育研究所编辑的《教育研究》有很大的影响力，抗战开始后，教育研究所仍坚持出版《教育研究》，撰稿人员除了本校师生，著名教育家陶行知、梁漱溟等也常在该刊发表文章，教育理论及对当时教育实际问题研究占有较大篇幅，刊物注重教育与实践相结合，在抗战期间还出版了79期和81期战时特刊。⑤

在撰写专著、发表论文、编辑出版刊物外，编译出版教材也是这一时期大学研究所的主要研究工作。一直以来，我国大学使用的教材主要是欧美等国的原版外文教材，但是国情不同，照搬欧美等国的理论用于中国实践，常有水土不服之状，加之抗战期间，大学书籍来源缺乏是一个重要问题，为谋教学上的便利，同时兼顾其他大学的教学需求，各大学研究所将编译教科书作为一项重要的任务。

---

① 《公私立大学及独立学院研究院所研究刊物补助办法》，《教育公报》1942年第14卷，第19页。
② 《南开大学经济研究所英文季刊之出版》，《图书季刊》1939年（新1）第4期。另外，该所定期刊物，战前有《经济周刊》《南开指数年刊》《政治经济学报》及英文《南开社会经济季刊》，抗战以来，因印刷困难，至1943年初，英文季刊只出版两期。参见《南开大学经济研究所工作近况》，《图书季刊》1943年第1—2期。
③ 《国立中央大学教育心理研究所工作近况》，《图书季刊》1940年（新2）第2期。
④ 王德滋等：《南京大学百年史》，南京大学出版社2002年版，第211页。
⑤ 吴定宇：《中山大学校史（1924—2004）》，中山大学出版社2006年版，第203页。

当时中国大学经济学科的教材几乎全是外国的,教学内容脱离中国实际,国人自编的教材几乎没有。南开大学经济研究所的何廉认为有必要编写一批选用本国事实与材料的经济学教材,以解释中国现实问题。这一时期该所编著的教材主要有:何廉、李锐的《财政学》,巫宝三、杜俊东的《经济学》,刘朗泉的《中国商事法》,方显庭的《中国经济研究》,张金鑑的《人事行政学》,张纯明的《中国政治二千年》,方显庭的《战时中国经济研究》及《战后中国工业化》,黄肇兴翻译的《农业国家之合作问题与方法》,吴大业的《物价继涨下的经济学》等,此外还有《中国经济地理》《高等经济学》《成本会计》等教材。①

在理科教材方面,周培源编写了《理论力学》的中文讲义,对于改变战前及当时一直沿用国外教科书状况具有十分重要的意义。清华大学理科研究所算学部赵访熊编写的中文版教科书《高等微积分》,成为中国高等数学发展中的一本标志性著作。

清华大学航空研究所本不招收学生,但是该所与西南联大航空工程系较近,研究所人员均在该系授课。为了培养空军军官,造就抗战建国的航空人才,该所编译了一系列航空专业教科书,主要有庄前鼎、陈绳祖合译的《气动力学概论》,庄前鼎、顾逢时合译的《应用空气动力学》,卢凤章译的《飞机异形及螺旋桨原理》,周慧久、张听聪合译的《飞机材料学》,庄前鼎编的《航空工程概要》,秦大钧编的《飞机制造学》,庄前鼎、陈绳祖译的《飞机试飞学》,庄前鼎编的《兵器学概要》,庄前鼎、赵九章编的《高空气象学》等。文科方面,清华大学的闻一多编写了《中国文学史稿》,朱自清编写了《中国新文学研究纲要》,吴达元编写了《法国文学史》,吴宓编写了《世界文学史大纲》讲义稿等。②

第四节 大学研究院所社会服务概况

自20世纪20年代中期中国大学研究院所社会服务职能确立之后,其开展的社会服务逐步增多,促进了中国工业、农业的近代化,为近代中国

---

① 《南开大学经济研究所一览》,1941年,第21页。
② 《文科研究所哲学部研究工作计划》。参见北京大学等《国立西南联合大学史料3》(教学科研卷),云南教育出版社1998年版,第547—673页。

第五章 中国近代大学研究院所的曲折发展阶段（1935—1945 年）

的经济、文化发展作出了积极的贡献。1935 年至 1945 年，虽然大学研究所的发展曲折艰难，但还是能够根据自身情况，妥善处理好人才培养、发展科学与社会服务之间的关系，结合社会现实需求，将社会服务转向主要为抗战建国服务。研究所用持有的科学技术为战时的工农业生产、经济发展以及民众的健康服务，为提高工农业产量、减轻民众的病痛、发展地方文化与教育事业贡献了力量。

一　为农林业服务

大学研究所直接为农业服务表现较为突出的有清华大学农业研究所和金陵大学农科研究所，其他的如中央大学理科研究所地理学部以及东吴大学的淡水生物研究所，亦对农业发展有所贡献。

从 1935 年到 1937 年抗战爆发前，清华大学农业研究所以河北、北平等地为主要中心，进行农作物害虫与益虫调查，对主要害虫的生活史及预防进行研究，研制国产农药。调查植物病虫，并进行田间试验，为华北地区的农业生产作出了贡献。[①]

1938 年，清华大学呈请教育部核准设立了农科研究所，作为该校举办的 5 个特种研究所之一，该所与中央农业实验所及其他农业机关合作，研究工作开始转向调查云南及其邻近区域农产品与植物病害的分布及其危害问题，以及从农产品中制取国防所需的原料诸多问题。研究所根据调查结果拟订工作计划，在抗战极度困难的环境中，多数工作按时完成，并培育出抗病的优良作物品类众多。研究工作包括以下几个。1. 云南经济植物病害调查。2. 小麦、大麦、蚕豆、大豆等抗病育种试验。3. 对小麦、大麦等农作物进行病原菌的生理分化研究。4. 蚕豆枯萎病研究。关于蚕豆病原菌的形态、致病力等部分研究结果，曾于 1944 年发表在美国的《植物病理学》杂志上。5. 棉枯病的研究。6. 云南疮痂病之研究。7. 小麦密穗病与线虫之关系研究。8. 真菌分类研究等[②]。这些调查研究工作促进了云南的农业生产。

金陵大学农科研究所下设农业经济部、农艺部和园艺部。该学院院长兼任研究所所长，农业经济系、农艺系和园艺系主任兼任各学部主任，实

[①] 《清华大学农业研究所病害组概况》，《昆虫与植病》1936 年第 4 卷第 19 期。
[②] 《清华大学农业研究所植物病理组抗战期间工作概况》，《科学》第 29 卷第 2 期。

际上该院已经将系、所打通,所有专任教授均参与研究工作。本着"教、学、作"三位一体的原则,金陵大学设立了农业推广委员会。研究所在蓉期间所作的推广工作有:举办新都、仁寿等县的农业推广示范区工作;在彭县及华阳县示范区进行农业推广辅导工作;推广改良种子及种苗,在川西及川北36个县推广种植金大二九〇五号改良小麦等①。

1937年4月23日,东吴大学淡水生物研究所成立,该所除了学术研究考量之外,更注重"学以致用",因为淡水生物"与民众有密切之关系,如鱼鳖虾蟹菱茨莲藕……倘于此等水产生物,捕捉采取,有适宜之统治,选种育养,有相当之改良,则生产数量,必更有可观"。此外,饮水与人的健康关系密切,"为民族健康计,对于河水,及水中之有害生物,不得不加以研究"。②

我国幅员广大,地形复杂,农作物的生长受气候的影响较大,而霜期是影响农作物的重要因素,中央大学理科研究所地理学部曾对全国的霜期进行研究,以便农民根据霜期安排农业生产,减少农业灾害,提高农产品产量与质量。③

二 为民族工业服务

抗战前,南开大学应用化学研究所和交通大学研究所在发展民族工业上贡献良多,在全国享有很高的声誉。该所在1936年3月至1937年3月一年间,为天津新民银行、天津通成公司、天津氧气制造厂等单位分析检验样品共计32件,主要内容为棉籽油饼的分析、大同煤块的近似分析、皮革发亮水的仿制等。④ 交通大学研究所在战前承接社会各界委托实验材料钢铁、砖瓦、水泥三合土、合金、木材、电机、电料、引擎、油漆、矿石、燃料等共计1475件,其中中央省市各机关及铁路局交办的占百分之四十,中外厂商等占百分之五十,其余则为其他社会各界所委托。⑤ 除了外界委托项目之外,该所还作了大量铁路设备方面的研究,如对于国产材

---

① 南京大学高教研究所编:《金陵大学史料集》,南京大学出版社1989年版,第221页。
② 《东吴大学设淡水生物研究所》,《科学》1937年第21卷第7期。
③ 陈正祥:《中国之霜期》,国立中央大学研究院理科研究所地理学部专刊第7号,1945年。
④ 《南开大学一年来接收外界委托工作一览表》(二十五年三月至二十六年三月)。参见《南开大学应用化学研究所报告书》1937年第5卷,第6页。
⑤ 黎照寰:《交通大学研究所成立十周年纪念词》,《铁路杂志》1937年第2卷第10期。

料的利用、轨枕油漆的实验、工程建造之改造等，为中国的铁路交通事业作出了积极的贡献。战争爆发后，这两个成绩卓越的研究所从此停止运行，殊为可惜！

抗战期间，金陵大学理科研究所化学部鉴于内地化学制品极度缺乏，该部选择当地需要最迫切而学校设备能够满足的项目，先研究其制法，获得成功后再大量生产，尽力满足社会需求。研制的产品包括：防止黑穗病的酰式碳酸，工业用的硫酸铵与气化铵，照相、印染与制革用的硫代硫酸钠等。[①] 另外，该部利用现有的人力与设备，开展其他多种科学服务，以促进中国工业的发展。其服务主要有以下几项：1. 代为化验工业界的工业用水、工业用煤、矿石及农产品等；2. 化工设计并解决化学工业上的各种问题；3. 与教育部合办电池厂，制造电化教育使用的电池，并在此基础上，利用本国原料，制成功效特大的湿电池，并实现量化生产，每年生产湿电池上万只。[②]

战前，北京大学地质系科研成就为全国之翘楚，与欧美各国相比亦不分伯仲。北京大学理科研究所地质学部成立后，因地制宜对西南各省的地质、地层、矿产、矿物岩石等进行调查研究，探测的金属矿床如个旧的锡钨矿、滇北铜矿、易门铁矿、滇西水银、锑、铅、银等矿。非金属矿床有滇北的盐、昆明的磷、滇西的砒、云南各处的煤等，因这些矿产资源有助于抗战，所以研究所的研究人员日夜不能忘怀，切实加以研究。[③]

三 为经济发展服务

南开大学经济研究所研究成果丰硕，素有盛名。1935年至1937年爆发战争前，该研究所的研究范围在经济政治之外，延伸至地方财政与行政及中国经济史的研究。所发行的期刊、专刊以及编纂的大学教科书共计数十种。1939年，南开大学研究所在重庆恢复后，研究工作陆续展开。此时，研究所的研究内容开始转向与战争有关方面的研究，主要分为四个方面。1. 中国战时物价问题。2. 中国农业经济研究，包括对重庆粮食及全

---

① 金陵大学编:《私立金陵大学要览》，1946年，第21页。
② 金陵大学编:《五十五年之金陵大学》，1943年，第26页。
③ 孙云铸:《北京大学理科研究所地质部说明》，参见北京大学等校编《国立西南联合大学史料 3》(教学科研卷)，云南教育出版社1998年版，第570—571页。

国农业金融问题的研究,这两部分内容,均以实地调查为主,侧重战时经济的变迁研究。3. 中国战后经济政策研究,研究内容包括国内区域经济的设计,以及全国金融与贸易制度及政策的研究。4. 对外经济研究,主要研究如何利用外资以促进国内工业化发展。①

由于南开大学经济研究所图书资料丰富②,加之处于陪都重庆,一时成为全国经济研究的中心,其抗战期间的主要成绩如下。1. 区域经济的研究与设计。因中国的西南与西北已经成为抗战的重要根据地,凡人力的补充、资源的供给莫不取于此。按照当地的物质条件以及交通状况,着手开发,分区建设,以应战事需要是当务之急。战后西南西北诸省的经济建设如何与东南、华中等省相互配合以适应国家建设,也需要早作谋划。所以南开经济研究所对各省的农、矿等资源分布及经济环境展开调查研究,从而进行区域经济的设计。2. 战时社会经济史的研究,主要研究内容有:中国经济研究;中国战时经济研究;中国战时通货膨胀研究;中国战时财政;战时中国棉纺织业的发展;中国战时的交通;四川省的粮食运销;四川省手工棉纺织业;西南的交通;西南各省的金融合作;西南各省的经济开发等。3. 经济统计工作,主要编制中国进出口物价及物品数量和物品交易率指数、外汇指数、重庆批发物价指数及生活费指数等。③

国立浙江大学文科研究所史地学部受军事委员会的资助,专门致力于建国方略以及实业计划的研究工作。1941年7月至10月,该所研究员任美锷赴川北甘南地区考察,收集土地利用、森林畜牧业等材料,写成《川北甘南之地理景象》及《西北之地理环境与经济建设》等研究报告。1942年,张其昀的建国方略第一编总论部分出版。④

四 为民众的卫生健康服务

这一时期,大学医科研究所通过多种形式与途径提高民众的卫生知识

---

① 《南开大学经济研究所工作近况》,《图书季刊》1943年第1—2期。

② 至1936年底,南开大学经济研究所藏有图书共计二万零四百余卷,其中经济类一万五千卷,其他社会科学方面五千四百余卷。以文字分,中文一万零四百余卷,英文八千一百余卷,其他一千八百余卷。战事发生前,上项图书已冒险运至安全地带,大部得以辗转运到重庆。参见《南开大学经济研究所一览》,1941年,第3页。

③ 《南开大学经济研究所一览》,1941年,第5—7页。

④ 浙江大学:《民国三十年度国立浙江大学文科研究所史地学部简报》,1941年,第5页。

第五章 中国近代大学研究院所的曲折发展阶段（1935—1945年）

与健康水平，主要形式有以下几种。

（一）医学人才的培训及民众卫生知识的宣传与普及。1935年冬和1936年夏，受教育部委托，中山大学病理学研究所代办病理学师资人才进修班①，成效显著。1936年2月15日，广州市举办民众生理卫生展览，中山大学生理研究所为提高民众生理卫生常识起见，制作了多幅挂图，以资展览。在展览过程中还设置了多种有趣的实验，如血球在毛细管中的运行情形、脉搏曲线的描绘、血色素的吸收带观察、散光原理实验等，吸引民众的注意，从而提高他们的医学常识。②

（二）药品的研发与推广。自细菌学和免疫学渐次发展以来，预防破伤风、狂犬病等的预防血清以及治疗肺炎、脑膜炎的治疗血清相继问世。当时我国所用的血清及疫苗多半从国外采购，但是国人体格与外国人不同，血清及疫苗之功效有所差异。且中国之大，皆仰仗他国供给，所花费用甚巨。鉴于此，交通大学血清治疗研究所决定自行研制生产疫苗和血清。1936年，该所研制成功血清及制剂8种，经附属医院试用，功效显著。③抗战期间，血清的使用量较大，但是由于无冷藏设备，血清不能长时间保存，尤其夏天，血清数日即坏，致使临床治疗及科研工作异常困难。1944年，同济大学医科研究所细菌学部经过试验，发现血清含硼砂1.5%以上时，可以保存至10个月以上不坏。适当量的硼砂（4%以下）不破坏血清内抗体，不影响血清反应，可以保藏伤寒、梅毒血清和血型检定血清。此实验解决了在无冷藏设备的情况下如何保存血清的这一难题。④

战时西药紧张，费用高昂，而我国的中药有数千年的历史，使用中药可以解药品紧张之状况。为了获得应用中药的科学根据，1941年，北京大学拟具章程，呈请教育部核准，设立了中药研究所，其宗旨为：调查及

---

① 《本校病理学研究所奉令代办师资进修班之成绩报告》，《国立中山大学日报》1936年第2260期。

② 《广州市生理卫生展览会本校生理研究所担任生理组消息》，《国立中山大学日报》，1936年2月20日。

③ 徐宪成：《本科附设之浆苗血清治疗研究所一年中经过之报告》，《通达医刊》1936年第1卷第1期。

④ 邓瑞麟：《硼砂保存血清之效力》，参见国立同济大学医科研究所细菌学部编《国立同济大学医科研究所细菌学部工作报告》，1944年。

鉴别中药原植物的种类及产地，用科学的方法研究中药的成分及效用，用研究所得的有效成分在临床上应用①。该所赵燏黄曾整理过30多种本草国药，对生药的产地与分布进行分类，用科学方法对30余种中药的成分及药理、药效进行研究，② 促进了中药学走上科学化道路。

为了使研发的药品能及时量化生产并供应社会，1939年，大夏大学与上海医学院及上海民谊药厂洽商，三单位合作组建药物研究所，产品由民谊药厂销售，所得利润盈余部分拨给两校，用于药物的研发工作。③ 这种校企合作的模式，既有利于大学研究所的学术研究，也有利于企业的经营，更有利于民众的身体健康，是多方共赢的合作形式。

（三）疾病与传染病的调查及防治。为造就高级专门人才，以应抗战救国需要，1942年12月奉教育部命令，中山大学研究院设立了医学研究所。④ 该所成立后，先设病理学部，侧重对地方病症的研究及诊治。主要对阑尾炎、肺结核、华南肝硬化、华南人鼻咽黏膜慢性变化等病症进行了大量研究，先后完成研究22种，研究结果发表在中外期刊上。此外，研究所还为粤、湘、赣等省医院义务代验临床病理组织物，并出具详细的研究结果。中山大学医学研究所还常应校内外社团及学术组织的邀请，作卫生防疫及免疫学理论方面的演讲，开办技术员培训班等。研究所的这些工作，推动了我国南方医疗事业的进步，提高了南方地区战时民众的健康水平。⑤

清华大学农业研究所针对云南省边区疟疾流行，研究了传染此病最为厉害的蚊类，用自制的桉叶油进行除蚊，效果显著。该研究所还利用鱼类、肉食植物、有益昆虫等进行天然防除此蚊，效果亦堪满意。⑥ 同济大学医科研究所曾对四川等地民众的日常饮食作调查研究，探究传统的生活

---

① 《北大医学院将设中药研究所》，《三六九画报》1941年第9卷第10期。
② 赵燏黄：《整理本草研究国药之方案及其实例》，国立北京大学医学院中药研究所生药学部，1941年8月。
③ 《沪校与民谊药厂上海医学院合组药物研究所》，《大夏周报》1939年第15卷第24期。
④ 《中山大学研究院增设医学研究所》，《西南医学杂志》1942年第2卷，第38页。
⑤ 《国立中山大学现状》，1943年版，第111—119页。
⑥ 北京大学等编：《国立西南联合大学史料3》（教学科研卷），云南教育出版社1998年版，第618页。

习惯与传染病的关系,从而起到疾病预防的作用①。私立岭南大学理科研究所主任陈心陶曾对广州地区的寄生虫作系统研究,并撰写了系列论文,如《华南肺蛭虫之生活史》发表在法国寄生虫学杂志上,《华南哺乳动物之寄生线虫》一文在英国寄生虫学杂志上发表,其他的如《寄生线虫之新种》等文章发表在《岭南科学季刊》上②,这些研究为华南地区民众寄生虫的预防与治疗起到了积极作用。

五 为教育文化事业服务

中山大学教育研究所教授尚仲衣在抗战开始后,与岭南大学、勷勤大学共组战时教育研究会,在《中山日报》开"战时教育"专栏,并组织成立了"抗战教育实践社",其主要活动是办理自修班与特种训练班,以推动抗日救亡运动的发展。尚仲衣亲自兼任自修班班主任,教学工作由中山大学教育研究所的师生担任。该社大力进行抗战形势的宣传与普及,在广州市各区设立书报摊,介绍书籍报刊中有关抗战的内容。③

在促进地区文化事业的发展方面,大学研究所的师生也有所贡献。北京大学文科研究所罗常培主持的少数民族语言调查,罗庸对滇中文化艺术的研究,张印堂对云南种族地理和经济地理的调查,罗常培、郑天挺、张印堂等参加大理县志的修纂工作等,为云南的文化建设作出了贡献。④ 为研究与发展西南文化,1942年,云南大学成立了西南文化研究室,研究的主要内容有西南开发、西南移民、西南地理、西南民族史等。至1944年,该所出版了《滇西经济地理》《滇西边区考察记》《云南农村戏曲史》《越南古史及其民族文化之研究》等。⑤

六 为战时的军事服务

从理想的状态讲,大学研究所应该是一个"安静"的地方,以供研

---

① 国立同济大学医科研究所细菌学部:《国立同济大学医科研究所细菌学部工作报告》,1944年。

② 私立岭南大学:《私立岭南大学要览》,1940年,第16页。

③ 梁山等:《中山大学校史(1924—1949)》,上海教育学出版社1983年版,第93页。

④ 西南联大北京校友会编:《国立西南联合大学校史——1937至1946年的北大、清华、南开》,北京大学出版社1996年版,第100—101页。

⑤ 《国立云南大学西南文化研究室近况》,《图书季刊》1944年第2—3期。

究人员进行学术研究。它应该不受当权者所左右,不为时局所干扰,不受政治的影响,师生可以自由地进行教、学和研究,其唯一的目的是探寻真理,并用研究所得服务社会,造福人类,引领社会发展。但是,大学研究所并非处于真空之中,在抗战时期,大学研究所为抗战建国提供智力及技术支持,是其义不容辞的责任。燕京大学校长司徒雷登在1939年春季师生大会上说:[1]

> 大学应与其社会国家发生密切之关系,并应自视为其环境中之紧密的与完整的一部,自其环境获得新材料,而以之作成贡献,以应国家之需要——包括某一时期之特殊环境之特别需要在内。

实际上,在烽火连天与民族存亡的危急关头,大学研究院所视抗战为己任,积极从原先的研究方向转向研究与战争有关问题。早在1935年,鉴于战事日紧,考虑到将来新式化学战争中救护及治疗工作至为重要,中山大学病理学研究所举行了《军用毒气病之病理及治疗法》演讲。1936年编译出版了《军用毒气病之病理及治疗法》一书,系统介绍了毒气病的原理、如何防毒以及如何救治。[2] 中央大学医科研究所侧重战时卫生的调查研究,用科学的方法得出结论,提出战时公共卫生的改进意见。如1943年12月,该所李廷安、郭祖超共同撰写的《我国士兵体格检查之报告》,对254名士兵的体格作系统检查,指出我国士兵存在的体格缺点及改善的方法。[3] 1945年雷肇唐、郭祖超、陈驭欧撰写的《战时中国大中学生之心理健康状况并论青年人格之转捩期》一文,揭示了战争中我国大中学生心理卫生的实际状况,分析影响学生心理健康的因素,并提出有效的对策[4]。

中国木材向来依赖进口,战争爆发,海上运输被封锁,木材如何自给

---

[1] 燕京大学研究院同学会编:《燕京大学研究院同学会会刊》1939年第1期。
[2] 《世界战云密布,本校病理学研究所编译军用毒气病之病理及治疗法》,《国立中山大学日报》1936年第2091期。
[3] 国立中央大学医科研究所:《国立中央大学医科研究所公共卫生学部研究报告之二》,1943年12月。
[4] 国立中央大学医科研究所:《国立中央大学医科研究所公共卫生学部研究报告之三》,1945年12月。

成了问题。中国森林资源以东三省最为丰富，九一八事变之后亦无法开采，所剩森林资源首推西南林区。由于战事需要，航空工程专家亟须采用四川云杉、桦木等，然苦于不清楚木材的性质。国立中央大学农科研究所有鉴于此，派员赴川西、峨边等森林地带，收集各种木材品种，研究木材的性质，应供航空工业所需。[1]

1944年，清华工程研究所与美军工程部合作，进行机场测量、土壤试验等工作，并根据美军的要求，设立了锯木厂和制冰厂等。清华大学的金属研究所、无线电研究所和航空研究所的设立就是为了战争需要，如航空研究所制造直升机与滑翔机、无线电研究所设计与制造通信机器、金属研究所进行合金试验等，都是直接为抗战服务的。

不仅理工农医类研究所，人文学科类研究所也介入了战争之中。如1945年夏，清华大学文科研究所心理组，受美国战略情报局方面的委托，在驻昆明美国心理作战部专家的指导下，参与选拔中国伞兵的心理测验。同年8月，该组为国民党陆军杜聿明、邱清泉部创办军官心理测验所，前后为168名受训军官进行心理测验。[2] 太平洋战争爆发后，浙江大学文科研究所史地学部张其昀、任美锷等教授，从历史及地理的角度对太平洋战争进行深入研究，取得了一系列成果，如《太平洋战争之新战略》《太平洋战争之地理基础》《太平洋军事地理概况》等，[3] 对太平洋战局作了系统的分析，以资军方及社会各界参考。

---

[1] 《试验四川木材性质》，《科学》1940年第24卷第9期。
[2] 清华大学校史编写组：《清华大学史稿》，中华书局1981年版，第335页。
[3] 国立浙江大学史地学系编：《史地杂志》1942年第2期。

第六章

结　论

一　中国近代大学研究院所的发展与职能开展情况简要回顾与总结

本研究通过考察与分析中国近代大学研究院所的发展历程及其职能开展情况，得出以下几点结论。

（1）中国近代大学研究院所的发展历程独具特色

与西方大学研究所的产生与发展相比，中国近代大学研究院所并非按照高等教育的发展规律，在学术自由的土壤中萌芽进而发展壮大，而是在模仿与移植西方学制基础上进行构建与创立的，其发展是一个"模仿与移植—自由发展—混乱无序—整顿监督—规范发展"的过程。

1902—1904 年，清政府模仿日本制定了"壬寅—癸卯"学制，其中关于"大学院"和"通儒院"的构想，民初"壬子—癸丑"学制中对大学研究院的筹划，由于条件所限，这些关于设立大学研究院所的构想在实际办学中并未施行，所以本研究将此阶段看作中国近代大学研究院的萌芽阶段。

1917 年，蔡元培模仿德国大学研究所制度在北京大学设立了文、理、法三科研究所，标志着中国近代大学研究院所的正式创立。1918 年至 1924 年，北京大学研究所在不断探索与改革中逐步完善，具备了现代大学研究所的所有特征，此阶段可以视为中国近代大学研究所的创立阶段。

1925 年，清华大学设立国学研究院，1926 年厦门大学、南洋大学与燕京大学相继设立了研究院或研究所，大学研究院所开始快速增加，到 1934 年，大学研究所的数量达到了 41 所，粗具规模，本研究将此时期看作是快速发展阶段。

1934 年国民政府教育部颁行的《大学研究院暂行组织规程》，对大学研究院所的发展影响较大，在研究院所的数量、学生人数、组织结构等方面都发生了明显的变化，研究生的招生、录取、培养、学业考核、学位授予等都开始规范有序，即使在抗战时期，教育部对大学研究院所的管理都没有放松，所以文章将此阶段视为中国近代大学研究院所的规范化发展阶段。

（2）培养人才职能：研究生的培养具有"本土化"特点

蔡元培创设的北京大学研究所，其首要的目的是培养人才，其培养方式模仿德国研究所的"习明纳"制度。该所根据自身情况，通过不断调整与改革，专研"国学"，在培养国学人才方面成绩斐然。

1926年，清华大学国学研究院仿照中国书院与英国大学制度，形成了课程学习与专题研究相结合的培养方式。这一方式效果显著，其他大学研究院所纷纷效仿，从而形成了独具中国特色的研究生培养模式。但是，在快速发展阶段由于缺乏有效的监管，研究所的扩招使研究生的培养质量参差不齐。规范化阶段，在系统的人才培养质量保障体系监控下，研究生培养规模变小，但是培养的人才质量有了显著提升，涌现出了一批高素质人才。

（3）发展科学职能：科研成果显著

在中国近代大学研究所创设阶段，北京大学研究所在"国学"研究方面成绩卓然，但是研究科类单一。自1925年开始，大学研究所的科类开始从"单一性"向"多样化"发展，到20世纪30年代中期，在短短的十余年时间里，大学研究院所在科学研究方面取得了显著成绩，有些成果达到甚至超过了西方发达国家水平，这些成果在国际一流期刊上发表，产生了重要影响。抗战爆发后，研究所的科学研究工作受到了重大影响，整体上看，研究成绩稍逊于战前，但是在文科领域，有些研究所的成果超过战前。一些不需要精密实验仪器的理科研究所，在纯理论研究方面，有些成果仍旧达到了世界一流水平。

（4）社会服务职能：广泛关注社会诉求

中国大学研究所初创时期，由于其主要从事"国学"研究，所以无法为社会提供科技支持与帮助，但是北大研究师生积极开展和参与各种社会活动，在开化民智、提高民主意识方面起到了积极作用。在20世纪20年代中期大学研究所的社会服务职能确立之后，在"科学救国""实业救国"思潮和社会需求的相互激荡下，大学研究院所开展了广泛的社会服务，为促进工农业发展贡献了力量，对民族工业的近代化起到了推动作用。抗日战争时期，大学研究院所在进行纯粹科学研究的同时，侧重于工农业生产及战争相关项目的研究，在抗战建国、工农业发展、民众的健康、地方文化事业等方面作出巨大贡献。

二　几点启示

（一）能力与水平：大学研究院所培养人才的质量问题

一般而言，在规范的制度与环境下，质量是大学的生命线。衡量大学研究院所人才培养质量的标准，主要是毕业生的科研所达到的能力和水平，而影响研究生教育质量的因素有三个方面：生源质量；指导教师的水平和科研活动状况；毕业生的学业管理与考核。蔡元培执掌下的北京大学研究所，前期招生条件宽松，只要有研究意愿者皆可报名，英雄不问来路，不论其是否为大学本科毕业皆可报名，来者不拒，但最后结果不佳。后来北大研究所国学门提高了研究生的入学门槛，入所研究人数减少，然毕业生中有成就者众多。所以，大学研究院所的招生是"多多益善"还是"宁缺毋滥"，从此处看，似乎很明了。再看北大研究所国学门的导师力量，真是人才济济，名师如云，整体学术水平之高令人惊愕，且在指导学生期间，这些硕学鸿儒们仍笔耕不缀，撰写了一批经典著作。学生入此学术氛围浓郁的"泡菜坛"中，久之则同味矣。清华大学国学研究院的情形也大致相似，学生毕业时交出的成绩也相当漂亮，研究院首届毕业生入学时皆拟定1个研究题目，毕业时有多人交出2—3篇甚至多篇论文，且质量较高。[①]

1925年到1934年间，由于教育当局听任大学研究所自由发展，研究院所和学生的数量急剧增加，研究生质量可谓"良莠不齐"。部分研究院所坚持学术标准，对生源质量、指导教师的水平和学生的毕业考核严格要求，研究生培养质量较高。而有的则不顾自身条件盲目扩招，为了吸引生

---

① 1925年，清华国学研究院首届学生入学时，吴其昌拟定的研究题目为《宋代学术史》，毕业时则提交了《朱子著述考》《文原兵器篇》《三统历简谱》《谢显道年谱》《李延平年谱》《陈明道年谱》6篇文章。姚名达入学时定的研究题目为《章实斋之史学》，毕业时除原定研究内容外，还提交了《邵念鲁年谱》。方状猷本拟研究《诗三百篇之文学的研究》，毕业时则写《章实斋先生传》《儒家的人性论》和《中国文学史论》三篇论文。参见清华大学校史研究室编《清华大学史料选编——清华学校时期（1911—1928）》（第一卷上册），清华大学出版社1991年版，第384—385页；《研究院纪事》，《国学论丛》1925年第1卷，第297—298页。

源降低研究生入学标准，在研究生培养过程中，导师无心学术，学生"身在曹营心在汉"，混文凭找工作的人不少，以研究院所作为出国留学跳板的也大有人在。加之研究生的毕业考核工作皆由各校自行为之，这些毕业生中究竟有多少"南郭先生"，只有历史清楚！前车之鉴，如何在扩大研究生招生规模的同时保证研究生的质量，这实在不是一个轻松的话题。

1935年之后，国民政府教育部通过制定相关法规，建立了研究生培养质量保障体系，对大学研究院所的设置条件、招生标准、研究生的学科考试、毕业考核、学位授予等作了规定，并对这些规定加以严格监督，确保贯彻实施，即使在抗日战争时期也丝毫没有放松要求，相反却加强了对研究生的论文审核。各大学研究院所也能恪守规则，按照自身实力进行研究生的招生与培养工作，招生宁缺毋滥。指导学生过程中即使声名显赫的教授仍躬身示范，从事科学研究工作。对毕业生的考核严格要求，不达标准绝不允许毕业。大学研究院所何以能在烽烟四起的年代，培养出那么多杰出的人才，这大概就是原因之一吧。

回顾百年前的大学研究院所的人才培养工作，反思当下大学的研究生教育，导师被称作"老板"，研究生自比"雇工"，学生的录取与否以外语和政治的达标为首要条件，毕业学生的科研水平与研究能力每况愈下，如此等等，不一而足。百年以后的人们在考察我们当前的研究生教育时，会作如何评价呢，思及此，能不慎欤？

（二）侧重与平衡：大学研究院所教学与科研关系的处理

1810年，柏林大学实施了教学和科研相统一的原则，使德国科学技术的发展突飞猛进。此后，英美法日等国大学纷纷效仿，成效显著。教学和科研良性互动是大学研究院所与教师个体和谐发展的前提，特殊时期在科研与教学之间有所侧重本无可厚非，但是过度的或长期的不平衡必将影响研究院所的健康发展。考察中国近代大学研究院所的发展历程发现，其教学与科研基本上处于和谐平衡状态。

在大学研究所初创阶段，由于模仿德国研究所制度，秉承了德国大学研究所的"教学与科研相结合"的精髓，研究所要求导师除了教学之外，对其研究任务规定为："当各择专题月作论文一首，或公开讲演，或作月刊材料，或别刊小册，俱听教授之便。"[①] 此种科研规定，充分体现了

---

① 《研究所通则》，《北京大学日刊》1917年第1期。

"学术自由"的原则：研究内容自由选择，研究成果的表现形式多样，可以作论文、公开演讲、编辑月刊或其他期刊等，最关键的是"俱听教授之便"，可见灵活性很大，亦非强制性的。在快速发展时期，大学研究院所的教学与科研之间也处于平衡状态。燕京大学国学研究所对导师及研究员的职责规定为："负责指导研究生研究工作，选择有关国学之专门问题，作有系统具体之研究，每年将研究成绩著论及演讲。"[①] 从内容上看，该所要求指导教授在教学之外须进行科研工作，但科研成果的表现形式可以"著论及演讲"，教师完成这样的"科研任务"还是较为容易的。相较于燕京大学，岭南大学研究院鼓励教师进行学术研究，研究时间不足时可以申请减少授课时间，"凡研究专门问题之教员，遇时间不足时，得请求减少授课时间"，但是减少授课时间有具体规定，不可率性而为，"除专门研究已有相当成绩，见诸出版或讲学外，授课时间不宜减少过多。首次减少，只限于三小时"。并且"此项请求，应由院长送交专门研究委员会审议"。[②] 所以，该院虽然鼓励教师研究，但是对教学同样很重视。

1934年之后，从所能接触到的资料看，研究院所对教师的教学时间都有详细的规定，但未见到对科研要求的相关规定，大学设立研究院之目的是"为招收大学本科毕业生，研究高深学问，并供给教员研究便利起见"。即便抗战时期，大学研究院所仍能处理好教学与科研之间的关系，虽然研究所的师生主动将研究项目与工农业生产相结合，与抗战建国的现实需求相结合，但是我们看到，此时科研项目侧重于社会需求的同时，并没有以损害教学质量为代价，相反，此时教师的教学比抗战前更加负责认真，培养的研究生人数虽然少，但其质量之高是举世公认的。"西南联大的课程设置和科研水平，已经和国外的一般大学相当接近，培养的硕士生实际上已和博士水平相齐。"[③]

中国近代大学研究院所何以能够处理好科研与教学之间的关系，以下几点值得注意。第一，教育部和大学及研究院所没有制定科研考核制度，教师无科研考核压力，因而不会发生科研方面非伦理行为：科研腐败、无

---

① 《燕京大学国学研究所所章》，1929年10月。参见王雪珍、张万仓编《北京高等教育文献资料选编（1861—1948）》，首都师范大学出版社2004年版，第616页。

② 《岭南大学研究院学科规程》，《私立岭南大学校报》1931年第3卷第22期。

③ 杨振宁：《杨振宁文录》，海南出版社2002年版，第107页。

效科研成果甚至"垃圾"论文。科研考核虽然可以激发教师的潜能,增加教师科研成果的数量,但是科研考核评价制度的短视化和过度功利化,最终将导致"重科研轻教学"现象的产生,使大学偏离教书育人之本位。第二,教育部对大学研究院的评估并不是以科研项目的多寡作为考量点,而是以其师资、设备、图书作为大学研究院所设立的主要标准。因此,大学研究院所不会非理性地将自身的发展目标与教师的科研相挂钩,教师的科研工作更多的是出于兴趣或使命,而不是被动进行科研工作。第三,教育部对大学研究院所划拨经费,是以研究所的科类、学部数量以及学生人数作为标准,并没有将科研量纳入经费发放的考量体系之中,大学或研究院所对教师评价考核的科研取向色彩自然就会消失。

(三)引领与适应:大学研究院所社会服务的转变

中国近代大学研究院所初创时直接为社会提供服务较少;在快速发展阶段,大学研究院所在发展科学的同时为社会各行业提供服务,是为引领社会发展与提供服务并重的时期。规范化阶段,尤其是抗战时期,大学研究院所的科研以服务工农业生产及抗战建国为主,纯粹科学研究为辅。

从大学研究院所社会服务的具体工作内容看,其对社会发展的作用不言而喻,然而大学研究院所究竟应该是引领社会发展的"灯塔",还是反映社会需求的"镜子"。蔡元培曾指出,教育之于社会有两大功能。一是引领,"教育指导社会,而非随逐社会"。[1] 二是服务,"学生或教员一方面讲学问,另一方面效力社会"。[2] 中国近代大学研究院所发展的经验表明,在进行纯粹科学研究的同时,必须与社会保持一定的联系,关注国家与社会的实际诉求,在满足社会需求的同时也能促进大学研究院所自身的发展。

需要指出的是,中国近代大学研究院所始终以发展科学为己任,用科研成果或科学技术服务社会,相较于大学其他基层学术组织的社会服务,大学研究院所的社会服务"科研量"较高。实际上,科研含量低的社会服务并非大学研究院所的优势所在,且提供科研量低的社会服务,对研究

---

[1] 蔡元培:《一九〇〇年以来教育之进步》,参见高平叔《蔡元培教育论著选》,人民教育出版社1991年版,第45页。

[2] 蔡元培:《在北京高等师范学校〈教育与社会〉社演说词》,参见高平叔编《蔡元培全集》(第三卷),中华书局1984年版,第394页。

院所的发展弊大于利。

(四) 移植与创新：大学研究院所的"本土化"实践

中国近代大学研究院所的发展过程，实际上是中国大学研究院所的模仿移植与创新的过程。1902年，《钦定学堂章程》中关于"通儒院"的规定，《奏定学堂章程》以及民国初年南京临时政府颁布的《大学令》中国关于"大学院"的构想，标志着中国近代大学研究院所的萌芽，但是不顾国情盲目移植并构想出"大学院"或"通儒院"，其结果不言而喻。1917年，蔡元培掌北大，模仿德国大学"研究所"制度，在北大设立了研究所。北大研究所并非原本照抄德国模式，而是因地制宜，结合"整理国故"运动设立了具有中国特色的"国学门"，北大研究所在运用西方科学手段研究与发扬中国传统文化的同时，为许多现代新学科的发展打下了基础，如"方言学""语音学""民俗学""新史学"等，实开端于北京大学研究所。从1925年开始，中国大学研究院所进入快速发展阶段。由于此阶段教育部门对大学研究院所的发展持放任态度，研究所处于"自由发展"状态。此时，中国大学研究院所在培养人才方面，将中国的书院制度与西方的研究所制度相结合，形成了特有的课程学习加专题研究的人才培养模式。在社会服务方面，研究所根据社会情况，用中国的本土原料研究制造社会急需的产品，促进了中国民族工业的发展。1934年，国民政府教育部颁布《大学研究院暂行组织规程》，开始对大学研究所进行整顿，此后，大学研究院所的发展处于规范化阶段。此阶段中国大学研究院所带有明显的美国"研究院"的特点，但也不无中国特色。如在教育行政当局并未强制规定的情况下，各大学研究院所在招生时将"国文"列入必考科目，其用意旨在教育学生用中文的思维方式，借助现代科技手段，解决中国的现实问题。

抗战时期，中国大学研究院所的"本土化"特征愈加明显，为了赓续与弘扬中国文化，激发国民的爱国之心，坚定抗战胜利的信心，大学文科研究所加强中国固有文化的研究，理工科研究所将研究工作与生产实践与抗战需要相结合，应社会实际需要创设具有中国特色的茶叶研究所、中药研究所等，这些新设立的研究所无不具有鲜明的中国特色。随着专业结构的调整，大学研究所的科研体系逐步建立与完善，在进行纯粹科学研究的同时，研究内容开始着眼于中国民族性与地方性问题的解决，中国大学研究院所初步实现了本土化的转变。

教育落后或欠发达国家，移植先进国家的研究所制度，对于提高本国大学的研究水平是大有裨益的。但是，历史经验告诉我们，不顾国情的全盘移植很难行得通，德国的研究所制度，在日本成了"大学院制度"，在美国成了"研究生院"制度等，"嫁接"似乎是最普遍的形式，在采撷外国大学研究所制度精华的基础上，结合本国的文化特点，改变研究界域，努力形成独立自主的方法意识，是大学研究院所实现"本土化"的有效途径。

（五）控制与自由：大学研究院所学术权力与行政权力的界限

学术自由是大学研究院所发展科学的核心精神所在，纵观中国近代大学研究院所的发展过程，研究院所的师生一直处于相对的"学术自由"状态之中。

北伐战争之前，大学研究院所在招生考试、教学活动、科学研究、课程设置、教材使用、师资延聘、学位授予等方面享有高等的自主权。北洋政府教育部对大学研究院所的发展几乎从未过问，研究所的活动处于国家行政管理的真空状态下。北伐战争结束后，1929年南京国民政府教育部加强了对大学研究院所的监管，颁行了一系列的管理文件，但是我们考察这些文件后发现，教育部对大学研究院所的控制与监督都是以"学术"作为考量点，如对大学研究院所设置条件的规定，对研究生毕业条件的控制以及硕士学位授予的管理等，并没有对教师与学生的教学自由、学习自由与自由研究的权力加以干涉。

抗战时期，国民政府教育部为使大学教育适应抗战需要，对大学本、专科的学科、专业及课程进行了规定，如1938年9月，教育部颁布了《大学共同必修科目》，1939年8月，教育部又颁布了《各院系必修选修科目表》，但是教育部门一直未对大学研究院所的专业、课程以及教材等加以规定与限制。为了鼓励大学研究院所发展，教育部主要通过拨款的方式加以引导，而不是以行政命令的形式加以控制。

在大学内部，研究院所的学术性工作通常是通过学术委员会商议决定，学校的行政部门无权干涉，行政权力与学术权力之间分工明确，职责清楚，行政权力与学术权力各司其职、各行其道。行政权力驾驭学术权力之上的情形十分少见，反倒是行政学术化的特征更明显些。纵观中外高等教育发展史可以发现，大学中行政权力尊重学术权力，学术权力能够影响行政权力的时代都是学术发展的黄金时期。

三　本书的创新点和不足之处

（一）本书的主要创新点

1. 挖掘了一些关于大学研究院所的史料，厘清了大学研究院所的发展脉络。文章抛弃了根据"革命史""政治史"或"学运史"进行教育史分期的办法，而是按照大学研究院所自身发展规律及特点，将其发展历程划分为萌芽阶段（1902—1916年）、创设阶段（1917—1924年）、快速发展阶段（1925—1934年）和曲折发展阶段（1935—1945年），分析总结了各发展阶段的特征。

2. 以大学研究院所发展的历程作为经线，以大学研究院所的职能开展作为纬线，在纵向梳理我国近代大学研究院所的发展路径的同时，横向地研究中国近代大学研究院所的基本职能，从而形成了较为合理的研究框架，将史与论有机地结合起来，系统考察和分析了中国近代大学研究所的发展与职能开展情况，外部研究与内部研究相结合、历史与逻辑相统一，力求真实、客观、全面地揭示研究对象。

3. 拓宽了高等教育的研究内容，对中国近代大学研究院所的职能作系统研究，厘定了中国近代大学研究院所职能的发轫、确立及普遍开展时期。阐述了大学研究院所职能的开展，促进了中国近代学制的完善，提升了人才培养水平，加快了中国学术自主化进程，推进了中国科学技术近代化的转变。

4. 分析了影响中国近代大学研究院所发展的因素，对大学研究院所发展过程中培养人才、发展科学、服务社会的特点进行了探讨，总结其办学过程中取得的成绩与不足之处，打破了"中国近代大学研究院所培养的人才质量不高""中国近代教育环境恶劣导致大学研究所研究成果低下"等旧观念，用史料还原中国近代大学研究所在人才培养、科学研究和社会服务方面的真实情况。

（二）本书的不足之处和今后努力的方向

1. 本书的不足之处：囿于资料、时间及笔者的能力等原因，在时间节点上，本研究设定的时间范围下限为1945年，没有对抗战胜利之后大学研究院所的发展及其职能的开展情况作系统的考察。此外，由于篇幅所限，与中国近代大学研究院所发展相关度较大的几个问题，如大学研究院所的经费来源以及使用和分配问题、师资流动情况、大学研究院所空间分布等方面进行的分析较少。

  2. 今后努力的方向：在后续的研究中，笔者扩大研究的范围，对战后至中华人民共和国成立的这个阶段大学研究院所的发展情况以及人才培养、学术研究与社会服务情况作系统的梳理与分析，从而实现对中国近代大学研究所的整体研究；近一步凝练中国近代大学研究院所的发展及其重要职能开展的驱动力量；关注研究机构中的重要人物与事件，突出学界在研究院所发展中的作用；进一步考察与分析中国近代大学研究院所内部的管理体制，重点考察大学研究院所的设置权力问题。此外关于大学研究院所内部的学术评价与学术发展的驱动力等，也将是将来研究的重点问题。

参考文献

一 近代大学校刊、报纸、杂志

《北京大学日刊》，1917年11月至1926年1月。
《北京大学研究所国学门周刊》，1925年。
《大公报》，1934年12月至1935年1月。
《大夏周报》1939年第24期。
《独立评论》1932年第12期、1935年第1期。
《读书通讯》1944年总第87期。
《高等教育季刊》1942年第4期。
《公教学校》1937年第3卷。
《国立北京大学廿周年纪念册》，1917年。
《国立北平师范大学研究所学则》，1932年。
《国立北平师范大学研究所章程》，1932年。
《国立北洋工学院工科研究所概况》，1936年。
《国立清华大学校刊》，1928年11月。
《国立清华大学研究院章程》，1931年。
《国立山东大学周刊》1936年第9期。
《国立山西大学校刊》1944年第2卷。
《国立四川大学校刊》1944年第2期。
《国立同济大学医科研究所细菌学部工作报告》，1944年。
《国立武汉大学一览》，1936年。
《国立中山大学法规集》，1937年。
《国立中山大学理科概览》，1929年。
《国立中山大学日报》，1928年2月至1937年5月。
《国立中山大学日刊》，1936年3—9月。

《国立中山大学现状》，1943年。
《国立中山大学研究院年报》，1936年。
《国立中山大学语言历史学研究所概览》，1930年。
《国立中央大学日刊》，1934年11月至1935年6月。
《国立中央大学医科研究所公共卫生学部研究报告之二》，1943年12月。
《国立中央大学医科研究所公共卫生学部研究报告之三》，1945年12月。
《河南大学校刊》，1936年。
《华北合作》1935年第16期。
《暨南校刊》，1935年。
《交大季刊》1935年第17期。
《交大学生》1937年第2期。
《交通丛报》1930年第157、158期。
《交通大学年报》，1930年8月。
《教育公报》1929年第7期、1942年第7期。
《教育通讯（汉口）》1943年第33期、1946年第5期。
《教育杂志》1910年第11期。
《金陵大学校刊》1932年第12期、1933年第3期。
《科学》1936年第10期至1946年第3期。
《昆虫与植病》1936年第19期。
《岭南校友》1948年第2期。
《棉讯》1934年第8期。
《民国三十年度国立浙江大学文科研究所史地学部简报》，1941年。
《南大半月刊》1934年第15期
《南开大学经济研究所一览》，1941年。
《南开大学向导》，1930年5月。
《南开大学应用化学研究所报告书》，1933—1936年（第1—5卷）。
《年华》1935年第1期。
《清华大学一览》，1932—1937年。
《清华校友通讯》，1935年2月至1936年8月。
《清华周刊》，1925年1月至1931年12月。

《三六九画报》1941 年第 10 期。
《时事月报》1936 年第 6 期、1940 年第 1 期。
《史地通讯》1946 年第 2 期。
《史地杂志》1942 年第 2 期。
《私立辅仁大学一览》，1941 年。
《私立金陵大学农科研究所农业经济部章程》，1936 年。
《私立金陵大学要览》，1946 年。
《私立岭南大学校报》1931 年第 3 卷。
《私立岭南大学学报》1942 年第 2 期。
《私立岭南大学要览》，1940 年
《天津南开大学经济研究所事务月报》1935 年第 4—5 期。
《天津南开大学一览》，1932 年。
《铁路杂志》1937 年第 10 期。
《通达医刊》1936 年第 1 期。
《图书季刊》1940 年第 2 期至 1944 年第 2 期。
《图书展望》1935 年第 3 期。
《五十五年之金陵大学》，1943 年
《西大农讯》1943 年第 12 、13 期。
《西南医学杂志》1942 年第 2 卷。
《厦大周刊》1926 年第 159—256 期。
《厦门大学国学研究院组织大纲》，1926 年。
《新教育》1922 年第 5 期。
《新科学》1940 年第 5 期。
《学部官报》1910 年第 110 期。
《学生之友》1942 年第 4 期。
《学术之友》1942 年第 1 期。
《燕大旬刊》1935 年第 5 期。
《燕大友声》1935 年第 5 期。
《燕京大学校刊》1929 年第 2、21 卷。
《燕京大学校刊》，1935 年。
《燕京大学研究院同学会会刊》，1939 年。
《燕京三年》，1948 年 9 月。

《浙江教育周刊》1930年第42期。

《浙江战时教育文化》1939年第8期。

《震旦杂志》1936年第33期。

《中华教育界》1926年第2期。

《中华图书馆协会会报》1935年第4期。

《中央周刊》1934年第321期。

二 档案、文献汇编

陈学恂主编：《中国近代教育史教学参考资料》（上、中、下册），人民教育出版社1986年版。

教育部编：《教育法令》，上海中华书局1947年7月版。

教育部编：《教育法令汇编》（第一辑），上海商务印书馆1936年版。

教育部编：《教育法令汇编》（第四辑），上海商务印书馆1939年版。

教育部年鉴编纂委员会：《第一次中国教育年鉴》，上海开明书店1934年版。

教育部年鉴编纂委员会：《第二次中国教育年鉴》，中华书局1948年版。

潘懋元、刘海峰编：《中国近代高等教育史资料汇编·高等教育》，上海教育出版社2007年版。

璩鑫圭、唐良炎：《中国近代教育史资料汇编·学制演变》，上海教育出版社2007年版。

舒新城：《近代中国教育史料》，上海中华书局1928年版。

舒新城：《中国近代教育史资料》，人民教育出版社1981年版。

宋恩荣、章咸编：《中华民国教育法规选编（1912—1949）》，江苏教育出版社1990年版。

王雪珍、张万仓等：《北京高等教育文献资料选编（1861—1948）》，首都师范大学出版社2004年版。

《文史资料选辑》编辑部：《文史资料精选》（第二册），中国文史出版社1990年版。

《文史资料选辑》编辑部：《文史资料精选》（第三册），中国文史出版社1990年版。

《文史资料选辑》编辑部：《文史资料精选》（第五册），中国文史出版社 1990 年版。

吴惠龄、李壑：《北京高等教育史料·第一集》（近现代部分），北京师范学院出版社 1992 年版。

中国第二历史档案馆编：《中华民国史档案资料汇编》（第三辑 教育卷），江苏古籍出版社 1991 年版。

中国第二历史档案馆编：《中华民国史档案资料汇编》［第五辑 第一编 教育（一）］，江苏古籍出版社 1994 年版。

中国第二历史档案馆编：《中华民国史档案资料汇编》［第五辑 第一编 教育（二）］，江苏古籍出版社 1994 年版。

中国国民党中央委员会党史史料编纂委员会：《革命文献 第 54 辑 抗战前教育政策与改革》，台湾"中央文物供应处"1971 年版。

中国国民党中央委员会党史史料编纂委员会：《革命文献 第 55 辑 抗战前教育概况与检讨》，台湾"中央文物供应处"1971 年版。

朱有瓛：《中国近代学制史料 第一辑（上册）》，华东师范大学出版社 1983 年版。

朱有瓛：《中国近代学制史料 第二辑（下册）》，华东师范大学出版社 1989 年版。

朱有瓛、戚名秀等：《中国近代教育史资料汇编·教育行政机构及教育团体》，上海教育出版社 1993 年版。

三 校史

《南大百年实录》编辑组编：《南大百年实录·中央大学史料选》（上卷），南京大学出版社 2002 年版。

北京大学等编：《国立西南联合大学史料 1》（总览卷），云南教育出版社 1998 年版。

北京大学等编：《国立西南联合大学史料 3》（教学科研卷），云南教育出版社 1998 年版。

北京大学等编：《国立西南联合大学史料 5》（学生卷），云南教育出版社 1998 年版。

北洋大学—天津大学校史编辑室编：《北洋大学—天津大学校史》（第一卷），天津大学出版社 1990 年版。

陈明章主编：《国立北京大学》，南京出版有限公司 1982 年版。

陈明章主编：《国立北洋大学》，南京出版有限公司 1982 年版。
陈明章主编：《国立交通大学》，南京出版有限公司 1982 年版。
陈明章主编：《国立清华大学》，南京出版有限公司 1982 年版。
陈明章主编：《国立武汉大学》，南京出版有限公司 1982 年版。
陈明章主编：《国立西南联合大学》，南京出版有限公司 1982 年版。
陈明章主编：《国立中山大学》，南京出版有限公司 1982 年版。
陈明章主编：《国立中央大学》，南京出版有限公司 1982 年版。
陈明章主编：《私立辅仁大学》，南京出版有限公司 1982 年版。
陈明章主编：《私立金陵大学》，南京出版有限公司 1982 年版。
陈明章主编：《私立齐鲁大学》，南京出版有限公司 1982 年版。
陈明章主编：《私立燕京大学》，南京出版有限公司 1982 年版。

复旦大学校史编写组：《复旦大学志（1905—1949）》（第 1 卷），复旦大学出版社 1985 年版。

洪永宏：《厦门大学校史（1921—1949）》（第一卷），厦门大学出版社 1990 年版。

黄义详：《中山大学史稿（1924—1949）》，中山大学出版社 1999 年版。

交通大学校史编写组：《交通大学校史（1896—1949）》，上海教育出版社 1986 年版。

梁山等：《中山大学校史（1924—1949）》，上海教育出版社 1983 年版。

毛正棠等：《浙江大学》，湖南教育出版社 1989 年版。

闵卓主编：《梅庵史话——东南大学百年》，东南大学出版社 2000 年版。

南京大学高教研究所编：《金陵大学史料集》，南京大学出版社 1989 年版。

南开大学校史编写组：《南开大学校史（1919—1949）》，南开大学出版社 1989 年版。

清华大学校史编写组：《清华大学校史稿》，中华书局出版社 1981 年版。

清华大学校史研究室：《清华大学史料选编》，清华大学出版社 1991 年版。

王德滋：《南京大学百年史》，南京大学出版社2002年版。

王文俊、梁吉生等：《南开大学校史资料选（1919—1949）》，南开大学出版社1989年版。

王文俊等：《南开大学校史资料选（1919—1949）》，南开大学出版社1989年版。

王雪珍、郭建荣：《北京大学史料 第三卷（1937—1946）》，北京大学出版社2000年版。

吴定宇：《中山大学校史（1924—2004）》，中山大学出版社2006年版。

西南联大北京校友会编：《国立西南联合大学校史——1937至1946年的北大、清华、南开》，北京大学出版社1996年版。

萧超然等：《北京大学校史（1898—1949）》（增订本），北京大学出版社1988年版。

燕京大学校友校史编写委员会：《燕京大学史稿（1919—1952）》，人民中国出版社1999年版。

张宪文：《金陵大学史》，南京大学出版社2002年版。

朱斐主编：《东南大学史（1902—1949）》（第一卷），东南大学出版社1991年版。

四 人物传记、年谱类

白吉庵：《胡适传》，人民教育出版社1993年版。

曹伯言：《胡适日记全编》，安徽教育出版社2001年版。

程斯辉、孙海英：《厚生务实、巾帼楷模——金陵女子大学校长吴贻芳》，山东教育出版社2004年版。

高平叔：《蔡元培年谱》，中华书局1980年版。

耿志云、欧阳哲生：《胡适书信集》（上中下），北京大学出版社1996年版。

侯仁之：《燕京大学人物志》（第一辑），北京大学出版社2001年版。

侯仁之：《燕京大学人物志》（第二辑），北京大学出版社2002年版。

胡适：《胡适留学日记》，中华书局1947年版。

黄书光：《国家之光、人类之瑞——复旦公学校长马相伯》，山东教育出版社2004年版。

金林祥：《思想自由、兼容并包——北京大学校长蔡元培》，山东教育出版社 2004 年版。

梁吉生：《允公允能、日新月异——南开大学校长张伯苓》，山东教育出版社 2003 年版。

梁吉生：《张伯苓与南开大学》，山西教育出版社 1995 年版。

梁柱：《蔡元培与北京大学》，北京大学出版社 1996 年版。

冒荣：《至平至善、鸿声东南——东南大学校长郭秉文》，山东教育出版社 2003 年版。

孙邦华：《身等国宝、志存辅仁——辅仁大学校长陈垣》，山东教育出版社 2003 年版。

孙常炜：《蔡元培先生的生平及其教育思想》，台湾商务印书馆 1976 年版。

孙彦民：《张伯苓传》，台湾中华书局 1971 年版。

陶英惠：《蔡元培年谱》（上），中研院近史所专刊，1976 年版。

王运来：《诚真勤仁、光裕金陵——金陵大学校长陈裕光》，山东教育出版社 2003 年版。

吴洪成：《生斯长斯、吾爱吾庐——清华大学校长梅贻琦》，山东教育出版社 2004 年版。

杨翠华：《蒋梦麟与北京大学（1930—1937）》，中研院近史所集刊，1988 年版。

余子侠：《工科先驱、国学大师——南洋大学校长唐文治》，山东教育出版社 2004 年版。

张彬：《倡言求是、培育英才——浙江大学校长竺可桢》，山东教育出版社 2003 年版。

左森、胡如光：《北洋大学人物志》，天津教育出版社 1990 年版。

五 专著

［德］包尔生：《德国教育史》，滕大春译，人民教育出版社 1986 年版。

北平中德学会：《五十年来的德国学术》（第三册），商务印书馆 1937 年版。

［美］伯顿·克拉克：《探究的场所——现代大学的科研和研究生教

育》，王承绪译，浙江教育出版社2001年版。

陈宝泉：《中国近代学制变迁史》，北京文化学社印行1927年版。

陈能治：《战前十年中国大学教育》，台湾商务印书馆1990年版。

陈平原：《中国现代学术之建立》，北京大学出版社1998年版。

陈平原、夏晓虹：《触摸历史——五四人物与现代中国》，广州出版社1999年版。

陈启天：《中国近代教育史》，台湾中华书局1979年版。

陈以爱：《中国现代研究机构的兴起——以北大研究所国学门为中心的探讨》，江西教育出版社2002年版。

陈翊林：《最近三十年中国教育史》，上海太平洋书店1931年版。

丁致聘：《中国近七十年来教育记事》，上海书店1931年版。

董宝良：《中国近现代高等教育史》，华中科技大学出版社2007年版。

樊洪业等：《科学救国之梦——任鸿隽文存》，上海科技教育出版社2002年版。

［美］费正清、费维恺编：《剑桥中华民国史（1912—1949）》（下卷），中国社会科学出版社1994年版。

冯开文：《中国民国教育史》，人民出版社1994年版。

冯友兰：《三松堂全集》（第一卷），河南人民出版社2001年版。

高平叔编：《蔡元培教育论著选》，人民教育出版社1991年版。

高平叔编：《蔡元培全集》（第三卷），中华书局1984年版。

高平叔编：《蔡元培全集》（第四卷），中华书局1984年版。

高平叔编：《蔡元培全集》（第五卷），中华书局1984年版。

高平叔编：《蔡元培全集》（第六卷），中华书局1988年版。

高平叔编：《蔡元培全集》（第七卷），中华书局1989年版。

高奇：《中国高等教育思想史》，人民教育出版社1992年版。

郭云：《民国时期中国科学文化的发展及影响（1927—1937）》，知识产权出版社2012年版。

国联教育考察团：《中国教育之改进》，国立编译馆1932年版。

贺国庆等：《外国高等教育史》，人民教育出版社2003年版。

胡适：《胡适全集》（第20卷），安徽教育出版社2003年版。

［英］杰西·格·卢茨：《中国教会大学史（1850—1950）》，浙江教

育出版社1988年版。

金耀基：《大学之理念》，生活·读书·新知三联书店2000年版。

金以林：《近代中国大学研究（1895—1949）》，中央文献出版社2000年版。

李华兴：《民国教育史》，上海教育出版社1997年版。

刘咸：《中国科学二十年》，中国科学社1937年版。

陆规亮编译：《德国教育之实况》，中国图书公司和记1916年版。

罗家伦先生文存编辑委员会：《罗家伦先生文存》（第五册），中国国民党党史委员会1976年版。

潘懋元：《潘懋元高等教育文集》，新华教育出版社1991年版。

潘懋元等：《中国高等教育百年》，广东高等教育出版社2003年版。

裴娣娜：《教育研究方法导论》，安徽教育出版社1995年版。

曲世培：《中国大学教育发展史》，山西教育出版社1993年版。

桑兵：《晚清民国的学人与学术》，中华书局2008年版。

商务印书馆编：《最近三十五年之中国教育》，上海书店1931年版。

苏云峰：《从清华学堂到清华大学（1911—1921）》，生活·读书·新知三联书店2001年版。

苏云峰：《从清华学堂到清华大学（1911—1929）》，中研院近史室1996年版。

苏云峰：《中国新教育的萌芽与成长（1860—1928）》，北京大学出版社2007年版。

孙培青：《中国教育史》，华东师范大学出版社2000年版。

［英］托·享·赫胥黎：《科学与教育》，单中惠等译，人民教育出版社1990年版。

王杰、祝士明：《学府典章：中国近代高等教育初创之研究》，天津大学出版社2010年版。

王学珍等：《北京大学纪事（1989—1997）》（上册），北京大学出版社1998年版。

王玉生：《蔡元培大学教育思想论纲》，光明日报出版社2007年版。

伍振鷟：《中国大学教育发展史》，三民书局1982年版。

谢桂华：《20世纪的中国高等教育·学位与研究生教育卷》，高等教育出版社2003年版。

熊明安：《中国高等教育史》，重庆出版社1988年版。

熊明安：《中华民国教育史》，重庆出版社1997年版。

熊月之：《西学东渐与晚清社会》，上海人民出版社1994年版。

许纪霖：《智者的尊严：知识分子与近代文化》，学林出版社1991年版。

［加拿大］许美德：《中国大学百年（1895—1995）》，教育科学出版社1999年版。

杨舰、戴吾三：《清华大学与中国近代科技》，清华大学出版社2006年版。

《杨振宁文录》，海南出版社2002年版。

［美］易社强：《战争与革命中的西南联大》，传记文学出版社股份有限公司2010年版。

于述胜：《中国教育制度通史 第7卷 民国时期教育》，山东教育出版社2000年版。

余立、郑登云：《中国高等教育史》，华东师范大学1994年版。

钟叔河：《走向世界——近代中国知识分子考察西方的历史》，中华书局1985年版。

周川：《简明高等教育学》，河海大学出版社2002年版。

周洪宇：《学位与研究生教育史》，高等教育出版社2004年版。

［美］周明之：《胡适与中国现代知识分子的选择》，雷颐译，四川人民出版社1991年版。

周叶中、涂上飙：《武汉大学研究生教育发展史》，武汉大学出版社2006年版。

周予同：《中国现代教育史》，上海书店1933年版。

朱乔森：《朱自清全集》（第四卷），江苏教育出版社1993年版。

朱庆葆：《中国民国专题史第十卷（教育的变革与发展）》，南京大学出版社2015年版。

庄泽宣：《西洋教育制度的演进及其背景》，中华书局1928年版。

左玉河：《移植与转化：中国近代学术机构的建立》，大象出版社2008年版。

六　论文

陈平原：《北大传统：另一种阐释——以蔡元培与研究所国学门的关

系为中心》，《文史知识》1998 年第 3 期。

陈亚玲：《民国时期研究所的建立与现代学术的自主创新》，《现代大学教育》2009 年第 4 期。

崔恒秀：《民国教育部与大学关系之研究》，博士学位论文，苏州大学，2008 年。

孙存昌：《中国近代大学教师专业素质研究——以大学职能演化为视角》，博士学位论文，苏州大学，2009 年。

肖朗：《近代中国国立大学教育研究机构综论》，《高等教育研究》2012 年 8 月。

肖卫兵：《中国近代国立大学校长结构及其角色研究》，博士学位论文，苏州大学，2011 年。

张正锋：《权利的表达：中国近代大学教授权利制度研究》，博士学位论文，南京师范大学，2006 年。

章仁彪：《守护与创新：现代大学理念与功能》，《高教发展论坛》2004 年第 3 期。

浙大档案馆：《西迁浙大的数学研究所》，《浙江大学学报》（人文社会科学版）2015 年第 41 卷。

郑刚、余文都：《抗战时期研究生教育的历史返观》，《河北师范大学学报》（教育科学版）2015 年第 4 期。

左玉河：《傅斯年的大学理念及大学研究所构想》，《安徽史学》2011 年第 2 期。

左玉河：《中国现代大学研究院制度的创建》，《北京大学教育评论》2010 年 7 月。

七 英文文献

Charles E. McClelland, State, Society, and University in Germany.

Chiao-Min Hsieh, Jean Kan Hsieh, Race the Rising Sun: A Chinese University's Exodus during the Second World War, The Rowman & Littlefield Publishing Group Lanham Boulder New York Toronto Plymouth, UK, 2009.

John A. Walz, German Influence in American Education and Culture, Carl Sohurz Memorial Foundation, INC, 1936.

Matthew Arnold, Higher School and Universities in Germany, Macmillan and Co. , 1892.

Paul Monroe, A Cyclopedia of Education, Vol. 2, The Macmillan Company, 1911.

T. Lorenz, German Education, Past and Present. London: T. Fisher Unwin, 1908.

Willis Rudy, The University of Europe, 1100—1914: A history, utherford, London: Associated University Presses, 1984.

后 记

本书是由我的博士学位论文修改而成的，论文从选题到完成，个中甘苦，非亲历者不能体会。中国近代大学研究院所在高等教育史研究中属于"小众"话题，其资料分散，静待史海，在导师周川先生的鼓励下，我决定以此作为选题方向。题目既定，即开始动手找资料，本着"有一份材料说一份话"和论从史出的原则，"上穷碧落下黄泉"，搜寻与中国近代大学研究院所有关的资料。中国近代教育史料浩如烟海，资料收集如入海寻贝，网疏则徒劳无功，网密则泥沙俱下。寒来暑往，在一千多个日出日落的日子里，孤灯影子，冷暖自知，幸得亲友鼓励，恩师督促，方得始终，在此表以最真挚的谢忱！

首先要感谢的是周川先生，自随先生游学以来，周师不但领我进了高等教育历史与理论研究之门，更引我走向广阔的学术天地。先生中西贯通，以"平视、仰视、俯视"之角度治教育史，纵横捭阖，妙论迭出，读来令人不忍释卷。先生治学严谨，对高等教育研究的热情数十年如一日，始终坚守研究一线，笔耕不辍，令作为小辈的我，时时不敢懈怠。先生性情豁达，常怀一颗雅量包容之心，在写作的过程中不论遇到任何困难，先生总以"简单"二字加以宽慰和鼓励。周师温厚谦和的处世风范和追求美善生活的理念对我影响深远。

其次要感谢我的硕士生导师东南大学教授陈怡先生，与陈师相识十五年以来，先生的高尚人格时时鼓舞和激励我前行，高山仰止，景行行止，祝愿陈老师康宁长乐！在论文的开题与口试过程中，许庆豫先生、母小勇先生、崔玉平先生、赵蒙成先生提出了很多深入而有建设性的意见。黄启兵师兄、肖卫兵师兄、付亦宁师姐在我攻读博士期间提供了诸多的帮助，并在论文写作过程中提供了宝贵的意见。

感谢家人的理解与支持，正是因为有了你们的鼓励与包容，我才有继续前进的动力和信心!

  本书出版在即,尚有诸多的缺失不及修正,只能寄望于后续的研究了。

乔浩风
2018 年 12 月于杭州